Le Moscovite

HENRI TROYAT

La Lumière des justes :
I. LES COMPAGNONS DU COQUELICOT — J'ai lu 272/4*
II. LA BARYNIA — J'ai lu 274/4*
III. LA GLOIRE DES VAINCUS — J'ai lu 276/4*
IV. LES DAMES DE SIBÉRIE — J'ai lu 278/4*
V. SOPHIE OU LA FIN DES COMBATS — J'ai lu 280/4*
LA NEIGE EN DEUIL — J'ai lu 10/1*
LE GESTE D'ÈVE — J'ai lu 323/2*
LES AILES DU DIABLE — J'ai lu 488/2*
Les Eyglétière :
I. LES EYGLÉTIÈRE — J'ai lu 344/4*
II. LA FAIM DES LIONCEAUX — J'ai lu 345/4*
III. LA MALANDRE — J'ai lu 346/4*
Les Héritiers de l'avenir :
I. LE CAHIER
II. CENT UN COUPS DE CANON
III. L'ÉLÉPHANT BLANC
FAUX JOUR
LE VIVIER
GRANDEUR NATURE
L'ARAIGNE
JUDITH MADRIER
LE MORT SAISIT LE VIF
LE SIGNE DU TAUREAU
LA CLEF DE VOÛTE
LA FOSSE COMMUNE
LE JUGEMENT DE DIEU
LA TÊTE SUR LES ÉPAULES
DE GRATTE-CIEL EN COCOTIER
LES PONTS DE PARIS
Tant que la terre durera :
I. TANT QUE LA TERRE DURERA
II. LE SAC ET LA CENDRE
III. ÉTRANGERS SUR LA TERRE
LA CASE DE L'ONCLE SAM
UNE EXTRÊME AMITIÉ
SAINTE RUSSIE. Réflexions et souvenirs
LES VIVANTS (théâtre)
LA VIE QUOTIDIENNE EN RUSSIE
AU TEMPS DU DERNIER TSAR
NAISSANCE D'UNE DAUPHINE
LA PIERRE, LA FEUILLE ET LES CISEAUX — J'ai lu 559/3*
ANNE PRÉDAILLE — J'ai lu 619/2*
GRIMBOSQ — J'ai lu 801/3*
UN SI LONG CHEMIN — J'ai lu 2457/3*
Le Moscovite :
I. LE MOSCOVITE — J'ai lu 762/3*
II. LES DÉSORDRES SECRETS — J'ai lu 763/3*
III. LES FEUX DU MATIN — J'ai lu 764/2*
LE FRONT DANS LES NUAGES — J'ai lu 950/2*
DOSTOÏEVSKI
POUCHKINE
TOLSTOÏ
GOGOL
CATHERINE LA GRANDE — J'ai lu 1618/5*
LE PRISONNIER N° 1 — J'ai lu 1117/2*
PIERRE LE GRAND — J'ai lu 1723/4*
VIOU — J'ai lu 1318/2*
ALEXANDRE Ier, LE SPHINX DU NORD
LE PAIN DE L'ÉTRANGER — J'ai lu 1577/2*
IVAN LE TERRIBLE
LA DÉRISION — J'ai lu 1743/2*
MARIE KARPOVNA — J'ai lu 1925/2*
TCHEKHOV
LE BRUIT SOLITAIRE DU CŒUR — J'ai lu 2124/2*
GORKI
A DEMAIN, SYLVIE — J'ai lu 2295/2*
LE TROISIÈME BONHEUR — J'ai lu 2523/2*
TOUTE MA VIE SERA MENSONGE — J'ai lu 2725/2*
FLAUBERT
LA GOUVERNANTE FRANÇAISE — J'ai lu 2964/3*
(mars 91)
MAUPASSANT
LA FEMME DE DAVID

Henri Troyat

de l'Académie française

Le Moscovite

Éditions J'ai lu

1

Depuis le début du repas, Armand sentait venir l'orage. Nul n'osait rompre le silence, tant que le comte Paul Arkadiévitch Béreznikoff n'aurait pas donné le signal de la conversation. Or, il se taisait, pesant et opaque tel un lingot de plomb. Sa bouche, mâchant les aliments, remuait seule, avec lenteur, au milieu de son visage inerte. Même sa calvitie brillait moins, semblait-il, que les autres jours. Il était revenu très tard du club de la Noblesse. Là, on avait dû parler encore des « événements ». Cette guerre avait uniformisé les soucis du haut en bas de l'échelle des êtres. Sans doute était-ce là, pensa Armand, ce que l'on appelait « l'élan patriotique ». L'aristocratie et le grand commerce moscovites avaient fait assaut de générosité, le mois dernier, lors de la visite du tsar Alexandre Ier dans sa vieille capitale. C'était à qui donnerait le plus d'argent pour la levée et l'équipement de nouveaux régiments. Ainsi le comte Paul Arkadiévitch Béreznikoff s'était-il distingué en offrant un grand nombre de serfs, tirés de ses domaines, pour être incorporés à la milice. Ce geste de foi en l'avenir du pays avait fait verser des larmes à toute la maisonnée. Puis, le tsar reparti, la société moscovite avait retrouvé son insouciance. On organisait des bals de charité, on préparait de la charpie, on maudissait, en français, l'Antéchrist qui osait profaner le sol de la Russie. Bien que l'on fût déjà au mois d'août, la plupart des grandes familles hésitaient à se rendre dans leurs terres pour les vacances. Il semblait qu'à l'approche du danger une sorte de charme paralysât les citadins dans leurs maisons. A la fois engourdis et inquiets, ils attendaient, sur place, le miracle orthodoxe promis par les généraux et les prêtres. Comme tout son entourage, Armand estimait impossible que la chance favorisât indéfiniment « la bête de l'Apocalypse ». Mais, jusqu'à l'heure du châtiment, que de violence, que de sang, que de ruines ! La comtesse Nathalie Ivanovna avait les yeux humides. Catherine, piquée, droite, sur sa chaise, grignotait, soupirait, coulait vers Armand un regard de détresse énamourée. Le Dr Schultz, médecin particulier de la famille, se consolait de ne pouvoir parler en mangeant comme quatre. Les valets, en livrée bleue, glissaient dans la salle à manger de marbre, avec une gravité sacerdotale. De temps à autre, des couverts tintaient dans un silence d'église. Avec le dessert, on servit du champagne. Soudain le comte éleva la voix, en français :

— Du champagne, un jour pareil ? Qui a donné l'ordre ?

Tous tressaillirent.

— Mais, moi, mon ami, dit la comtesse. Il me semblait qu'avec le gâteau au chocolat...

— Voudriez-vous célébrer ainsi la chute de Smolensk ?

La comtesse baissa la tête. Armand la jugea touchante dans sa confusion. Elle avait rougi. Son menton s'appuyait sur un cou renflé, qu'un petit pli circulaire marquait à la base.

Le comte haussa son verre, y trempa les lèvres et ajouta :

— Après tout, vous n'avez pas tort. Ce vin, bien

que français, est excellent. Et Smolensk n'est pas toute la Russie.

On se leva. Les sièges repoussés grincèrent sur les dalles. Le café fut servi au salon. A l'anglaise. Les femmes assises, les hommes debout, la tasse à la main. Armand se dit : maintenant il va vider son sac. C'était d'habitude en sortant de table que le comte annonçait ses décisions les plus importantes. Il se planta en héron devant une colonne. Toujours la même, à gauche de la grande porte-fenêtre qui donnait sur le jardin. Un vent tiède gonflait les rideaux. On entendait bourdonner les abeilles.

— Barclay de Tolly est une canaille et un pleutre, dit le comte. Le nom seul de Napoléon le terrorise. Tout autre que lui n'aurait pas livré Smolensk. Notre empereur bien-aimé n'a que trop tardé à lui retirer le commandement. Maintenant, avec la nomination de Koutouzoff, les choses vont changer. Koutouzoff, je le connais ! Un vieux renard ! Il a le poil rude, il est russe jusqu'à la moelle, les soldats l'adorent, il leur montrera, à ces sauterelles de Français !...

Et il décocha à Armand un regard de défi sarcastique. Il se plaisait de plus en plus à ce genre de piques contre les Français, bien qu'il sût pertinemment qu'Armand et son père partageaient sa haine de Napoléon.

— Je suis convaincu comme vous que l'ennemi s'essoufflera en remontant vers le nord, dit Armand. Au bon moment, Koutouzoff le clouera. Moscou ne risque rien...

Tout en parlant, il observait la comtesse, à demi allongée sur un canapé de repos, l'avant-bras gauche appuyé au bord d'une table de trictrac. Quelle recherche dans l'abandon ! Pas un pli de sa robe qui ne fût en harmonie avec l'expression rêveuse de son visage. Soudain il eut envie de la peindre. Au fait, il n'avait jamais tenu de pinceau.

— Moscou ne risque rien, dis-tu? s'écria le comte.

— Il me semble, répondit Armand, que le tsar fera l'impossible pour préserver la ville où lui et ses ancêtres ont été couronnés!

— C'est en effet ce qu'ont affirmé, tout à l'heure, au club de la Noblesse, quelques écervelés qui se prétendaient bien renseignés. Leur assurance me ferait sourire, si la conjoncture n'était aussi sérieuse. Je suis le premier à dire qu'il faut faire confiance au nouveau généralissime. Mais il n'est pas infaillible. Une bataille aux environs de Moscou, même victorieuse pour nos armes, menacerait gravement la sécurité des habitants. J'estime, oui, j'estime, étant donné l'avance française, qu'il faut, pour quelque temps, nous éloigner de la ville.

Nathalie Ivanovna et Catherine tournèrent les yeux vers le comte avec une frayeur d'oiseau. Elles portaient toutes deux des robes de mousseline rose à manches plissées. C'était une innocente manie de la comtesse d'habiller sa fille dans les mêmes tissus qu'elle. Pourtant elles ne se ressemblaient guère. Grande, souple et blonde, avec des épaules sculpturales et un regard bleu, Nathalie Ivanovna écrasait par son éclat la jeune fille malingre, au teint brouillé et aux cheveux châtain mat, qui s'était brusquement rapprochée d'elle.

— Quitter Moscou? s'écria Nathalie Ivanovna. Abandonner nos biens? Vous n'y pensez pas, mon ami!

— Si, dit le comte. Et de plus en plus.

Il exposa son plan. Incontestablement la famille serait plus en sécurité dans la propriété de Nikolskoïé, aux environs de Vladimir. On emmènerait toute la domesticité, ne laissant à Moscou que quelques hommes de confiance pour garder la maison. Les meubles, les objets de prix pourraient ainsi rester sur place. Ce ne serait pas un véritable déménagement.

Tout au plus un rapide voyage de prudence. On séjournerait à la campagne pendant les grandes chaleurs du mois d'août et on reviendrait, la paix signée et les Français reconduits, à coups de botte dans le bas des reins, jusqu'à la frontière.

— En avez-vous parlé à mon père? demanda Armand.

— Pas encore, dit le comte. Mais, s'il lui reste un grain de bon sens, il m'approuvera.

— Comment le transporterons-nous?

Le comte se tourna vers le Dr Schultz :

— Rien ne s'oppose, j'imagine, à ce que M. de Croué fasse un petit voyage dans une voiture confortable?

— Il le pourrait, en effet, dit le Dr Schultz, bien que, dans son état, après deux attaques rapprochées, le repos soit encore la meilleure des thérapeutiques.

— Le repos? éclata le comte. Croyez-vous qu'il se reposera en sachant que ces chiens approchent de Moscou? Non, non, c'est Nikolskoïé qu'il lui faut, comme à nous tous. Le bon air, le silence... Je vais immédiatement lui annoncer mes décisions.

— Je crains qu'il ne fasse en ce moment son somme de l'après-midi, murmura Armand.

— Nous verrons bien.

Paul Arkadiévitch sortit de la pièce dans un mouvement impétueux. Armand pensa que, comme d'habitude, les deux hommes allaient se heurter de front. Également autoritaires, capricieux et violents, ils n'étaient d'accord sur rien et cependant ne pouvaient se passer l'un de l'autre. Leur rencontre remontait déjà à dix-huit ans. Ayant fui la France en 1793, au plus rouge de la Terreur, Bernard de Croué avait séjourné en Suisse, en Autriche, en Hollande avant d'échouer en Russie avec son fils en bas âge. Le comte Paul Arkadiévitch avait engagé cet émigré de qualité comme secrétaire-bibliothécaire-archiviste. Très vite, le secrétaire était devenu un ami. Mieux, un membre de la famille. Même la guerre de 1805-1807 n'avait pas altéré cette tumultueuse entente. Aussi loin qu'Armand plongeât dans son passé, il se voyait dans cette maison, parmi ces visages. Il n'avait pas connu sa mère, morte d'une fluxion de poitrine, dans une auberge, aux environs d'Amsterdam. La seule tendresse féminine qui l'eût réchauffé lui était venue de la comtesse Nathalie Ivanovna. Sans doute remplaçait-il pour elle le fils qu'elle eût toujours souhaité avoir. Quand Catherine, qui n'avait encore que quinze ans, aurait atteint sa dix-septième année, on les marierait. Leurs pères en avaient décidé ainsi. Armand envisageait cet avenir avec une sérénité résignée. Catherine et lui étaient passés, à quelque temps d'intervalle, par la même nounou, les mêmes gouvernantes, les mêmes précepteurs. Leurs souvenirs coïncidaient dans une sagesse fraternelle. C'était la route droite dans un pays de plaine. Nathalie Ivanovna haussa la tête vers Armand et dit :

— Tu aurais peut-être dû accompagner Paul Arka-diévitch là-haut...

— Je ne crois pas, dit Armand. Si mon père doit se laisser convaincre, il préférera que je ne sois pas témoin de son acceptation.

— C'est vrai, soupira la comtesse. Pour lui, malgré tes vingt et un ans, tu es toujours un enfant que l'on doit tenir à l'écart des décisions importantes. Il refuse de te voir grandir. Décidément, moi seule, ici, ai la notion du temps qui passe...

Elle enveloppa Armand d'un regard de mélancolie maternelle et lui tendit les mains. Il baisa dévotieusement ces doigts qui sentaient l'amande. Catherine avait les larmes aux yeux. « Comme nous sommes heureux, tous les trois ! » pensa Armand avec exaltation. Il lui sembla qu'il bondissait par-dessus une ficelle haut tendue.

— Tout compte fait, reprit Nathalie Ivanovna, je

crois que Paul Arkadiévitch a raison : Moscou est trop exposé. Nous serons mieux à Nikolskoïé. Dieu sait si je répugne à m'éloigner dans ces conditions et pourtant...

Elle parlait un français à la fois fluide et chantant. Catherine joignit les mains et s'exclama :

— Oh ! oui ! Là-bas nous oublierons cette affreuse guerre ! Vite ! Vite ! Partons !

Le feu aux joues, elle courait déjà à travers les champs et les bois. A l'ombre d'un châtaignier, des serviteurs déballaient les paniers du pique-nique et étendaient la nappe. Le Dr Schultz reposa sa tasse et dressa un doigt avec l'expression pénétrée d'un accordeur de pianos. Un pas se rapprochait. Paul Arkadiévitch parut, les sourcils en barre.

— Une mule, dit-il brièvement. Il refuse. Nous partirons sans lui.

— Ce n'est pas possible ! s'écria Armand. Je vais tâcher de le raisonner !

— Je veux bien être pendu si tu y arrives !

Armand s'élança hors du salon, traversa l'immense bibliothèque, dont les milliers de livres, aux reliures fanées, évoquaient la fragilité d'un feuillage d'automne, poussa successivement trois portes à panneaux sculptés, gravit un escalier, frappa à un vantail, entra et s'immobilisa, perclus de respect, devant son père, assis dans un fauteuil roulant. M. de Croué avait un visage incolore en forme d'os de seiche. Dans cette pâleur de coquille, les yeux noirs brillaient d'un éclat très vif. Le coin droit de la bouche pendait et salivait un peu depuis la dernière attaque. Il portait perruque blanche et justaucorps de velours violet.

— Quoi ? grommela-t-il avec effort. Tu viens aussi pour cette sottise ? J'ai dit non.

— Mais, père, vous n'avez pas compris. Il s'agit tout au plus d'aller nous mettre à l'abri, pour quelques jours.

— A l'abri de qui? Je n'ai pas peur de Buonaparte. S'il doit entrer à Moscou, il me trouvera ici, dans mon fauteuil. J'aurai toujours assez de force pour lui cracher au visage.

— Dans votre état, il me semble que...

— Justement! Dans mon état, on ne bouge pas, Monsieur mon fils, on attend la mort entre les quatre murs qui vous ont vu vivre. Libre à Paul Arkadiévitch de prendre l'escampette devant l'usurpateur. Libre à lui d'abandonner sa maison, ses tableaux, ses livres, pour aller se terrer en province, en tremblant du croupion, entre sa femme et sa fille! Si tout le monde faisait comme lui, Buonaparte n'aurait qu'à ouvrir le bec pour engloutir la Russie. Ma parole, c'est moi, un Français, qui dois lui donner des leçons de patriotisme russe!

Il haletait entre chaque phrase. Sa paupière droite sautillait et voilait à demi son œil. Il tendit une main de bois sec, à l'index comminatoire.

— Bien entendu, tu pars avec eux, dit-il. Je n'ai pas besoin de toi, ici. Je n'ai besoin de personne.

Dès les premiers mots de ce discours, Armand s'était senti happé par la logique inexorable de la folie. Quelle que fût l'absurdité de la situation, sa place était aux côtés de son père. Une loi morale, plus forte que tous les projets personnels, le courbait. Nathalie Ivanovna, Catherine, les ombrages de Nikolskoïé s'éloignaient à une vitesse vertigineuse.

— Vous savez bien que je ne vous abandonnerai pas, dit-il.

M. de Croué laissa redescendre sa main en coupe sur son genou osseux et dit:

— Je ne veux pas de charité.

— Vous confondez charité et amour filial, père.

— Si tu restes, il ne faut pas que ce soit par amour filial mais par conviction politique. Un Croué ne recule jamais...

Armand se garda de lui dire que, jadis, un Croué qu'il connaissait bien avait pourtant « reculé » devant les excès du Comité de salut public. Cent fois son père lui avait raconté les circonstances de leur fuite, à la nuit tombée, déguisés en famille du peuple, avec de faux papiers. Maintenant, rivé dans son fauteuil, ce vieillard à moitié paralysé tenait tête à la Grande Armée. Son œil lançait des flammes. Sa bouche bavait. Il s'essuya les lèvres, en tâtonnant, avec un mouchoir de dentelle. Les rideaux étaient à demi tirés. L'air sentait l'eau de Cologne, la valériane et une autre odeur, un peu sure, qu'Armand ne savait pas définir. Sur une petite table, à côté du fauteuil, il avisa le plateau du déjeuner. Comme M. de Croué ne pouvait descendre à la salle à manger, un serviteur lui apportait les repas dans sa chambre. Aux murs, tendus de brocart framboise, s'alignait une série d'estampes figurant des vues de Paris et de Versailles. C'était tout ce qu'Armand connaissait de la France. Au-dessus du lit de son père, s'inclinait un portrait à l'huile de Louis XVIII. Peint de trois quarts, le nez plongeant, le menton fessu, la bouche menue, le roi sans royaume paraissait digérer lourdement sa disgrâce. Dans les tiroirs, il y avait aussi — Armand le savait pour en avoir fait l'inventaire — mille souvenirs étranges, un louis d'or, un écu d'argent, des boutons d'habit en cuivre gravés aux fleurs de lys, une miniature sur ivoire représentant, paraît-il, sa mère, au visage pâle et rond, au regard vide, une autre de l'infortuné Louis XVII d'après Mme Vigée-Lebrun, de vieux brevets royaux, des lettres d'émigrés dispersés aux quatre coins du monde, tout le triste fatras de l'exil. Brusquement le masque du vieillard se radoucit. Une lueur d'amitié jaillit entre ses paupières de feuilles mortes.

— Bon, dit-il, tu me tiendras compagnie. A nous deux, nous garderons la maison. C'est le moins que nous puissions faire pour remercier nos amis de leur hospitalité. D'ailleurs Buonaparte n'arrivera pas jusqu'à nous. Les Russes l'arrêteront, lui et sa horde de sauvages !

Armand lui-même était de cet avis : il ne fallait pas s'inquiéter, bientôt tout rentrerait dans l'ordre, la Russie était si vaste...

— Cela ne nous fera pas de mal de vivre un peu seul à seul, poursuivit le malade. Je te vois si peu, je te connais si mal ! Les journées passent en tourbillon. On n'a pas le temps de se parler !

De nouveau, il éleva péniblement la main. Ses doigts effleurèrent en tremblant la joue de son fils. Puis son visage se figea tout net. La fatigue le reprenait. Il renversa la tête en arrière.

— Je vais dormir, dit-il dans un souffle. Va-t'en.

Armand se retira sur la pointe des pieds. Au salon, il retrouva la famille Béreznikoff qui attendait, sans espoir, le résultat de sa démarche.

— Rien à faire, dit Armand. Il s'obstine. Bien entendu, dans ces conditions, je ne puis vous suivre.

Catherine cacha son visage dans ses mains. Nathalie Ivanovna courba le front. Paul Arkadiévitch dit :

— Je te comprends.

Et il ajouta, bourru :

— Excusez-moi... J'ai pas mal d'affaires à régler avant le voyage...

Resté seul entre Nathalie Ivanovna et Catherine, Armand sentit son courage faiblir et son imagination s'enfiévrer. Plus il les regardait toutes deux, plus il regrettait de ne pouvoir les suivre à Nikolskoïé ! Ses yeux s'embuèrent. Catherine soupirait et pétrissait ses mains l'une contre l'autre au creux de sa robe rose. Enfin, les larmes gonflant son nez, elle s'enfuit dans sa chambre.

— Pauvre petite ! dit la comtesse. Tu lui manqueras beaucoup. Je tremble à l'idée de ce qui t'attend, auprès de ton père malade, dans cette grande maison vide, avec tout juste quelques valets ignares à l'office. Tâche de le convaincre, tâche de nous rejoindre, un peu plus tard...

— Je vous le promets, dit Armand. Moi aussi, cette séparation me navre. Si vous saviez...

Nathalie Ivanovna se leva. Elle était aussi grande que lui. Il voyait de tout près ses yeux immenses, à l'iris bleu cerné de noir. Une tendresse désespérée montait dans ce regard clair et dilaté, un appel, une plainte. Tout à coup, sans qu'il eût fait un mouvement, deux lèvres tièdes se posèrent sur ses lèvres, un parfum de jasmin l'enveloppa. Ce fut rapide comme le brisement d'une vague sur un rocher. Avant qu'il n'eût compris ce qui se passait, Nathalie Ivanovna s'était envolée. Foudroyé, il ne savait si c'était de bonheur ou de terreur que le cœur lui battait si fort.

2

Non, Moscou n'avait pas changé : marchands bedonnants et bottés, femmes du peuple aux fichus multicolores, élégantes en capelines d'été, moujiks barbus et balourds, petits fonctionnaires aux uniformes défraîchis se coudoyaient mollement dans les rues. Les visages étaient sereins, les mouvements ne trahissaient nulle hâte. Le soleil tombait à pic sur les toits de tôle peinte. Les cloches des églises sonnaient gaiement. Puisque tout, ici, paraissait si paisible, était-il bien nécessaire de partir ? Balancé au pas de son cheval, Armand se posait la question avec dépit. La berline des Béreznikoff roulait en cahotant, avec une pesante lenteur, sur la chaussée revêtue d'un cailloutage inégal. De temps à autre, Catherine se montrait à la portière. Elle portait un chapeau de voyage en paille d'Italie, orné d'un voile bleu pâle. Mais ce n'était pas elle dont Armand aurait souhaité capter le regard. Et Nathalie Ivanovna demeurait invisible, rencognée au fond de la voiture. Depuis hier, elle n'avait pas eu pour lui une parole tendre, un sourire d'abandon. A croire qu'il avait imaginé cette scène de bout en bout. Sans doute regrettait-elle déjà sa faiblesse. Il n'y aurait pas de suite à leur instant de folie. Il ne pouvait y en avoir, à moins que le monde entier ne s'écroulât avec ses lois millénaires. Au fait, Nathalie Ivanovna attachait-elle la même importance que lui à ce baiser furtif, dans le salon? Peut-être n'avait-elle cédé qu'à un banal élan d'affection? La tristesse de la séparation, une inquiète sollicitude, les débordements d'un cœur surpris par les circonstances... Il n'en fallait pas plus pour que le geste dépassât la pensée. Allons donc, c'était bien une femme dont il avait reçu le souffle sur ses lèvres! Une femme inaccessible, interdite, sacrée. La femme de son bienfaiteur. Depuis, il n'osait regarder Paul Arkadiévitch en face. Devant lui, il se sentait à la fois coupable et triomphant. Avec quelle fièvre Nathalie Ivanovna s'était jetée, hier, dans les préparatifs du voyage! Comme si elle avait voulu oublier leur égarement à tous deux. La valetaille tournoyait autour d'elle dans un bourdonnement de moucherons affolés. Elle donnait des ordres d'une voix à la fois douce et ferme, houspillait les maladroits, grondait les pleurnichards, vérifiait le contenu des malles et des paniers. Armand l'admirait d'allier tant de maîtrise à tant de grâce, tant de sens pratique à tant de poésie. Quand les bagages avaient été répartis entre les voitures, la famille s'était assise dans le salon, suivant l'usage, pour une minute de recueillement. Dans l'encadrement des portes ouvertes s'agglutinaient des figures de domestiques désemparés. Parmi eux, Vassilissa, la vieille *niania,* la nounou, qui avait veillé sur Armand et Catherine dans leur bas âge. Son autorité était grande dans la maison, car elle avait également élevé Nathalie Ivanovna, qu'elle tutoyait encore avec une rude tendresse, comme trente ans auparavant. Elle était toute petite, l'œil clignotant et les joues parsemées de verrues bistre. Un corps de fillette et, par-dessus, une tête de pomme cuite au four. Elle pleurait bruyamment et maudissait Napoléon, qu'elle s'obstinait à appeler *Naponéon*. Agacé, Paul Arkadiévitch lui avait ordonné de ravaler ses larmes. Deux valets étaient allés chercher M. de Croué dans sa chambre et l'avaient descendu, roide, dans son fauteuil, tel un mannequin de cire. Il était en tenue d'apparat, le jabot bouffant, la perruque poudrée. Après une courte prière, tout le monde s'était levé, en se signant devant l'icône. Sauf le malade qui demeurait cloué à son siège, le regard réprobateur et la lèvre humide du côté droit. « Comptez sur moi, avait-il grogné. Votre bibliothèque sera protégée. » « Merci, mon ami, avait dit Paul Arkadiévitch d'une voix enrouée par l'émotion. Je pense que nous serons bientôt de retour. Et maintenant, en route ! »

Armand avait décidé d'accompagner les voyageurs jusqu'à la barrière Rogojskaïa. Le convoi se composait de la berline, où se trouvaient le comte, la comtesse, Catherine et le Dr Schultz, de deux calèches contenant les femmes de chambre et la *niania* Vassilissa, et d'une dizaine de charrettes bâchées où s'entassait le reste des domestiques. En se retournant sur sa selle, Armand pouvait voir la caravane surchargée de bagages qui s'étirait entre les façades au crépi rose, jaune, ocre, et aux toits vert chou. Aux abords de la tour Soukhareff, le nombre des équipages augmenta. Il en venait, par confluence, des nombreuses rues transversales. Ainsi, sans se concerter, bien des gens avaient eu la même idée que Paul Arkadiévitch. Les convois avaient tous la même composition : deux ou trois élégantes voitures de maître, suivies d'un train de fourgons. Les bagages branlaient sur leurs assises; les chevaux piaffaient d'énervement, les cochers juraient à chaque arrêt de la file. Mais il n'y avait ni panique ni désordre. Tous roulaient dans le même sens. Des passants s'immobilisaient pour regarder cet exode prudent. Un bourgeois rubicond et probablement éméché grimpa sur une borne et cria:

— Bon voyage, poltrons!

Armand tressaillit, comme cinglé d'un coup de fouet.

A la barrière Rogojskaïa, l'encombrement était tel, qu'il fallut faire halte. Les voyageurs descendirent de voiture pour se dégourdir les jambes, pendant que l'un des cochers allait présenter les passeports au poste de garde de l'octroi. Armand sauta à bas de son cheval et se trouva soudain face à face avec Nathalie Ivanovna. Le Dr Schultz, Catherine, Paul Arkadiévitch entouraient la comtesse, mais Armand ne les voyait pas. Une voix musicale murmura:

— Maintenant tu vas nous laisser, Armand.

— Pourquoi? balbutia-t-il. Nous avons bien le temps! Quand on lèvera la barrière, je vous regarderai vous éloigner sur la route et je partirai à mon tour...

— Non, dit Nathalie Ivanovna. Ce sera plus pénible encore. C'est à présent, ici, qu'il faut nous quitter.

Partout des brancards, des croupes de chevaux, des trognes de valets tirant sur les cordes pour mieux arrimer les bagages.

— Oui, dit Paul Arkadiévitch. A quoi bon prolonger les adieux? Ne dirait-on pas que nous nous séparons pour toujours! Allons! Vite! Embrasse-le, Catherine.

Une espèce de petite sœur, charmante, fade et larmoyante s'abattit contre la poitrine d'Armand. Puis ce fut Paul Arkadiévitch qui lui donna l'accolade. Le Dr Schultz lui succéda. Et tout à coup, elle! Un baiser de mère sur chaque joue. Mais le parfum qui l'enveloppa était celui d'une femme. Et ce regard, aussitôt après. Ce regard de complicité tragique. Un regard qui disait : « Je ne comprends pas moi-même ce qui se passe en moi! Qu'allons-nous devenir? Que Dieu ait pitié de nos âmes! » Ah! il ne s'était pas trompé, il n'avait pas rêvé, tout était vrai. « Elle m'aime! » pensa-t-il avec désespoir. Un cheval hennit. Le cocher revint avec les papiers. Les passagers remontèrent en voiture. Un heiduque releva le marche-pied. Les roues étaient jaunes, avec des rayons rouges. Le verre de l'une des lanternes était fêlé dans le coin. Un sanglot creva dans la poitrine d'Armand.

— Vas-tu t'en aller? cria Paul Arkadiévitch par la portière.

Armand se remit en selle légèrement et éprouva soudain le besoin d'obéir, non à Paul Arkadiévitch mais à *elle* qui l'avait prié de partir le premier. Délices viriles de la soumission à la femme élue. Il poussa son cheval entre les équipages immobiles, se retourna et vit que la voiture des Béreznikoff s'ébranlait à son tour.

L'idée de rentrer directement à la maison lui était trop pénible. Il décida de passer voir son ami Pierre Kormovsky, un joyeux garçon qui habitait non loin de là. En arrivant devant le palais des Kormovsky, il constata que toutes les fenêtres de la façade étaient fermées. Sur le mur d'enceinte, à côté de la grille, s'étalait une inscription au charbon, en français : « Je vous salue, ô lieux quittés avec tant de tristesse! » Un vieux portier accourut en boitillant à l'appel d'Armand. Il balançait la tête comme un mouton derrière les barreaux.

— Tout le monde est parti hier, dit-il. La maison est vide. J'ai reçu l'ordre de ne pas ouvrir.

Alors Armand pensa à son autre ami, Maxime Volguine, qui logeait rue Vorontsovskaïa. Plus jeune que lui de deux ans, Maxime était un être de flamme. Il avait lu Chateaubriand, il savait tout l'abbé Delille par cœur. Que de soirées Armand et lui avaient passées ensemble, chacun lançant à la tête de l'autre ses vers préférés, ses rêves, ses projets, ses soupirs! Mais, même à ce confident suprême, il ne pourrait, pensait-il, livrer le secret qui, depuis hier, le brûlait. D'ailleurs, Maxime avait des femmes une autre conception que lui. Entraîné par son cousin Olénine, un fêtard, un joueur, un bretteur, il avait déjà fréquenté des prostituées. Cette connaissance de la chair l'avait flétri avant l'âge. Il plaisantait Armand de n'avoir pas encore « jeté sa gourme ». Et pourtant Armand était sûr d'être fidèle à lui-même en se gardant des passions vénales. N'était-ce pas son admiration pour Nathalie Ivanovna qui l'avait empêché inconsciemment de suivre l'exemple de ses camarades? Oui, oui, elle l'avait préservé, à son insu, des éclaboussures de la vie. Il ne lui en aurait jamais assez de reconnaissance.

Dans le grand vestibule décoré de fresques pompéiennes, un valet de pied le pria d'attendre: Maxime Féodorovitch n'allait pas tarder. Posté devant la fenêtre, Armand se fouettait la botte droite avec sa cravache et regardait, dans la cour, un homme en tablier qui roulait un tonneau. Ici, du moins, on ne pensait pas au départ. Il se retourna vivement. Maxime s'avançait à sa rencontre, mince, élancé, en habit gris ardoise et culotte de velours blanc côtelé. Armand reconnut le costume, mais pas le visage. Un étranger au regard froid s'arrêta à deux pas de lui et dit:

— Excuse-moi: je suis occupé, je ne puis te recevoir.

Décontenancé, Armand balbutia:

— Ce n'est rien... Je suis venu en passant... Je voulais te dire simplement que·les Béreznikoff sont partis pour Nikolskoïé... Je suis resté seul à Moscou, avec mon père...

— Pour préparer le lit de Napoléon? ricana Maxime.

Armand le considéra avec une stupéfaction douloureuse:

— Qu'est-ce qui te prend?

— Mais rien, mon cher, dit Maxime. Tout cela est dans l'ordre des choses...

Tête basse, Armand se repliait sur sa blessure. Avec quelle rapidité, songeait-il, la haine, l'incompréhension, la sottise se répandaient dans le monde! Certes, il avait entendu dire que les magasins français du Pont-des-Maréchaux avaient perdu la moitié de leur clientèle depuis le début de la guerre et que Rostoptchine voyait dans chaque Français de Moscou un espion à la solde de Napoléon. Mais il n'aurait jamais supposé que son meilleur ami en viendrait à lui battre froid uniquement parce qu'il était né en France.

— A propos, reprit Maxime. Je te signale que j'ai obtenu mon incorporation dans un régiment de hussards. J'attends mon ordre de route d'un jour à l'autre.

Où étaient l'abbé Delille, le divin Chateaubriand, les serments d'amitié, les pipes fumées en tête à tête?

— Très bien, dit Armand. Je te souhaite bonne chance.

— Et toi, demanda Maxime, tu ne t'engages pas?

La question était si brutale dans sa simplicité, qu'Armand perdit le souffle et marmonna :

— Non... Enfin pas pour le moment...

— Je te croyais plus courageux!

— Voyons, Maxime, comment peux-tu imaginer?... Ce n'est pas la peur qui me retient!

— Et quoi donc? La conscience de ta nationalité d'origine?

— Un peu...

— Mais tu n'as rien de français, à part ton nom!

— Un nom, c'est beaucoup, murmura Armand.

— Ah! oui? Comment se fait-il donc qu'un si grand nombre de tes compatriotes, nobles émigrés, aient pris du service dans l'armée russe? Croirais-tu déchoir en suivant l'exemple du baron de Damas, d'Héraclius de Polignac, de Melchior de Moustier?...

Armand se troubla. Sa répugnance à s'enrôler dans l'armée russe relevait, lui semblait-il, d'une impossibilité physique qui défiait la raison. Ce n'étaient pas la crainte des coups ni le respect du nom qui le confinaient dans la neutralité! Plutôt la certitude d'être en porte-à-faux dans un conflit qui ne le concernait pas. La guerre qui se déroulait en ce moment opposait une France qui n'était pas *sa* France à une Russie qui n'était pas *sa* Russie. En même temps, il souffrait de son indécision comme d'une lâcheté. Toutes les excuses qui se présentaient à son esprit étaient mauvaises. Il faiblissait, il pourrissait sous le regard intransigeant de Maxime.

— Mon père est très malade, dit-il. Je ne puis le laisser...

— Quel bon fils tu fais! dit Maxime. Je te félicite! La Russie perd un soldat, mais ton père gagne un infirmier!

Un voile de sang passa devant les yeux d'Armand. Il sauta à la gorge de Maxime, l'empoigna, le secoua, lui cracha à la face :

— Retire immédiatement ce que tu viens de dire, gredin!

Maxime se dégagea violemment. Son visage était pâle. Il siffla :

— A tout autre moment, je t'aurais envoyé mes témoins. Mais, ayant fait serment de me battre contre les Français, je ne vais pas perdre mon temps à me battre contre *un* Français!

Il pivota sur ses talons et sortit de la pièce. Armand resta seul, au milieu des fresques pompéiennes, avec sa colère et sa honte. Un instant, il songea à courir chez un autre camarade, Boris Pastoukhoff, pour épancher en lui son indignation. Mais n'allait-il pas essuyer là-bas la même rebuffade? Tous ses amis étaient russes. Dès son plus jeune âge, il s'était senti à l'aise parmi eux, partageant leurs jeux, leurs lectures, leurs idées, adhérant à l'Histoire de leur pays. Cette assimilation était si parfaite, qu'il n'avait même jamais cherché à se lier avec des jeunes gens de la colonie française de Moscou. Et voici qu'un tremblement de terre l'arrachait à la communauté qu'il avait choisie.

En remontant à cheval, il éprouva le sentiment d'une solitude accrue. Maxime avait parlé au nom de tous les Russes. Son intolérance était le fait d'un patriotisme que lui, Armand, ne pouvait assumer jusqu'au bout. Excommunié, rejeté, il n'en voulait même pas à ceux qui lui tournaient le dos. Il les comprenait, il les approuvait, il partageait leur méfiance envers lui-même. La ville qu'il traversait au pas de sa monture lui paraissait maintenant étrangère. Machinalement il se dirigeait vers le centre. Le Kremlin éclata à ses yeux, avec ses remparts de brique crénelés, ses tours guerrières, ses coupoles multicolores qui scintillaient au soleil. D'habitude, il était fier de ces monuments, comme s'ils eussent fait partie de son patrimoine personnel. Aujourd'hui, il se demandait s'il avait encore le droit de se sentir fort et riche en les contemplant. Il n'était plus chez lui sur la terre qui l'avait vu grandir. Et pourtant tout homme devait avoir une patrie. Et sa patrie, à lui, ne pouvait être cette France lointaine où régnait un despote présomptueux. Ni la France de son père, qui avait, depuis longtemps, cessé d'exister. Comment accepter d'être, à vingt et un ans, le citoyen d'un pays de légende, le sujet d'un roi décapité? En revanche, la Russie l'entourait, chaude, bourdonnante, ondoyante, pressante. Elle était la vérité, elle était la vie. Que dirait son père en apprenant l'étrange accueil que lui avait réservé Maxime? Dieu! il ne fallait surtout pas le mettre au courant. Irascible comme il était, il en aurait une attaque. Abusé par la gentillesse de la famille Béreznikoff, il devait s'imaginer que toute la haute société moscovite avait la même largeur d'esprit. Comme cette présence tutélaire allait leur manquer, à tous deux! Un coup de vent avait arraché le duvet de protection qui les séparait du reste de l'univers. Le souvenir de Nathalie Ivanovna fondit sur Armand, du haut du ciel. Sous le choc, il ferma les yeux. A elle, il eût pu confier le fond de sa pensée, à elle seule! Elle avait été placée sur terre pour le comprendre et le consoler. En remontant dans le passé, il se disait qu'il l'avait toujours aimée. D'abord comme une mère, puis comme une femme. A quel moment précis se situait la transition? Impossible de le savoir. Maintenant il n'espérait rien d'autre que la permission de rêver à elle. Même s'il ne devait plus y avoir entre eux le moindre rapprochement, il serait comblé par la seule pensée de leur union spirituelle. Si la plupart de ses amis n'avaient de satisfaction que dans l'accomplissement de leurs désirs, lui trouverait son bonheur dans le respect, la fidélité, la continence, la patience. Ainsi était-il assuré de ne jamais porter ombrage à Paul Arkadiévitch. Un homme à qui il devait tant! Mais si vieux! Cinquante-sept ans! Et Nathalie Ivanovna n'en avait que trente-trois. De toute évidence, le comte était pour elle un père plus qu'un mari...

La selle grinçait à chaque pas. Armand ne guidait plus son cheval qui connaissait le chemin. La maison des Béreznikoff était située dans le quartier de l'Arbate, rue Grande-Nikitskaïa. En revoyant, au fond du jardin, cette imposante bâtisse blanche au péristyle de six colonnes, Armand serra les dents pour ne pas pleurer. La vie s'était retirée de l'immense vaisseau. Les cent fenêtres ouvraient sur des alvéoles de silence. Des fleurs inutiles s'épanouissaient dans les serres aux vitres poussiéreuses. Les allées de sable fin étaient celles d'un cimetière. De l'innombrable domesticité serve, il ne restait que le portier, Karp, sa femme, Marfa, et un aide-jardinier. Celui-ci, Matvéitch, vint au-devant d'Armand et prit le cheval par la bride. L'homme avait un visage de deuil.

— Et voilà, dit-il. Nous sommes tous devenus orphelins!

Armand descendit de cheval et pénétra dans un décor figé par l'absence. Tout était en place et rien ne vivait. Comme un somnambule, il parcourut les vastes salles de réception, où les glaces lui renvoyaient son image solitaire. Puis il monta à l'étage et se retrouva devant la chambre de Nathalie Ivanovna. La porte grinça en s'ouvrant avec lenteur. Il osa franchir le seuil. Le damas bouton d'or des murs l'enveloppa dans une fausse atmosphère de soleil couchant. Le bois des meubles luisait. Des tapis persans recouvraient, par endroits, le parquet en point de Hongrie. Le moindre objet, ici, parlait d'elle. Il passa rapidement devant le lit (il y avait certaines choses auxquelles il refusait de penser), s'arrêta un instant près de la coiffeuse aux boîtes d'émail, aux flacons de cristal, se glissa dans la pièce voisine où s'alignaient les armoires. L'une après l'autre, il les ouvrit. Nathalie Ivanovna n'avait pas emporté la moitié de ses robes. Notamment toutes ses toilettes de bal étaient restées là. Qu'en eût-elle fait, à Nikolskoïé? Armand les reconnaissait avec émotion et se rappelait, pour chacune, les circonstances dans lesquelles il l'avait vue, la dernière fois. Celle-ci à la grande soirée des Narychkine, celle-ci au souper des Kormovsky, celle-ci au solennel dîner de soixante-douze couverts offert par les Béreznikoff, lors de la visite, le mois précédent, de l'empereur Alexandre Ier à Moscou, celle-ci à la réception du général-comte Bazaroff...

Pendus côte à côte, ces riches vêtements, aux étoffes chatoyantes, figuraient une brochette d'oiseaux assassinés. Armand se pencha en avant. Le parfum de Nathalie Ivanovna lui emplit la tête. Il chavira de chagrin. Vite, refermer ces armoires, clouer ces cercueils. Il s'enfuit.

Une fois calmé, il alla voir son père. Assis dans son fauteuil, la serviette autour du cou, M. de Croué gobait un œuf. Il avait souvent de ces fringales entre les repas. Derrière lui, se tenait Marfa, la femme du portier, qui, au départ des maîtres, avait été promue garde-malade et cuisinière. M. de Croué écrasa la coquille vide dans son assiette, se lécha le bout des doigts, s'essuya la bouche, les mains, à la serviette et dit :

— Alors? Tout s'est bien passé? On a pleuré, on s'est embrassé, on a fait des signes de croix, on a promis de revenir sous huitaine?

Cette moquerie irrita Armand. On eût dit que son père ne pouvait pas souffrir comme les autres. Plus il avait mal, plus il devenait méchant. Le sarcasme était son cri de douleur.

— Ce qui m'amuserait, reprit le malade, c'est que Buonaparte, dans un éclair de génie militaire, renonçât à marcher sur Moscou et se dirigeât sur Vladimir. Bérezkikoff, à Nikolskoïé, ferait un nez d'une aune !

— Comment pouvez-vous souhaiter le malheur d'un ami, père? dit Armand avec sévérité.

— Il est trop bête ! Il mérite une leçon ! Abandonner Moscou ! Comme si nous risquions quelque chose !...

— Il n'est pas le seul à partir. Tout à l'heure, à la barrière, il y avait un grand encombrement d'équipages. Les Kormovsky ont quitté leur maison, hier. D'autres vont suivre. Si Napoléon n'est pas arrêté par une bataille, Moscou se videra...

Les traits de M. de Croué se crispèrent. Son menton trembla au-dessus de son jabot. Enfin il dit :

— J'ai demandé à Marfa de nous faire une fricassée de poulet, pour le dîner. Mais en est-elle capable? Bien entendu, tu prendras tes repas avec moi, dans ma chambre. C'est l'un des avantages de la situation.

3

Armand craignait que la conversation ne fatiguât son père. Mais celui-ci paraissait captivé par les propos de ses deux interlocuteurs. M. Paganon, petit et sec, était professeur d'escrime, et M. Froux, rondouillard, rose et calamistré, tenait boutique de parfumerie dans la rue du Pont-des-Maréchaux. Tous deux étaient accourus, sur un billet de M. de Croué, pour prendre une tasse de chocolat et commenter les événements. Plongés au plus épais de la colonie française de Moscou, ils en exprimaient avec véhémence les inquiétudes. A les entendre, c'était un grand malheur que l'empereur eût remplacé l'ancien gouverneur général Goudovitch, vieux et bonasse, par ce fou, ce fanfaron, ce barbare de Rostoptchine. Les affiches illustrées de Rostoptchine étaient autant de menaces pour les étrangers. Il avait inventé un personnage, Karniouchka Tchikhirine, bourgeois ivre et truculent, qui appelait le peuple à la haine, à la délation, à la violence. Sa dernière proclamation, distribuée aujourd'hui même dans toute la ville, invitait les Moscovites à se rendre à l'Arsenal où on leur vendrait des armes à bas prix. En attendant de se défendre contre les Français de l'extérieur, la racaille n'allait-elle pas assouvir ses instincts de vengeance contre les Français de l'intérieur? Certains ressortissants étrangers avaient déjà été molestés sous prétexte qu'ils tenaient des discours antipatriotiques. Il devenait dangereux de parler français dans la rue. Tout se désorganisait à l'approche de l'ennemi. Rostoptchine avait beau prétendre dans ses placards que « le scélérat » n'entrerait jamais à Moscou, qu'il en répondait « sur sa vie », certaines administrations déménageaient leurs archives. L'impératrice Marie Féodorovna avait donné des instructions pour l'évacuation des pensionnaires des instituts de jeunes filles nobles Catherine et Alexandre. En quelques jours, le prix des chevaux de louage avait atteint cent cinquante roubles par bête pour un trajet de trente verstes.

— Je vous assure, mon cher, que la situation est préoccupante, disait M. Froux. Rostoptchine est capable de tout. Il paraît que, cette nuit, des arrestations ont eu lieu, sur son ordre, parmi nos compatriotes. Mon fils, Raoul, est allé aux renseignements. Je me suis permis de lui demander de passer ici pour nous donner les dernières nouvelles. Cela ne vous contrarie pas?

— Nullement, dit M. de Croué. Mais je vous trouve tous deux bien prompts à vous alarmer.

— Songez aux persécutions que les Espagnols ont fait éprouver pendant la guerre aux Français établis dans leur pays, dit M. Paganon. Quand le sentiment national est exacerbé à ce point, on peut craindre le pire ! En ce qui me concerne personnellement, j'ai déjà perdu les deux tiers de mes élèves, de fines lames pour la plupart. Les uns sont partis, les autres refusent de prendre des leçons auprès d'un Français.

— Hier, personne, je dis bien personne, ne s'est présenté au magasin ! gémit M. Froux. Pourtant il me semble que les Russes devraient faire la différence entre les Français qui envahissent leur sol, tuent, brûlent, pillent, et ceux qui, respectant leurs lois et aimant leur pays, ont choisi de s'y fixer pour toujours !

— Ce n'est tout de même pas pour rien qu'on nous a fait prêter serment, en 1806, de n'entretenir aucune correspondance avec la France de Napoléon ! renchérit M. Paganon.

28

Armand remplit les tasses qui s'étaient rapidement vidées. Le parfum du chocolat chaud se répandit à nouveau dans la chambre. M. de Croué souriait, la lèvre oblique, l'œil plissé, d'un air de supériorité narquoise. D'où lui venait cette assurance, alors qu'il ne bougeait jamais de son fauteuil? Fût-il sorti à l'instant d'une réunion de l'état-major qu'il n'eût pas affecté un plus grand mépris pour les racontars des petites gens. Armand se demanda si l'entêtement de son père n'allait pas, à la longue, indisposer M. Paganon et M. Froux. Mais tous deux paraissaient pleins de déférence pour cet absurde vieillard qui les contredisait avec hauteur. Sans doute leur en imposait-il encore par son nom, par ses relations d'autrefois. La colonie française de Moscou, avec ses trois ou quatre mille têtes, était un petit monde si bigarré et si étrange! Il y avait de tout parmi ces proscrits, des nobles, des roturiers, des marchands, des précepteurs, des aventuriers, des ecclésiastiques, des acteurs, des coiffeurs, des secrétaires... Les uns s'étaient réfugiés en Russie pour fuir la Révolution française, d'autres tout simplement pour y chercher fortune. C'était autour de la rue du Pont-des-Maréchaux qu'il y avait la plus grande concentration d'émigrés. Chaque fois qu'Armand s'était rendu dans ce quartier, il avait eu l'impression de changer de ville. Pourtant tous ces gens si divers avaient la même crainte de l'envahisseur. Les uns souhaitaient la défaite de Napoléon parce qu'ils voyaient en lui un suppôt des Jacobins, un régicide, l'assassin du duc d'Enghien, d'autres parce qu'ils rêvaient d'une revanche de l'Église contre un César persécuteur, d'autres encore, émules de Mme de Staël, parce qu'ils espéraient le retour aux libertés constitutionnelles, d'autres enfin, les plus nombreux, parce qu'ils se rendaient compte que cette guerre allait ruiner leur réussite matérielle. Ainsi s'unissaient contre le maître de la France tous ces Français d'origine, chacun volontairement exilé au gré de ses passions politiques ou de ses supputations commerciales.

— Savez-vous ce qu'on raconte dans le peuple? dit M. de Croué. Je le tiens de notre jardinier, Matvéitch! La Russie gagnera, parce que Buonaparte n'est plus protégé par le pouvoir magique de sa première femme. Joséphine, qui était une sorcière, accompagnait Buonaparte dans les batailles, survolait, sous les espèces d'une colombe, les positions de l'ennemi et revenait, à tire-d'aile, en rendre compte à son mari. Depuis qu'il a épousé cette Autrichienne, il est un général comme les autres. Et même un peu plus maladroit que la moyenne!

— Vous n'allez pas ajouter foi à cette fable! s'écria M. Paganon.

M. de Croué cligna de la paupière gauche.

— Hé, hé! Il y a du vrai, là-dedans! Napoléon a engraissé. De corps et d'esprit. Il se meut lourdement. Il lui manque une colombe. Dès que Koutouzoff aura regroupé ses forces...

Il repartait dans son rêve. Rien de ce que lui avaient dit ses serviteurs ne l'avait atteint. On frappa à la porte. C'était Raoul, le fils de M. Froux, toupet en bataille et prunelle saillante. Il paraissait bouleversé. Ayant salué M. de Croué, il s'écria:

— C'est affreux! Quarante émigrés ont été arrêtés dans la nuit d'hier et la matinée d'aujourd'hui par décision de Rostoptchine! Des Français, pour la plupart. On les a conduits à la maison Lazareff! Ils vont, paraît-il, être expédiés très loin, à Nijni-Novgorod, par voie d'eau, comme de vils malfaiteurs!

M. Froux et M. Paganon échangèrent un regard d'effroi.

— Asseyez-vous, mon cher Raoul, dit M. de Croué. Vous prendrez bien une tasse de chocolat avec nous?

Raoul s'assit, le chapeau sur les genoux, les coudes au corps.

30

— Sers-le donc ! reprit M. de Croué.

Armand s'exécuta.

— Le même sort nous attend peut-être, demain ! dit M. Paganon. Il faudrait avoir le courage de partir !

— Si vous vous figurez qu'on ne vous arrêtera pas, en tant qu'émigré, à la barrière de Moscou !... dit Raoul en lapant son chocolat. Rostoptchine a certainement donné des ordres en conséquence !

— Du reste, les routes sont encore moins sûres que la ville, dit M. Froux. La vérité est que nous sommes pris entre deux périls : les Français de Napoléon et les Russes de Rostoptchine.

— Et moi, je vous affirme que ni les uns ni les autres ne sont à craindre ! trancha M. de Croué avec un sourire dominateur. Si Rostoptchine a arrêté certains de nos compatriotes, c'est qu'ils avaient commis quelque grave imprudence politique.

— J'en doute, monsieur, dit Raoul. Les gens emprisonnés sont tous d'honnêtes citoyens industrieux et paisibles. Vous connaissez M. Allard, le libraire, M. Aubert-Chalmé, qui tient un magasin de modes, M. Domergue, le régisseur du théâtre français de Moscou, M. Lavaux, le peintre, M. Launay, qui est marchand de point d'Alençon...

— On peut être régisseur de théâtre ou marchand de point d'Alençon et avoir hasardé des discours contraires aux intérêts de l'État ! dit M. de Croué. Non, non, tout cela ne prouve rien. Je maintiens que nous n'avons nulle raison de nous émouvoir.

— Ah ! Monsieur, si vous aviez vu comme moi les familles de ces malheureux !... dit Raoul. Partout, ce ne sont que larmes et imprécations. On ne sait que penser. On se barricade...

— Si je devais me barricader, ce serait contre les Français, non contre les Russes, dit M. de Croué.

Et il tendit sa tasse à Armand. Mais sa main tremblait. Armand le devina touché.

— Je crois que nous allons nous retirer, dit M. Paganon. Je suis inquiet : j'ai laissé ma femme et ma fille seules à la maison.

Lorsqu'ils furent partis, M. de Croué dit :

— Les imbéciles !

Puis il exprima le désir d'être descendu dans la bibliothèque. Armand tira le cordon de la sonnette. Le portier, Karp, accourut. A deux, ils portèrent M. de Croué, dans son fauteuil, jusqu'au bas de l'escalier. Devant les rayons chargés de livres, le malade respira profondément comme pour s'emplir les poumons d'un air plus vivifiant que celui de la mer.

— Va, va, dit-il.

Armand poussa le fauteuil à roulettes le long des parois aux reliures serrées. M. de Croué avait redressé la tête. Il passait son armée en revue.

— Dix-sept mille cinq cent trente volumes, dit-il. Quand je suis arrivé ici, Béreznikoff n'en avait que sept mille à peine. J'ai guidé ses achats. C'est grâce à moi qu'il a acquis tous ses incunables, ses classiques en éditions originales, son *Adonis* de La Fontaine calligraphié par Jarry. Tout était en désordre ! J'ai dressé le catalogue. Je l'ai fait imprimer en français, à La Haye. Et tu voudrais me voir abandonner la partie...

Il butait sur les mots. Sa langue s'empâtait, comme toujours en fin de journée.

— Mais, père, puisque c'est Paul Arkadiévitch lui-même qui vous a demandé de partir ! dit Armand. Après tout, ces trésors ne sont pas à vous !

— Si, dit M. de Croué.

Il marqua une pause et ajouta :

— Vois-tu, ce n'est pas dans ma chambre que j'aurais dû recevoir Froux et Paganon. C'est ici. Ils auraient compris. Tiens, prends-moi ces quatre volumes, à gauche : mon cher *Gil Blas de Santillane* ! Je vais relire du Lesage pour me consoler de la sottise de notre époque.

Tandis qu'Armand tirait à lui les quatre petits volumes reliés en veau fauve, une invitation très douce lui revint aux oreilles : « Armand, veux-tu me faire la lecture ? » Il se revit, assis dans le salon, entre Nathalie Ivanovna et Catherine, un livre ouvert à la main. Sa voix montait, claire, entre ces deux visages attentifs. Quand il abordait certains passages empreints de sentiment, il lui semblait que c'était son propre cœur qui s'épanchait soudain avec une impudeur torrentueuse. Quelle avait donc été la dernière page qu'il leur avait lue ? Ah ! oui, dans *la Nouvelle Héloïse,* cette lettre de Saint-Preux à Julie : « Julie, ô Julie ! ô toi qu'un temps j'osais appeler mienne, et dont je profane aujourd'hui le nom ! » Catherine pinçait les lèvres, Nathalie Ivanovna regardait droit devant elle, l'œil humide, le souffle oppressé. Que ne pouvait-il laisser là son père, bondir à cheval, galoper, ventre à terre, jusqu'à Nikolskoïé ?

— Je suis fatigué, dit M. de Croué. Appelle Karp. Il faut me remonter dans ma chambre.

4

Les berges de la Moskva étaient noires de monde. Avec opiniâtreté, Armand jouait des coudes pour arriver au premier rang. Parfois il demandait à un voisin de se pousser. Et l'autre lui obéissait sans un mot de protestation. Nul ne tiquait sur son accent. Il parlait le russe comme un Russe, le français comme un Français. Parfaitement bilingue, adapté à toutes les situations, amphibie de la tête aux pieds, double sous un

même visage. Il songea à cette fable de La Fontaine :
La Chauve-souris et les deux belettes :
   « Je suis oiseau; voyez mes ailes...
   « Je suis souris; vivent les rats... »

Un crépuscule douteux pesait sur la ville. L'eau
grise clapotait contre les flancs de la lourde barge
plate amarrée au quai. Les dernières corneilles tournaient dans le ciel avant de se nicher dans les clochers
des églises proches. Armand s'inquiéta de l'heure.
Comme son père l'attendait à la maison, il ne voulait
pas s'attarder. Cependant il ne pouvait, lui semblait-il,
manquer le triste spectacle du départ de ses compatriotes. La nouvelle de l'embarquement s'était
répandue très vite, de bouche à oreille, dans la colonie française. Mais qui avait prévenu le menu peuple
de Moscou ? Les agents de Rostoptchine, sans doute.
Ce grand concours de curieux témoignait de l'intérêt
que suscitait l'événement. Faces rudes et sombres,
avec l'émail des yeux brillant dans des touffes de poils.
On piétinait, en grignotant des graines de tournesol.
Soudain une rumeur monta de la multitude, en même
temps que la bousculade augmentait :

— Les voilà ! Les voilà !

Une longue file de prisonniers descendait vers la
rivière. Rien que des hommes, tête basse, un balluchon
à la main. Les quarante émigrés arrêtés par Rostoptchine. Une demi-douzaine de vétérans, le fusil sur
l'épaule, les entouraient. Ils s'immobilisèrent devant
la barge. Quelqu'un cria, dans la cohue :

— Traîtres ! Chiens de Français ! Ils se sont engrais-
sés sur notre dos !

Armand ressentit une brûlure. Tout son sang lui sautait au visage. Son impuissance le désespérait. Il crut
que la multitude entière allait éclater en clameurs
de haine. Mais non, autour de lui, les gens se taisaient,
attentifs et pesants. Et ce silence était plus effrayant
que les pires invectives. Un officier de police grimpa

sur une bitte d'amarrage. Il tenait une liasse de papiers à la main. Derrière lui, un marinier brandit un fanal au bout d'une perche. La faible lueur se balançait dans le soir, au-dessus des crânes. Le vent jouait avec les feuillets. Après s'être mouché, l'officier de police fit l'appel. Des noms français en cascade. A tour de rôle, les hommes s'engageaient sur la planche qui conduisait du rivage à la barge. Comme la planche était étroite, ils avançaient en équilibristes, les bras maladroitement écartés. L'un d'eux faillit tomber à l'eau. De temps à autre, on entendait un sanglot de femme : les épouses, les filles des déportés s'étaient massées tout près de la passerelle. Armand essaya d'approcher encore. Mais il se heurta bientôt à un mur de dos infranchissable. Le dernier appelé ayant rejoint le bord, l'officier de police monta lui-même dans la barge et, face aux exilés réunis sur le pont, annonça qu'il allait leur lire une proclamation du gouverneur général de Moscou, comte Rostoptchine, les concernant. De nouveau un marinier haussa un fanal dont la flamme tremblait. Des reflets d'or se tordirent dans l'eau noire. La voix du policier s'éleva, claironnante :

« — Français, la Russie vous a donné asile, et vous n'avez cessé de faire des vœux contre elle. C'est pour éviter un massacre et ne pas salir les pages de notre histoire par l'imitation de vos infernales fureurs révolutionnaires, que le gouvernement se voit obligé de vous éloigner. Vous irez habiter les bords de la Volga, au milieu d'un peuple paisible et fidèle à ses serments, qui vous méprise trop pour vous faire du mal. Vous quitterez pour quelque temps l'Europe et vous irez en Asie. Cessez d'être de mauvais sujets et devenez bons. Métamorphosez-vous en braves bourgeois russes de citoyens français que vous étiez. Restez tranquilles et soumis, ou craignez un châtiment rigoureux. Entrez dans la barque, rentrez en vous-mêmes et tâchez de n'en pas faire une barque de Caron. Salut et bon voyage (1) ! »

Un profond silence suivit. L'officier de police replia ses papiers et quitta le bord. Le fourreau de son sabre étincela, battant sa cuisse, tandis qu'il franchissait la passerelle. Des ordres retentirent, les amarres tombèrent et la barcasse s'éloigna, glissant au fil de l'eau avec une lenteur de rêve.

Cette masse noire aspirée par le crépuscule, ce plat clapotis, une lueur soufrée au bas des nuages, le moutonnement des têtes, tout cela composait un tableau horrible et tranquille, dont Armand ne pouvait s'arracher. De la rive, des exclamations isolées fusèrent :

— Hourra ! Bon voyage ! Crevez tous !

Puis la foule commença à se disperser. Le cerveau stupéfié, Armand suivit le mouvement de reflux. Les sons de la langue française le firent se retourner tout d'un bloc. Une jeune femme au petit chapeau jaune à bord retroussé, garni de fausses cerises, pleurait, appuyée au bras d'un vieil homme glabre.

— C'est affreux ! disait-elle. Que vont-ils devenir ? Ne peut-on adresser une supplique au gouverneur ?

En l'entendant, un ouvrier barbu la prit à partie :

— Encore des Français ! Il en sort de partout ! Sales punaises ! Pourquoi n'êtes-vous pas sur le bateau, avec les autres ?

Il avait saisi la jeune femme par le coude et la secouait sans méchanceté. Les cerises du chapeau s'entrechoquaient. Armand intervint rudement, en russe :

— Laisse cette femme !... Ce n'est pas à toi de faire la loi !...

(1) Le texte de cette allocution, rédigé par Rostoptchine, fut publié pour la première fois dans *la Gazette de Moscou*, le 24 mai 1851 (nº 113).

L'homme, étonné, laissa retomber son bras.

— Quoi? dit-il. Qu'est-ce que vous voulez?

Mais la peur ramollissait son visage. Sans doute craignait-il d'avoir mécontenté un policier en civil.

— Elle est française, non? reprit-il.

— Ça ne te regarde pas! dit Armand. File!

L'homme s'éloigna en bougonnant.

— Je vous remercie, monsieur, dit la jeune femme. Sans vous, cette brute m'aurait déboîté l'épaule.

Elle s'était adressée à Armand directement en français, soit qu'elle eût deviné en lui un compatriote, soit qu'elle ne sût pas parler russe. Sa voix était agréable. Elle ne paraissait plus du tout effrayée. Un timide sourire éclaira son visage triangulaire.

— Je me présente, dit-il. Armand de Croué.

Et il claqua des talons, à la russe.

— Péroud, dit le vieil homme. Ex-acteur de la troupe française du théâtre impérial de Moscou. Et voici Mlle Pauline Filardy, comédienne dans la même compagnie. Nous étions venus assister à l'embarquement de notre infortuné régisseur, M. Domergue (1).

— Dieu sait pourquoi on l'a arrêté! s'écria Pauline Filardy. Il ne s'occupait pas de politique, il ne lisait pas les journaux...

— La dénonciation d'un voisin malveillant, sans doute, dit Armand. Notre situation va devenir de plus en plus délicate.

— Le plus extravagant, dit le vieil acteur, c'est que M. Domergue habitait chez le consul de Suède. Eh bien! les agents de Rostoptchine n'ont pas hésité à violer le domicile de ce diplomate pour s'emparer de leur innocente victime! Ah! j'envie nos camarades français du théâtre impérial de Saint-Pétersbourg.

(1) La troupe régulière du théâtre impérial français de Moscou avait été réorganisée par décret d'Alexandre Ier, en 1808. Sa dernière représentation remontait au 18 juin 1812.

Eux, du moins, ne seront pas inquiétés. Le tsar les protège. Mais nous, nous ne sommes plus payés, nos contrats sont venus à expiration et nous ne pouvons cependant quitter la ville sans une autorisation formelle du chambellan, qui, bien entendu, est hors de portée. Jamais, jamais l'art n'a été bafoué à ce point !

Il donnait de la voix et gesticulait en marchant. Des passants se retournaient sur lui.

— Calme-toi ! lui dit Pauline Filardy. Tu vas nous faire remarquer. Et il faudra que M. de Croué se dévoue encore pour nous défendre contre la populace !

Ils avaient quitté les berges et cheminaient dans la rue Moskvorétskaïa. Les voitures y étaient nombreuses. Et presque toutes surchargées de bagages. Les gens aisés continuaient à partir. En arrivant devant les magasins du Gostiny Dvor, Armand jeta un regard à Mlle Filardy. A la lueur des lanternes du bazar, le visage de l'actrice lui parut moins aimable qu'au premier coup d'œil. Elle avait, pensa-t-il, quelque chose d'animal dans la coupe de la mâchoire et l'éclat des yeux. La vulgarité de son état de comédienne transparaissait dans ses manières. En outre, elle était de taille très menue et il n'appréciait que les grandes femmes. Néanmoins il était fier de s'être conduit avec elle en galant homme. Elle voulait profiter de son passage devant les galeries marchandes pour y faire quelques emplettes. Armand prit congé d'elle et de Péroud en quatre mots, à la cavalière.

Il était sorti à pied et avait encore un long chemin à parcourir jusqu'au quartier de l'Arbate. Tout en marchant, il repensait à l'embarquement des quarante Français et s'étonnait de n'en être pas indigné davantage. Au fond, il était prêt à tout pardonner aux Russes, parce qu'ils se battaient pour défendre leur sol. Ne disait-on pas que les Français avaient arrêté tous les sujets anglais résidant à Paris dès le début des hostilités contre l'Angleterre? C'était une loi de la guerre à laquelle les civils devaient se plier. Une loi inexorable et cruelle, certes. Une loi dont il aurait à souffrir lui-même, peut-être, mais qu'il ne pouvait condamner. Il lui sembla soudain que les passants le regardaient de biais, que le mot « Français » était inscrit sur son front.

★

De jour en jour, la fièvre montait dans la ville. Dès son réveil, Armand percevait, à travers les murs de sa chambre, la sourde rumeur des départs : un roulement énorme, confus, continu, qui ressemblait à un ébranlement souterrain. Pour sa part, M. de Croué ne voulait rien changer à son mode de vie. Une fois que Karp l'avait rasé et habillé, et que Marfa lui avait servi le petit déjeuner, il se plongeait dans la lecture de son *Gil Blas de Santillane*. Au bout de quelques pages, une paisible somnolence le prenait dans son fauteuil. Aussitôt, Armand se précipitait dehors. Il obéissait, ce faisant, au besoin de s'enfoncer, toujours plus avant, dans le mouvement fou de la cité, d'en éprouver jusque dans les os l'angoisse, le dérèglement et l'espoir. C'était dans le centre, aux alentours du Kremlin, que l'animation était la plus forte. Les voitures qui défilaient maintenant dans les rues ne transportaient pas seulement les voyageurs et leurs bagages. Les meubles suivaient dans des charrettes. Chaises, tables, oreillers, cuvettes, tableaux, samovars, ficelés ensemble, formaient des agglomérats compacts, qui se balançaient sur les hautes roues. Après les gens nantis, c'étaient les gens du peuple qui déménageaient. Certains, marchant à pied, chargés de balluchons, poussaient devant eux des moutons, des chèvres. Il y avait de plus en plus de maisons vides et de boutiques aux volets cloués. Le nombre des chiens errants avait augmenté. Une chaleur lourde écrasait les toits. La veille, une affiche de Rostoptchine, placardée sur les murs, avait annoncé qu'il mettait son espoir dans la construction d'un ballon gigantesque. Cet engin s'élèverait dans les airs, portant cinquante soldats, et ferait pleuvoir sur l'armée française un déluge de feu (1).

« Si le temps est beau, lisait-on, demain ou après-demain, je ferai faire un essai avec un plus petit ballon. Je vous le dis afin qu'en le voyant vous ne vous figuriez pas qu'il vient du scélérat et qu'il est destiné à nous nuire et à nous détruire. »

Parfois Armand rencontrait un groupe de badauds, le nez levé, qui interrogeaient le ciel. Mais aucun aérostat ne se montrait au zénith. Sans doute l'expérience avait-elle échoué. A moins que Rostoptchine n'eût menti, une fois de plus. Ses proclamations, depuis quelques jours, n'étaient qu'une surenchère de rodomontades : l'empereur Alexandre songeait à revenir à Moscou, le généralissime Koutouzoff se jouait de Napoléon, les soldats français tombaient comme des mouches... Cependant tout le monde savait qu'une grande bataille se préparait à l'ouest de Moscou, devant Mojaïsk.

Le 26 août (2), pour relever le moral de ses compatriotes, Rostoptchine convia le peuple à une prière publique au Kremlin, sur la place du Sénat. Armand s'y rendit avec un sentiment complexe de curiosité et de devoir. Une foule immense était rassemblée là, dans l'attente de l'arrivée du très vieux métropolite Platon. Il allait quitter exprès, daisait-on, la laure de la Trinité Saint-Serge, où il finissait ses jours dans la méditation.

---

(1) L'aéronef devait être construit selon les plans de l'Allemand Leppich, en qui Rostoptchine et le tsar avaient, avec une incroyable légèreté, placé leur confiance.

(2) D'après le calendrier julien en usage en Russie et qui était, au XIXe siècle, en retard de douze jours sur le calendrier grégorien en usage en France.

Un autel, entouré de bannières d'église et d'icônes vénérées, avait été dressé pour lui au pied de la tour d'Ivan-Véliky. Tous les regards étaient tournés vers la porte Nicolas, par où le saint homme devait faire son entrée. De minute en minute, l'exaltation de la multitude augmentait sans qu'aucun cri ne rompît le silence. Enserré de toutes parts, Armand éprouvait lui aussi l'impression que quelque chose de très important se préparait à l'autre extrémité de la place. Il humait l'odeur du peuple russe. Une odeur très particulière de bottes goudronnées, de *kwass,* de sueur et de pain noir. Et le peuple français, quelle était son odeur? En avait-il une seulement? Armand en doutait. Pour lui, le peuple français était une foule abstraite, transparente. Il pouvait imaginer des Français isolés, non des Français en masse. La masse, c'était la Russie. La France, elle, était un prétexte à lectures. On rêvait la France, on ne la respirait pas. Soudain il y eut un creusement puissant et doux dans le parterre de têtes. Les hommes se découvrirent, les femmes se signèrent. Six chevaux noirs se frayaient un chemin, pas à pas, difficilement, dans la cohue. Par la portière de la voiture, une main pâle, tremblante, bénissait l'assistance. Derrière, venait une calèche découverte, avec, à l'intérieur, un homme seul, en grand uniforme, la tête droite sous le bicorne à plumes blanches, les épaulettes étincelantes, le poitrail constellé de décorations. Armand reconnut de loin le visage rude, aux yeux saillants, de Rostoptchine. Il ne l'avait vu qu'une fois, à un bal, chez les Pachkoff, mais n'avait pas oublié la physionomie de ce furieux contempteur des Français. Tout le monde savait, dans la haute société de Moscou, que Rostoptchine était le véritable auteur d'un pamphlet où les émigrés français du Pont-des-Maréchaux étaient traités de corrupteurs de la jeunesse russe, de laquais, d'illettrés et de singes, dont la tête n'était « qu'un moulin à vent ». On racontait qu'à un dîner, chez le comte Apraxine, il avait annoncé vouloir prendre un bain dans le sang des Français, qu'ils fussent de Russie ou de France. Mais sans doute exagérait-il son patriotisme pour mieux entraîner les foules au combat. Des hommes, des femmes du peuple suivaient en courant les équipages du prélat et du gouverneur général. Certains touchaient au passage les portières, les harnais, les jantes des roues et se signaient ensuite comme s'ils eussent effleuré une relique. Armand s'engouffra dans leur sillage pour se rapprocher autant que possible du lieu de la cérémonie.

Devant le couvent Tchoudoff, les voitures s'arrêtèrent enfin et toute agitation cessa autour d'elles. Deux diacres aidèrent le prélat à descendre et le conduisirent, en le soutenant de part et d'autre, jusqu'à la tribune. Il vacillait, squelettique et livide, sous sa large mante violette d'archevêque. Sa haute coiffe blanche, en forme de cylindre, oscillait à chaque pas. Trois fois il faillit tomber en gravissant les marches. Rostoptchine se planta derrière lui, sur l'estrade. Après la prière, l'un des diacres prit la parole au nom du métropolite Platon, trop faible pour s'adresser lui-même à ses ouailles. La voix du diacre avait une puissance telle, qu'elle semblait sourdre des entrailles de la terre. L'or des bannières et des icônes, l'étagement des coupoles aux reflets métalliques, cette forêt de croix orthodoxes découpées en traits vifs sur le bleu du ciel, l'opposition entre la raide richesse des ornements sacerdotaux et le pauvre bariolage des vêtements de la foule, la signification historique du moindre clocheton en cet endroit consacré, les vols de corneilles croassantes, Armand voyait tout cela, comprenait tout cela, et il lui en venait au cœur une impression bizarre de solennité et de simplicité, de discipline et de barbarie. En aucun autre point du monde, pensait-il, une pareille scène n'eût été concevable.

42

Seule la Russie pouvait produire une architecture aussi étrange et une foi aussi profonde, tant de naïveté dans l'assemblage des pierres et tant de force dans l'expression des sentiments.

Après avoir exalté le sacrifice des troupes russes combattant pour leur terre, leur tsar et leur Église, le diacre supplia le peuple de ne pas s'agiter et de se soumettre à la volonté des chefs qui veillaient sur son destin. La victoire était certaine, disait-il, puisque le plus vénérable des pasteurs priait, jour et nuit, pour elle. Un vent léger agitait les bannières. Cassé en deux, le métropolite pleurait. Son aspect vénérable, ses larmes, ce discours en plein air prononcé par la bouche d'un autre agissaient vivement sur la foule. Bientôt, de toutes parts, éclatèrent des sanglots. Coude à coude, moujiks, ouvriers, marchands, cochers, petits fonctionnaires communiaient dans le culte de la patrie. Des visages extasiés se tournaient vers le vieillard, debout près de l'autel. Un levain de courage funèbre travaillait la masse. Conscient de son succès, le diacre poursuivit d'une voix caverneuse :

— Monseigneur désire savoir jusqu'à quel point il vous a convaincus. Que tous ceux qui promettent d'obéir à la volonté du tsar et de l'Église se mettent à genoux !

Un grand soupir, un gémissement unanime. Les murs des édifices parurent se hausser. Comme courbée par un souffle de vent, d'un bord à l'autre de la place, la multitude se prosterna. Au milieu de ce vaste rassemblement, Armand ne pouvait se singulariser. Il s'agenouilla, lui aussi, sur le pavé. Tous ceux qui l'entouraient priaient pour la défaite des Français. Et lui ? Certes il épousait, de tout cœur, la cause de ses voisins. Et pourtant il y avait une différence entre lui et eux. Une différence qu'il ne savait ni analyser ni dominer. Il était parmi eux comme une verrue sur une peau lisse. Soudain il se rappela les reproches de son ami Maxime. Y avait-il réellement tant de nobles français qui avaient pris du service dans l'armée russe pour combattre Napoléon? Peu importe! Eux du moins ne se posaient pas de questions. Ils avaient choisi une fois pour toutes. Des convictions politiques leur tenaient lieu de terre natale. Armand les envia. Il envia son père. Il regretta de n'être pas né à Moscou, ou à Kieff, ou à Saint-Pétersbourg, de n'avoir pas un nom se terminant par off, de n'être pas alourdi par les liens d'une grande famille russe disséminée dans le pays — ah! la bénédiction de compter cinquante cousins en province! Au vrai, il manquait de racines, ses pieds effleuraient à peine la terre, il y avait entre lui et la réalité russe un vide infime et indéfinissable : celui qui, dans une pêche trop mûre, sépare la pulpe du noyau.

Maintenant le métropolite Platon faisait le signe de la croix sur les têtes inclinées. Les premiers rangs se relevèrent. Puis toute l'assistance, par vagues successives, se remit debout. Alors le comte Rostoptchine fit un pas en avant et, à son tour, harangua la foule :

— Puisque vous vous êtes soumis de si bon gré à la voix de l'empereur et à la voix du vénérable pontife, je viens vous annoncer une faveur de Sa Majesté. Pour vous prouver qu'on ne vous livrera pas désarmés à l'ennemi, le tsar vous autorise à piller l'Arsenal. Votre défense sera ainsi entre vos mains.

Des cris discordants retentirent :

— Hourra! Merci au tsar! Que Dieu lui donne de longues années!

Rostoptchine étendit sa main gantée de blanc et les cris se turent.

— Attendez! dit-il. Ces armes ne seront à vous qu'à une condition : c'est que leur enlèvement se fera en bon ordre! Vous entrerez par la porte Nicolas, vous sortirez par celle de la Trinité. Et pas de bousculade.

— C'est promis, notre petit père ! hurlèrent mille gosiers anonymes.

— Qu'on ouvre l'Arsenal ! conclut Rostoptchine. Bonne chance ! Et adieu !

Sur un signe de lui, sa calèche et le carrosse du métropolite s'avancèrent vers la tribune. Chacun monta dans son équipage. Les voitures s'éloignèrent entre deux haies d'adorateurs murmurants.

Livrée à elle-même, la foule se morcela. Dieu et le tsar l'avaient quittée en même temps. Mais de bonnes paroles lui restaient en mémoire. Les uns rentraient chez eux avec ce viatique. D'autres, voulant profiter sur-le-champ de la permission, se dirigeaient vers l'Arsenal. Des sentinelles, postées aux portes, canalisaient le flot des arrivants. Armand ne se souciait guère de ressortir avec un fusil sans chien ou un sabre rouillé. Il y avait assez d'armes à la maison pour qu'il n'eût pas besoin de s'en procurer d'autres. D'ailleurs il ne croyait pas vraiment que le peuple de Moscou fût appelé à se battre contre l'armée française. Et si, par malheur, il en était ainsi? Faudrait-il qu'il se portât, lui aussi, devant les murs de la ville? Face à ces envahisseurs exécrables dont il parlait la langue ! Pour obéir aux ordres d'un Rostoptchine qui, cependant, le méprisait ! Assez de réflexions stériles ! Plus il s'interrogeait, moins il voyait clair en lui-même.

D'instinct, en sortant du Kremlin, il se dirigea vers la rue du Pont-des-Maréchaux. Sa patrie dans la patrie. Ici, les enseignes des magasins étaient presque toutes rédigées en deux langues : français et russe. Autrefois les calèches se succédaient dans la rue, déposant, de porte en porte, des femmes élégantes, des seigneurs raffinés en quête de nouveautés parisiennes : le dernier roman, le dernier parfum, la dernière étoffe à la mode... Maintenant, c'était le désert. Toutes les boutiques étaient closes. Les maisons même paraissaient inhabitées. Armand frappa à la porte du « Temple des Aromates. Froux et Fils. Établissement fondé en 1789 ». Des volets masquaient la vitrine, sur la rue. A travers le vantail, une voix prudente demanda en russe, avec l'accent français :

— Que voulez-vous ?

— Je suis Armand de Croué.

— Ah ! Mon Dieu !

Il y eut un bruit de verrous et de chaînes. La porte s'ouvrit. M. Froux leva les bras au plafond. En franchissant le seuil, Armand entra dans une épaisse odeur de cosmétique.

— Que je suis heureux de vous voir ! s'écria M. Froux. Ma femme, ma fille et mon fils ont quitté la ville, ce matin. Oui, ils ont pu passer, grâce à une autorisation spéciale que j'ai obtenue à la Chancellerie du Gouvernement général. Moi, j'ai préféré rester. Je ne pouvais abandonner le magasin. Nous avons ici une fortune en marchandises, vous comprenez ? Et vous ? Que dit votre père ?

— Il attend toujours, avec confiance, que les Français se fassent battre devant Moscou.

— Savez-vous que Napoléon aurait l'intention de promettre la liberté à tous les serfs de Russie pour les gagner à sa cause ? Encore une de ses idées diaboliques ! Si la racaille se soulevait contre les seigneurs, ce serait... ce serait la fin de tout !

— D'où tenez-vous cette information ? demanda Armand.

— On la répète dans l'entourage de Rostoptchine.

Armand hocha la tête dubitativement :

— Je crois que, sur ce point, les espérances de Napoléon sont vaines. La vénération du peuple pour le tsar est plus forte que jamais. J'en ai encore eu la confirmation tout à l'heure, sur la place du Sénat.

— Vous y étiez ?

— Oui.

— Alors ?

Armand raconta à M. Froux ce qu'il avait vu et entendu, au Kremlin. Son interlocuteur l'écoutait avec avidité. Seule une lucarne haute éclairait le magasin. Le comptoir était nu. Mais, sur les rayons, s'alignait l'habituel assortiment de flacons et de boîtes. L'une d'elles attira l'attention d'Armand. Elle était en nacre et or, avec des incrustations de pierres de couleur à l'endroit du fermoir. Nathalie Ivanovna possédait la même. Elle y rangeait ses rubans. Sûrement elle l'avait achetée ici. Un flot de langueur noya les pensées d'Armand.

— Ouvrir l'Arsenal à la populace! s'écria M. Froux. Mais c'est de la folie!

Armand abrégea l'entretien et ressortit dans la rue. Sur le chemin du retour, il avisa, parmi les passants, un facteur, casque en tête et sabre au côté. La poste fonctionnait donc encore! Rentré à la maison, il embrassa son père et se précipita dans sa chambre. Écrire à Nathalie Ivanovna? Il n'en était pas question. Mais peut-être à Paul Arkadiévitch. Celui-ci lirait la lettre, à haute voix, en famille. Nathalie Ivanovna devinerait, derrière cette sage relation des faits, les élans d'un cœur empêché de se plaindre. Dès les premiers mots que sa plume traça sur le papier, Armand se sentit les yeux humides et la tête inspirée :

« Très honoré Paul Arkadiévitch, dans ce pauvre Moscou qu'abandonnent peu à peu tous ses habitants, mon père et moi ne cessons de penser à vous trois qui nous êtes si chers et dont l'absence nous est si pénible. Etes-vous bien arrivés à Nikolskoïé? Le voyage n'a-t-il pas trop fatigué Nathalie Ivanovna, déjà si éprouvée par la pensée de quitter sa maison, et Catherine Pavlovna qui est si fragile? J'espère que le calme de la campagne achèvera de les réconforter l'une et l'autre après ces alarmes. Ici, nous vivons des heures d'angoisse et de tristesse. Les Français approchent. Le comte Rostoptchine multiplie les proclamations. Nul ne sait ce qui nous attend. Et cependant nous ne perdons pas courage. Mon père se porte aussi bien que possible. Il veille sur votre bibliothèque avec un soin jaloux. De toutes les forces de mon âme, je rêve à votre retour dans une ville que l'ennemi aura épargnée. Ah! cher Paul Arkadiévitch, vous ne saurez jamais tout ce que votre famille représente pour moi... »

Il continua ainsi pendant six grandes pages.

Le soir même, il porta sa lettre à l'Hôtel des Postes, dans la rue Miasnitskaïa. Mais les portes étaient fermées. Un avis était placardé à l'entrée : « En raison des événements, le service du courrier est momentanément suspendu. »

De retour rue Grande-Nikitskaïa, Armand passa par la bibliothèque et reprit, pour se consoler, *la Nouvelle Héloïse,* à laquelle s'attachait le souvenir de Nathalie Ivanovna. Puis, lassé de tant de larmes et de tant de serments, il sauta dans *l'Homme aux quarante écus.* Tout en lisant, il songeait à l'étrange destinée des émigrés royalistes en Russie. La plupart, à leur insu même, étaient imbus des idées destructives de Voltaire, de Rousseau, de d'Alembert, de Diderot... Défenseurs des privilèges, ils avaient apporté avec eux, sans le savoir, les notions de liberté et d'égalité. L'esprit qui soufflait sur la France les avait, quoi qu'ils fissent, marqués comme une maladie. Ils avaient le cœur monarchiste et la tête révolutionnaire. Même M. de Croué, qui haïssait les sans-culottes jusque dans leur descendance, se délectait de la science subversive enseignée par l'Encyclopédie. Un souvenir effleura Armand. C'était un soir d'été, à Nikolskoïé. Fenêtres ouvertes. Toute la famille Béreznikoff réunie autour de la table. Un papillon de nuit énorme entre et se cogne follement aux lumières des lampes. Nathalie Ivanovna, qui est superstitieuse, se signe et regarde, les yeux écarquillés de crainte, ces fines ailes grises battant aux quatre coins de la pièce. Comme elle est belle dans son effroi! Armand se fait fort de capturer l'insecte. Il court chercher un filet, poursuit le papillon, l'emprisonne, l'emporte, le lâche à l'air libre, et revient triomphant. A son apparition, tout le monde éclate de rire. Il se regarde dans une glace et voit le papillon, ailes fermées, sur le revers de sa veste. Son air ahuri dissipe la peur de Nathalie Ivanovna. Elle trouve même le papillon très joli. N'en va-t-il pas de même des idées françaises? On les chasse avec indignation et, brusquement, on s'aperçoit qu'elles ne vous ont pas quitté et qu'on les porte sur soi, aux yeux de tous, comme un insigne.

Assis dans sa chambre, le livre ouvert sur ses genoux, Armand laissait son regard courir sur les lignes imprimées, mais son esprit était loin des aventures agricoles, financières et sentimentales de l'homme aux quarante écus. Sa propre vie lui tenait lieu de conte philosophique.

Il rejoignit son père pour le dîner. Ce fut Marfa qui les servit. Pendant tout le repas, il ne fut pas question de la guerre. M. de Croué raconta fort spirituellement les mécomptes de son grand-oncle, Hippolyte-Robert de Croué, à la cour de Louis XV. En sa qualité de premier valet de garde-robe, Hippolyte-Robert de Croué passait — honneur enviable! — toutes ses nuits dans la chambre du roi, ayant noué à son bras un cordon d'appel dont l'autre extrémité pendait à la portée de la main de Sa Majesté. Une fois, à l'aube, il avait cru que le roi le demandait et s'était dressé d'un bond en criant : « Jarnidieu ! Que se passe-t-il ? » ce qui avait effectivement réveillé Louis XV. Depuis, le roi ne l'appelait plus M. de Croué, mais M. de Jarnidieu.

Le malheur était qu'Armand connaissait cette histoire pour l'avoir cent fois entendue. Après le dessert, il alla se coucher en pensant que décidément la France d'autrefois était morte et que seule la Russie d'aujourd'hui pouvait le sauver du vide moral où sombrent, tôt ou tard, les exilés politiques.

5

Une grande bataille, à Borodino. Tout le monde en parlait, mais nul n'en connaissait l'issue. Le journal *les Nouvelles Moscovites,* qui paraissait encore, par miracle, se bornait à reproduire la proclamation de Rostoptchine, en date du 27 août 1812 (1) :

« Dans la journée d'hier, 26 août, a eu lieu une bataille particulièrement chaude et sanglante. Avec l'aide de Dieu, l'armée russe n'a pas reculé d'un pas, bien que l'ennemi s'acharnât furieusement contre elle... Les pertes de l'adversaire sont incalculables. Dans son ordre du jour, il a défendu de prendre des prisonniers (du reste il n'y avait personne à prendre!) et il a sommé les Français de vaincre ou de mourir. Aujourd'hui, il sera battu encore une fois, le maudit, et tous les maudits qui l'entourent; ils périront par la faim, le feu et le glaive. J'envoie d'ici 4 000 nouveaux soldats, des munitions pour 250 canons et des provisions. Soyez tranquilles, fidèles orthodoxes. Le sang de nos soldats coule pour la défense de la patrie. Nous sommes prêts à verser le nôtre et, s'il le faut, nous irons grossir leurs rangs. Dieu nous aidera et les envahisseurs laisseront leurs os sur la terre russe. — Comte Rostoptchine. »

(1) Toutes les dates mentionnées dans le présent ouvrage sont celles du calendrier julien, alors en usage en Russie.

Un *Te Deum* avait été célébré dans toutes les églises. Mais sans joie. Et même avec angoisse. Comme s'il ne s'agissait pas de remercier Dieu, mais de lui exprimer ses craintes. Les départs s'accéléraient. Calèches de Vienne et de Paris, télègues de paysans, lourds fourgons aux roues grinçantes, dormeuses aux rideaux tirés, cabriolets, carricks, drojkis... Tandis que des voitures, de plus en plus nombreuses et chargées à craquer, se traînaient vers toutes les barrières du nord, du sud et de l'est, les premiers convois de blessés entraient par la barrière Dorogomilovskaïa, située à l'ouest de la ville. Karp, qui avait vu l'arrivée de ces malheureux, disait que les femmes pleuraient sur leur passage, que les hommes serraient les poings. Lui-même, après un tel spectacle, avait de la peine à ne pas trembler en rasant M. de Croué.

— Ils nous le paieront, ces canailles de Français! grommelait-il, sans songer qu'il s'adressait précisément à un Français. Nous boirons leur sang à pleins seaux. Dès que le comte Rostoptchine en donnera l'ordre...

— Attention, imbécile! Tu as failli m'écorcher, dit M. de Croué.

Il savait quelques mots de russe, juste ce qu'il fallait pour se faire comprendre des domestiques. Par orgueil national, il s'était toujours refusé à apprendre sérieusement cette « langue barbare ».

— Excusez, Votre Noblesse. C'est le sentiment qui emporte la main! dit Karp. Et avec ça, leur Napoléon voudrait qu'on lui ouvre les bras! Il paraît qu'il va libérer les serfs, si les serfs veulent bien l'aider!

Armand, qui assistait, comme chaque matin, à la toilette de son père, se rappela les propos de M. Froux. Décidément les mêmes bruits se propageaient dans toutes les couches de la population.

— Qui t'a dit ça? interrogea-t-il.

— On le répète dans les rues, dit Karp. Mais à voix basse. Parce que, si le comte Rostoptchine l'apprenait, gare à l'échine du bavard! Il a le knout facile, notre vénéré gouverneur général! Paraît qu'il a fait fouetter son cuisinier français!

— Mais toi, par exemple, ça te ferait plaisir d'être libéré? demanda Armand.

— Ne lui pose donc pas de questions stupides! dit M. de Croué agacé.

— Libéré, qu'est-ce que ça veut dire? répondit Karp en faisant glisser la lame sur le menton de M. de Croué. Nous autres serfs, nous n'avons pas besoin d'être libérés. Nous sommes bien comme nous sommes. Avec un maître au-dessus de nous. Il nous corrige, bien sûr, mais aussi il nous protège. Qui nous protégerait, si nous étions libres? L'homme libre est comme un ivrogne : il vacille sur ses jambes, il ne sait où il va. Regardez les Français; ils sont libres! Eh bien! Avez-vous jamais vu pires crapules? Ils viennent chez nous pour nous piller. Je suis sûr que Dieu aime mieux l'esclavage russe que la liberté française. Qu'il essaie seulement de nous libérer, Napoléon, et nous lui ferons voir!

— Voilà qui est bien parlé, dit M. de Croué avec soulagement. S'il ne rencontre que des gaillards comme toi, Buonaparte est perdu d'avance! Est-ce que la bataille a repris, là-bas?

— Les gens disent que oui, Votre Noblesse.

— Bon! Bon!... J'espère que Koutouzoff ne fera pas de quartier... Ma joue gauche n'est pas nette. Ton rasoir ne coupe pas.

Docile, Karp aiguisa la lame sur une lanière de cuir, présenta le plat à barbe sous le menton de M. de Croué, le savonna de nouveau abondamment et reprit son travail de rasage, les coudes écartés en ailerons, la main légère. L'opération terminée, M. de Croué se fit apporter le costume couleur « punch des Antilles » qu'il affectionnait. Rivé dans son fauteuil, il se contorsionnait pendant que Karp l'aidait à enfiler une à une les pièces du vêtement. Une fois habillé, il voulut se voir dans une glace. Il souriait en arrangeant son jabot à fines pichenettes.

« Sans lui, je serais à Nikolskoïé, aux côtés de Nathalie Ivanovna », pensa Armand. De plus en plus, il considérait son père comme un obstacle. Il se le reprocha. Son irritation lui parut impie. Pour s'étourdir, il n'avait d'autre distraction que la rue. Il sortit, il marcha jusqu'à l'épuisement. Mais il ne vit pas de blessés. Seulement, comme les autres jours, des voitures qui roulaient à la queue leu leu. Moscou n'en finissait pas de se vider. Bientôt il n'y aurait plus personne dans la ville. Personne, sauf quelques émigrés français terrorisés, quelques domestiques sans maîtres, quelques maraudeurs. Le plus enrageant était de se trouver si près de la bataille et d'en avoir si peu de nouvelles. Armand rentra à la maison avec une sensation de faim inapaisée. La vraie vie se déroulait hors de sa portée. Lié à son père, il avait, lui aussi, la respiration prudente d'un vieillard. Le lendemain et le surlendemain, cette impression se confirma.

Tandis que les blessés continuaient d'affluer par fourgons entiers dans une cité où il y avait de moins en moins de gens pour les accueillir, Rostoptchine faisait placarder et distribuer d'autres affiches au texte dramatique et confus. Sans doute voulait-il rassurer la population, que l'enlèvement des archives et le départ en masse des fonctionnaires risquaient de démoraliser. « Frères, ne vous alarmez pas en voyant que tous les bureaux sont fermés, écrivait-il. Il faut mettre les services à l'abri. Quant à nous, nous n'avons pas besoin de tribunaux pour juger le scélérat. Le moment venu, il me faudra de solides gaillards, citadins et paysans. Je pousserai mon cri d'appel dans un jour ou deux, mais, pour l'instant, ce n'est pas nécessaire et je me tais. Il sera bon, en temps voulu, de s'armer d'une hache, pas mal d'avoir un épieu et mieux encore de brandir une fourche à trois dents : le Français n'est pas plus lourd qu'une gerbe de seigle. Demain, après dîner, je ferai porter en procession l'icône de la Vierge d'Ibérie aux blessés de l'hôpital de Catherine. Là, nous bénirons l'eau. Ils guériront vite. Moi aussi, je suis maintenant rétabli. J'avais mal à l'œil, et maintenant je vois bien des deux yeux (1). »

Pendant qu'Armand finissait de déjeuner avec son père, dans la chambre de celui-ci, Karp arriva, bouleversé. Il tenait à la main une feuille volante qu'on distribuait dans les rues : une nouvelle proclamation de Rostoptchine. Comme il ne savait pas lire, il tendit le papier à Armand en disant d'une voix entrecoupée :

— Il paraît que c'est grave... Il paraît que la bataille est perdue... Il paraît que nous devons défendre Moscou nous-mêmes, avec ce que nous avons sous la main... Il paraît que tout est expliqué là-dedans...

Armand lut à haute voix :

« Frères, nous sommes nombreux et prêts à sacrifier nos vies pour le salut de la patrie et pour empêcher le scélérat d'entrer à Moscou. Mais il faut que vous m'aidiez et nous devons faire notre devoir. C'est un péché d'abandonner les siens. Moscou est notre mère. Elle nous a abreuvés, nourris et enrichis. Au nom de la Sainte Vierge, je vous convie à la défense des temples du Seigneur, de Moscou, de la terre russe. Armez-vous de tout ce que vous pouvez trouver, à pied, à cheval ; prenez du pain seulement pour trois jours ; allez avec les bannières que vous trouverez dans les églises et rassemblez-vous à l'instant sur les Trois-Montagnes (2). Je serai avec vous et nous exterminerons ensemble les envahisseurs. Gloire dans le ciel à ceux qui ne resteront pas en arrière ; paix éternelle à ceux qui mourront ;

(1) Proclamation de Rostoptchine, en date du 30 août 1812.
(2) Les Trois-Montagnes, colline aux portes de Moscou.

punition au jugement dernier à ceux qui reculeront (1). »

— Qu'est-ce que ça signifie, Votre Noblesse? demanda Karp. Le gouverneur général ne parle plus de notre armée. Où est-elle, notre armée? Pourquoi n'est-ce plus notre armée qui doit se battre, mais nous?

— Sans doute l'armée est-elle en train de se réorganiser, dit Armand. Koutouzoff ne peut abandonner Moscou...

Du coin de l'œil, il observa son père. M. de Croué n'avait pas bronché. Mais son regard avait quitté la chambre. De toute la tête, il était ailleurs. Peut-être n'avait-il pas compris l'importance de la nouvelle? Cela valait mieux ainsi. Marfa servit une compote de fruits avec des gâteaux secs. Elle pleurait et reniflait à gros bouillons. Un lourd collier de boules dorées et de perles de verre pendait sur son tablier blanc.

— Tu en as un beau collier, Marfa! plaisanta Armand pour détendre les esprits.

— Je l'ai pris dans un magasin, pas loin d'ici, marmonna-t-elle.

— Comment ça, tu l'as pris?

— Eh! oui. Des gens avaient brisé la vitrine. Tout le monde se servait. J'ai fait comme les autres.

Armand ne sut que répondre. C'était inévitable : les boutiques abandonnées étaient une tentation trop forte pour le peuple. N'était-ce pas dans l'espoir d'éviter l'extension du brigandage que Rostoptchine essayait de mobiliser toutes les énergies?

— Moi, en tout cas, j'irai sur les Trois-Montagnes, dit Karp.

— Et les Français te tueront! s'écria Marfa. Tu ne peux pas rester chez toi, espèce de porc sans cervelle?

Jamais auparavant des domestiques n'auraient osé

(1) Proclamation de Rostoptchine, en date, comme la précédente, du 30 août 1812.

se quereller ainsi devant des maîtres, songea Armand. Dans la panique générale, la discipline se relâchait. Cependant M. de Croué ne prêtait aucune attention à ces chamailleries ancillaires. Il ne toucha pas au dessert ni au vin doux qui l'accompagnait. Marfa emporta les assiettes.

Armand éprouva une écœurante faiblesse, dont il ne sut d'abord si elle était due à une crampe d'estomac ou à un sursaut de conscience. Décidément, il aurait dû s'engager dans l'armée régulière comme Maxime le lui avait conseillé naguère avec rudesse. Après tout, à ce moment-là déjà, son père avait Marfa et Karp pour le soigner. Il aurait très bien compris que son fils le laissât pour endosser l'uniforme et payer son tribut à la Russie en guerre! Maintenant, il était trop tard! Le projet de rassembler la population valide sur les Trois-Montagnes était absurde. Ce n'étaient pas des bandes de civils, armés de fourches et de vieux fusils, qui repousseraient la Grande Armée. Qu'Armand le voulût ou non, tout le courage dont il bouillonnait était voué à l'inaction. Debout devant le lit de son père, il se donnait l'excuse de la fatalité pour accepter son rôle passif dans la tragédie. L'apparente obstination de Karp le gênait comme un reproche. Il avait envie de le rudoyer, de le renvoyer dans sa niche.

— Tu n'as rien à faire sur les Trois-Montagnes, dit-il. Ceux qui auront la sottise de se rendre là-bas se feront massacrer inutilement. Koutouzoff est sur place pour nous protéger, avec des troupes nombreuses et aguerries. Il doit avoir un plan. Un plan que Rostoptchine ne connaît peut-être pas...

Il parlait avec chaleur, comme s'il eût voulu, en persuadant Karp, se persuader lui-même. Mais Karp demeurait impénétrable, son gros visage sanguin penché en avant dans un respectueux refus. Il portait encore la livrée bleue à galons argent des domestiques de la maison. Cependant ses culottes s'enfonçaient, à partir des genoux, dans des bottes de moujik, et une ceinture rouge lui ceignait le ventre. Fantaisie de toilette que Paul Arkadiévitch n'eût certes pas tolérée sous son toit. Armand finit par dire d'un ton sec :

— As-tu compris? Quoi qu'il arrive, il faut que tu restes tranquille. Nous avons besoin de toi, ici.

— Oui, bon...

— Dis à Matvéitch de seller mon cheval. Je vais faire un tour en ville.

— Matvéitch est parti, grommela Karp en relevant le front.

— Parti? s'écria Armand. Mais... pour où?...

— Il ne me l'a pas dit. Il a quitté la maison, ce matin, c'est tout ce que je sais. Sans doute qu'il a choisi une autre vie...

Karp défiait Armand du regard. « Il a raison, pensa Armand. Tout est faussé. Il n'y a plus ni haut ni bas. Les ordres retournent dans la bouche de celui qui les a lancés. »

— Je peux disposer? demanda Karp.

— Oui, va-t'en.

M. de Croué avait fermé les yeux. Placide, il commençait son somme de l'après-midi. Armand le recommanda à la surveillance de Marfa et descendit à l'écurie. Au bout d'une longue suite de stalles vides, un seul cheval : le sien. Armand le sella. Il avait déjà le pied à l'étrier, quand Marfa accourut, la face disloquée par la terreur :

— Votre père... Venez!... Venez vite!...

Armand s'élança vers la maison. Au milieu de la chambre, dans le grand fauteuil de tapisserie, gisait un pantin désarticulé. M. de Croué s'était affalé sur lui-même, les bras pendants, la tête dévissée, le visage tordu, un œil mort, un œil vivant. Paralysé du côté droit, il bavait, il râlait en remuant des lèvres molles, comme des limaces. Des sons inintelligibles s'échappaient parfois de son gosier. Visiblement il voulait dire quelque chose et souffrait de ne pouvoir bouger la langue. Armand appela Karp. A eux deux, ils portèrent le vieillard sur son lit. Marfa les aida à le déshabiller et à le coucher. Il paraissait calme maintenant; il n'essayait même plus de parler. Si seulement Paul Arkadiévitch n'avait pas emmené le Dr Schultz à Nikolskoïé! Où trouver un médecin, dans ce Moscou aux neuf dixièmes désert?

L'anxiété d'Armand accélérait le mouvement de ses idées. Surtout ne pas perdre son sang-froid! Il descendit dans la bibliothèque, consulta le livre d'adresses du comte, y releva quelques noms de praticiens fameux, tous amis de la famille. A cheval, il en aurait vite fait le tour. C'était bien le diable s'il ne ramenait pas un de ces messieurs au chevet de son père! En attendant, Marfa et Karp veilleraient à ce que le malade ne manquât de rien. Armand jeta un dernier regard dans la chambre, où M. de Croué reposait, étroit et cadavéreux, parmi ses estampes françaises, et se dépêcha de partir.

De temps à autre, un encombrement d'équipages surchargés retardait la marche de son cheval. Bon gré mal gré, il suivait, pendant un moment, le flot de l'exode. Puis, à la première occasion, il contournait l'obstacle et s'échappait par une rue transversale.

Il remarqua, çà et là, des attroupements silencieux devant des magasins aux vitrines défoncées. Des gens aux mines préoccupées faisaient main basse sur les marchandises. On ne se bousculait pas. On entrait, on sortait en bon ordre. Chacun son tour. Une femme était venue avec une brouette pour emporter plus commodément son butin. Ailleurs, des ivrognes se battaient à la porte d'un débit de boissons. Ils avaient débondé les tonneaux. Le kwass coulait en pétillant sur la chaussée caillouteuse. On buvait dans les flaques. Un corps roula sous les sabots du cheval, qui fit un écart. Pas un agent de police. Avaient-ils tous quitté la ville?

Fuyant le tumulte, Armand poussa son cheval dans la rue Miasnitskaïa, où habitait le Dr Svétloff. Son coup de sonnette resta sans réponse. Même les domestiques avaient déguerpi. Il remonta à cheval pour se rendre au domicile du Dr Lorer, dans la rue Pokrovka. Une pancarte à la porte : « Le Dr Lorer est absent jusqu'à nouvel ordre. Prière de voir le Dr Palkine, rue Ouspensky. » A l'adresse indiquée, Armand ne trouva qu'une vieille femme sourde, gardienne de la maison : le Dr Palkine était parti, la veille, avec sa famille, pour Tver. Il restait six noms sur la liste d'Armand. Son espoir s'amenuisait. Néanmoins il reprit sa quête. Chaque fois, il se heurtait à une porte close.

Découragé, il arrêta son cheval au pied de la tour Soukhareff. La grande bâtisse, massive et triste, avec sa tour octogonale coiffée d'un toit en cône, l'écrasait de son ombre. Où aller maintenant? Il tournait la tête en tous sens, à la recherche d'une solution. Au milieu de son désarroi, une idée l'éblouit : l'hôpital Chérémétieff. C'était juste à côté. S'il y avait un médecin dans toute la ville, il ne pouvait être que là !

Les abords de l'hôpital-hospice Chérémétieff grouillaient comme une fourmilière éventrée. Devant la noble façade, en demi-cercle, s'alignaient des files de fourgons militaires, de télègues, de chariots bâchés. Armand attacha son cheval à un anneau de fer et se glissa dans l'entrée, où des brancardiers se disputaient autour d'une civière vide.

Dès la première salle où il pénétra, une odeur épaisse de sueur, d'excréments et de pharmacie le prit à la gorge. Devant lui, dans la clarté des hautes fenêtres, s'étalait un univers de souffrances sordides. Il y avait des blessés partout, sur les lits, sur les tables, par terre. Couchés pêle-mêle, flanc à flanc, tête-bêche. Le regard volait d'un crâne enturbanné à un moignon entouré de linges sanglants, d'un visage d'adolescent moribond à une face de vieux soudard barbu qui mastiquait philosophiquement des graines de tournesol. Une plainte sourde, coupée de quintes de toux, montait de cet amas de chairs meurtries et de pansements maculés. Ils réclamaient toùs quelque chose : de l'eau, des soins, une présence. Çà et là, dans cette blancheur sale, le vert foncé d'un drap d'uniforme, l'or terni d'une épaulette, le rouge d'un parement. Juste ce qu'il fallait pour rappeler que tous ces malheureux avaient combattu pour la patrie. Les héros de Borodino. Des mouches bourdonnaient au-dessus de leurs plaies. La chaleur était suffocante. Des infirmiers en blouse de toile écrue, souillée de brun, circulaient à grand-peine entre les corps serrés l'un contre l'autre. De temps en temps, ils en emportaient un dans la salle voisine. Armand voulut les suivre pour rencontrer un médecin. Sur le seuil, il se heurta à un vieil homme fatigué, en manches de chemise, le nez chaussé de besicles, et dont les favoris poivre et sel étaient tachés de sang. Dans l'encadrement de la porte, ce survenant avait l'air d'un boucher malheureux. Son regard pâle exprimait la pitié, la colère, l'impuissance.

— Où allez-vous? dit-il avec brusquerie.

— Je cherche un médecin, dit Armand.

— Je suis médecin.

Armand se troubla :

— Docteur, ne pourriez-vous venir? Mon père a été victime d'un transport au cerveau. Il est très âgé et...

Tout en parlant, il mesurait l'incongruité de sa requête. Le médecin le considéra avec une douleur ironique.

— Vous ne trouvez pas que j'ai assez de travail, ici? dit-il. Je ne peux m'absenter une seconde. Nous manquons de tout. Allez-vous-en, monsieur !

Armand recula instinctivement entre les blessés gémissants. Une main l'accrocha par le pantalon. Il se dégagea, enjamba un corps, deux corps, en évitant de regarder cette détresse anonyme à ses pieds, et se hâta vers la porte. Le médecin lui cria de loin :

— Tâchez de trouver un barbier. Faites pratiquer une saignée !

Une fois dehors, Armand respira profondément pour se laver les poumons de cette puanteur. Puis il se dirigea vers l'endroit où il avait attaché son cheval. La place était vide. Il chercha de tous côtés. En vain. Il interrogea des soldats conducteurs de chariots. Personne n'avait rien remarqué.

— On vous l'a volé, c'est tout ! dit un petit rouquin à la capote grise et au bonnet de police aplati.

Consterné, Armand repartit à pied dans la ville. Il n'était pas question, pensait-il, de trouver un fiacre dans cette débâcle où le moindre équipage s'enlevait à prix d'or. Et, pendant ce temps, l'état de son père s'était peut-être aggravé. Il allongea le pas, puis se mit à courir. A la maison, où il arriva hors d'haleine, il découvrit son père couché, la face raidie, l'œil vitreux, et, assise près de lui, Marfa qui tricotait un bas, en marmonnant des prières. Aussitôt il ordonna à Karp, barbier occasionnel, de saigner M. de Croué comme il l'avait vu faire au Dr Schultz, à plusieurs reprises. Karp bougonna qu'il avait bien su, autrefois, manier la lancette, mais qu'il n'avait plus la pratique et qu'il avait peur de manquer son coup.

— Nous n'avons pas le choix, dit Armand. Il faut que tu le fasses. Sans doute même est-il déjà trop tard !

Il retroussa lui-même la manche de son père. Karp alla chercher la trousse d'instruments que le Dr Schultz lui avait laissée. Puis il ligatura le bras gauche du malade avec une courroie de cuir, à deux pouces au-dessus du pli du coude. Les veines se gonflèrent en cordes sous cette peau mince et livide. Karp tâta, du bout de l'index, le meilleur endroit. Il respirait difficilement. Des gouttes de sueur perlaient à son front. M. de Croué leva les regards vers lui. Il comprenait donc ce qui se passait. Tant mieux. Ainsi, du moins, les aiderait-il dans leur tâche. Armand lui glissa dans la main droite une tabatière, afin qu'il la tournât doucement entre ses doigts pour activer l'écoulement du sang. Karp se signa :

— A la grâce de Dieu !

Sa main voleta avant de s'abattre, vive et impondérable. La lancette entama les chairs. Le sang jaillit dans le vase gradué que présentait Armand. Avec une tranquille horreur, il regardait ce flux rouge qui sortait de son père.

— C'est assez, je pense, dit-il.

— Non, dit Karp. L'autre fois, le Dr Schultz en avait pris beaucoup plus. Le tiers du vase. Je m'en souviens très bien.

Enfin il appliqua un linge sur l'incision et replia le bras du patient. C'était fini.

Vers le soir, l'état du malade parut s'améliorer. Le côté droit de sa figure était toujours pétrifié, mais un peu de couleur revenait à ses joues. Il n'avait toujours pas recouvré la parole. Armand décida de passer la nuit dans un fauteuil, près du lit. Une veilleuse à huile éclairait faiblement la chambre.

Cette lumière insuffisante, ces grandes ombres aux murs, le silence de la maison rappelaient à Armand les nuits de son enfance. Chavirant de fatigue, il revit Vassilissa, penchée au-dessus de sa couche étroite et lui racontant les exploits de quelque chevalier casqué et ganté de fer, en lutte contre un sorcier aux ongles de rapace. Les douze verrues du visage de Vassilissa bougeaient en même temps dans la clarté tremblante du lumignon. Sa voix s'étouffait de mystère. Non seulement elle connaissait toutes les légendes populaires, mais encore elle prétendait être en relation avec les esprits malins qui hantent les greniers, les écuries, les forêts, les rivières. Le *domovoï*, le *liéchy*, le *vodianoï*, les *roussalki* (1), et même la *baba-yaga*, vieille au nez crochu, logeant dans une isba mobile, montée sur des pattes de poule, étaient ses compagnons de route dans la vie de tous les jours. Catherine et Armand avaient beau ne la croire qu'à demi, grâce à elle ils se sentaient environnés d'une atmosphère irréelle où les bons et les mauvais génies échangeaient conseils et croche-pieds. Un soir — ils avaient alors respectivement six et douze ans — Vassilissa leur avait dit la bonne aventure en faisant couler de la cire dans un baquet d'eau. La cire se solidifiait en formes étranges, que la *niania* interprétait sans hésitation : « Tu vois cette pastille, c'est le soleil. Et cette traînée blanche, une route. Une route au soleil. Tu seras très heureuse, Catherine. Mais tu voyageras beaucoup ! » M. de Croué, l'ayant surprise en train d'interroger ainsi l'avenir, était entré dans une violente colère. Nathalie Ivanovna, qui avait connu les mêmes pratiques dans son enfance, s'était contentée de sourire. Aujourd'hui encore, Armand s'étonnait de cette persistance en lui, à de grandes profondeurs, d'une tradition puérile et troublante. Son éducation française n'avait pas entamé le trésor des superstitions russes que la *niania* bavarde avait déposé en lui. A son insu, la *baba-yaga*, Ivanouchka Douratchok, Ivan Tsarévitch, le Poulain bossu vivaient en bonne intelligence avec Candide, Gil Blas et la princesse de Clèves. Son père ne pouvait comprendre cela. Il était tout d'une pièce. L'indécision, la division, les phénomènes inexplicables lui faisaient horreur. Pourtant il avait paru impressionné, l'année précédente, lorsque la grande comète s'était inscrite dans le ciel. Tout le peuple y avait vu un présage de guerre. Vassilissa

---

(1) Dans le folklore russe, le *domovoï* est le génie de la maison, le *liéchy*, celui de la forêt, le *vodianoï*, celui des eaux, les *roussalki* sont des ondines...

disait que *Naponéon* lui était apparu en rêve. Il avait
le corps d'une araignée avec des yeux de veau. Les
paupières d'Armand se fermaient. L'araignée napoléonienne était au travail dans l'angle de la chambre. Sa
toile se développait, s'étalait, entourait Armand d'un
flottement grisâtre. Il voulait déchirer ce réseau maudit, fuir, accéder à l'air libre. Impossible, le tissu, en se
resserrant, le ligotait, le bâillonnait. Asphyxie! La respiration coupée, il voyait là-bas, loin derrière ce voile
impalpable et étouffant, une maison parmi de hauts
sapins noirs, des fenêtres éclairées, Nikolskoïé.

6

Armand plongeait dans le sommeil et, peu après,
s'éveillait en sursaut. Dans le halo de la veilleuse, le
profil desséché de son père avait la netteté d'une châ-
taigne sculptée au canif. Le col de sa chemise, largement ouvert, dégageait un cou décharné, une sorte de
gaine de peau grumeleuse, soulevée, çà et là, par des
tresses de muscles et de nerfs. Privé de sa perruque, le
crâne paraissait anormalement oblong sous un duvet
de poils blanchâtres. La bouche, affaissée vers la
droite, respirait à petits coups, douloureusement.
« Que ferai-je quand il ne sera plus? » songea Armand.
Jamais encore il ne s'était posé la question avec une
aussi horrible insistance. Évidemment, avec cette mort,
disparaîtrait sa seule raison de rester à Moscou. Mais,
sans chevaux, sans équipage, comment rejoindrait-il
les Béreznikoff à Nikolskoïé? Revoir Nathalie Ivanovna. Rien d'autre ne comptait au monde. Combien
de jours le malade lutterait-il encore? Au point où il
en était, le plus vite serait le mieux. Sacrilège!

Armand leva les regards vers le crucifix d'ivoire, fixé au mur. Du bord des lèvres, sans conviction, il pria pour la guérison de son père.

A deux heures du matin, M. de Croué remua faiblement la tête et ouvrit les paupières. Son œil gauche, où brillait encore la flamme de l'intelligence, se fixa sur Armand, tandis que son œil droit, indépendant et opaque, semblait tourné vers un autre monde. Du coin de la bouche, avec un effort pitoyable, il tenta de parler. Les mots crevaient sur sa langue comme des bulles. Tendu vers lui, Armand essayait de comprendre.

— Les... les Français..., marmonna M. de Croué. Les Français à... à Moscou... Je ne veux pas... Je ne peux pas... voir ça... Non !...

Un sanglot lui cassa la poitrine. Des larmes coulèrent de ses yeux à sa bouche. Une moitié de sa figure grimaçait dans un chagrin d'enfant, tandis que l'autre moitié demeurait inerte. Armand lui essuya le visage avec son mouchoir.

— Les Français n'entreront pas à Moscou, père, dit-il tendrement. Soyez tranquille. Koutouzoff a gagné la bataille...

— Ils entreront... ils... ils entreront, râla M. de Croué. Je le sais... Je l'ai... toujours su...

Il poussa un grand soupir et se rendormit. Un peu plus tard, il reprit conscience et se fit remettre une cassette où il conservait son argent et de vieux titres de propriété qu'il avait rapportés de France. Ses doigts malhabiles tapotaient les liasses de papiers, palpaient les assignats, remuaient les pièces d'or. L'œil au plafond, il fouillait, de sa main valide, à l'aveuglette, un tas de feuilles mortes. Il bafouillait :

— Il faut que tu saches... Tout est là... Plus tard, quand tu retourneras en France, tu montreras ces documents... Ils sont... inattaquables... Tout te sera restitué... Tout ce qui nous a été volé par... les sans-culottes...

Quand il se fut assoupi de nouveau, Armand emporta la cassette et la rangea dans le secrétaire. Ces reliques, auxquelles son père paraissait si attaché, n'avaient, en réalité, de valeur que sentimentale. M. de Croué l'avait lui-même confessé autrefois à son fils : en fuyant Paris, il n'avait laissé derrière lui qu'un petit hôtel délabré, dans la rue de Verneuil, et beaucoup de dettes. Il y avait longtemps que, pour survivre, il avait dû vendre son manoir de la Provosté, dans le Bocage normand. Son mariage avec une de ses cousines, fille du bailli haut-justicier de Briouze, ne l'avait remis à flot que pour peu d'années. Ensuite il avait en vain tâché d'obtenir, par l'entremise du comte de Maurepas, puis de Necker, une pension sur la cassette royale. La Révolution l'avait surpris en pleine déconfiture, la bourse vide et le cœur fier. Sa naissance lui interdisait toute compromission avec la lie populaire. Un François-Timoléon de Croué avait été blessé à Rocroi et embrassé par Condé sur le champ de bataille. M. de Croué avait consigné les détails de cette histoire à l'intention de son fils. Cela formait une bonne dictée. Chaque faute d'orthographe commise par Armand dans le texte était considérée par son père comme un crime de lèse-noblesse. Armand se rappela l'air solennel de son précepteur de français, M. Poudevin, un émigré lui aussi, lisant à haute voix le récit des prouesses de François-Timoléon de Croué. Cependant la véritable inclination de M. Poudevin le portait vers une autre figure du passé. Bien que parlant à peine le russe, il était subjugué par l'œuvre et la personnalité de Catherine II. En revanche, le précepteur russe, Rakouchkine, ne jurait que par les encyclopédistes. Ce Français admirateur d'une impératrice russe et ce Russe admirateur des philosophes français avaient-ils, croisant leurs passions, aidé Armand à prendre conscience de son appartenance à deux patries ? Nathalie Ivanovna assistait souvent aux leçons, assise dans un coin. Quand elle était là, Armand s'appliquait davantage. Elle ne faisait pas de différence entre sa fille et lui. Sa tendresse lumineuse tempérait la sévérité de M. de Croué. Armand regardait son père, allongé sur le dos, décharné, désarmé, à demi conscient, et le comparait à l'homme de fer et de glace qui, jadis, le faisait trembler d'un regard. Il le revoyait au cours d'un bal, lui jetant de loin, devant tous les invités : « Monsieur mon fils (il le vouvoyait toujours dans la réprobation), ne me ferez-vous pas la grâce d'ôter vos mains de vos poches ? » Une autre fois, lors d'un départ pour la chasse au renard, dans les forêts de Nikolskoïé, il avait interpellé Armand, qui, dans sa précipitation à suivre les chiens, s'était, d'un saut, élancé sur son cheval : « Qu'est-ce à dire, Monsieur mon fils ? Depuis quand monte-t-on sur un cheval par la droite ? Ayez la complaisance de descendre et de remonter à la façon ordinaire, comme on vous l'a appris ! » Armand avait dix-neuf ans alors. Il avait obéi. Le moyen de résister à cette voix tranchante ! Catherine et Nathalie Ivanovna s'étaient rapprochées de lui, comme pour l'aider à supporter cette avanie. Au lieu de suivre la chasse, il avait accompagné leur calèche qui roulait sagement sur la route. Il entendait les aboiements des chiens qui s'éloignaient. Nathalie Ivanovna inclinait la tête pour éviter les branches basses. Ombre et lumière la recouvraient alternativement. Chevauchant à côté d'elle, Armand ne regrettait pas les joies cruelles de la poursuite. Par sa seule présence, elle le détournait de l'action. Rêver sa vie plutôt que de la vivre ! Était-il un « contemplatif », comme le disait M. Poudevin ? Ou encore un monstre de faiblesse, d'insensibilité, de supputations continuelles, de renversements inattendus ? Son père se mourait et il pensait à *elle !* Avec effort, il se remit à prier. Mais, à chaque instant, sa pensée se détournait de Dieu. Au vrai, son père ne pouvait lui en vouloir.

Toute sa vie, M. de Croué avait professé un scepticisme railleur. Bien qu'ayant fait donner une instruction religieuse à son fils par le curé de Saint-Louis des Français, à Moscou, il ne se rendait lui-même que rarement à la messe. Catholique de confession, Armand, de son côté, allait plus volontiers, les dimanches et les jours de fête, à l'église orthodoxe, avec la famille Béreznikoff. Sans se l'avouer, il préférait la liturgie mystérieuse, solennelle et barbare de cette religion qui n'était pas la sienne à la liturgie sage et civilisée de la religion où il était né. Les chants rituels russes le transportaient. Il avait fini par mieux connaître ses prières en slavon qu'en latin. Et puis il y avait une telle ferveur dans ces foules debout devant l'iconostase! Le parfum de l'encens agissait si puissamment sur le cerveau! Nathalie Ivanovna était si belle dans le mouvement intérieur de la foi!... Ah! tout le ramenait à elle! Il décida d'écrire encore une lettre à la famille Béreznikoff. Même s'il ne pouvait l'envoyer. Cette résolution le calma. Il ferma les yeux.

A l'aube, M. de Croué s'agita de nouveau. Sa main gauche, osseuse, veineuse et froide se posa sur la main d'Armand.

— Un prêtre, chuchota-t-il. Va... chercher... l'abbé Surugue (1)...

Cette injonction d'un homme habituellement incrédule donna à Armand la mesure du désarroi où se débattait son père. A l'approche de la mort, la raison capitulait devant l'instinct. Dieu raflait toutes les mises sur la table. D'ailleurs peut-être M. de Croué n'avait-il jamais cessé de croire? Son irréligion était une attitude voulue par le siècle.

(1) Abbé Adrien Surugue (ou Surrugues). Né en 1752. Docteur en théologie. Ancien principal du collège royal de Toulouse. Émigré en Russie sur les instances de l'abbé Nicolle. Curé doyen de l'église paroissiale de Saint-Louis des Français.

Troublé jusqu'aux larmes, Armand réveilla Marfa pour qu'elle le relayât au chevet du malade pendant qu'il se rendait à l'église Saint-Louis des Français, dans le quartier Miasnitsky.

Malgré l'heure matinale, le grand charroi avait déjà recommencé à travers la ville. Finalement Armand se dit qu'avec tous ces embarras il avançait plus vite à pied qu'il ne l'eût fait à cheval. Comme il arrivait rue de la Petite-Loubianka, le soleil traversa la brume et toutes les coupoles étincelèrent. L'église Saint-Louis des Français était un petit bâtiment de bois peint en blanc, au fond d'une courette. Une croix sur le toit. A côté, la maisonnette du presbytère. Ce fut le vieil abbé Surugue lui-même qui ouvrit la porte. Levé avec les poules, il avait déjà dû dire sa première messe. Dès qu'Armand lui eut exposé le but de sa visite, il s'affaira :

— Partons ! Partons tout de suite, mon enfant !

— Avez-vous un équipage ? demanda Armand.

— J'en avais un, mais je l'ai donné à une famille méritante qui désirait quitter la ville. Peu importe ! Vous n'habitez pas si loin !

Petit, maigre, le crin blanc, l'œil bleu et les rides énergiques, il poussait son visiteur vers la sortie. Dans la rue, il prit Armand par le bras. D'une main, il portait une mallette en cuir noir, contenant les saintes huiles, de l'autre, il serrait convulsivement le poignet de son compagnon. Il boitait et s'appuyait fortement sur lui à chaque pas. Sa soutane éveillait la curiosité des passants.

— Votre père, murmurait-il, oui, c'est bien triste !... Mais ne vaut-il pas mieux qu'il s'éteigne maintenant, plutôt que d'assister, en toute lucidité, aux tribulations qui nous attendent ?

— Vous croyez que les Français viendront jusqu'ici ?

— J'en suis à peu près sûr, hélas ! Tous les sénateurs sont partis, hier. La ville est pratiquement abandonnée.

— Mais ce rassemblement sur les Trois-Montagnes, dont parle Rostoptchine?

— Un sursaut de patriotisme sans aucune valeur militaire. Préparons-nous, mon enfant, à vivre des heures difficiles. Tout est à craindre de la part de Napoléon. C'est un homme sans foi ni loi. Voyez comment il a traité notre Saint-Père le pape! Son entourage est formé d'impies. Partout, au cours de ses campagnes, il a pourchassé les prêtres! Ah! il est bien le fils de la Révolution! Rostoptchine, avec toute sa rudesse, a plus de religion que lui!... La femme de Rostoptchine est une sainte, une seconde Blanche de Castille...

Armand se rappela que, selon certaines rumeurs, la comtesse Rostoptchine s'était récemment convertie au catholicisme, sous l'influence de l'abbé Surugue. Brusquement celui-ci demanda :

— Votre père a-t-il encore quelque conscience?

— Suffisamment pour avoir réclamé lui-même les secours de la religion.

— C'est une grande chance, mon fils. Hâtons-nous!

En voyant arriver Armand flanqué de cet homme en soutane, Karp eut un mouvement de recul. Œil rond et mâchoire de bois, il considérait l'ecclésiastique avec frayeur, comme s'il eût ouvert la porte à un envoyé du diable. Pour la première fois, sans doute, il se rendait compte qu'il avait réellement affaire à des Français. Marfa ne fut pas moins décontenancée en recevant un prêtre non orthodoxe dans la chambre du malade. Elle se tourna en tous sens, cherchant du regard une icône, et, n'en trouvant pas, se signa précipitamment, face à la fenêtre, pour conjurer le mauvais sort. M. de Croué cependant paraissait dormir, les bras le long du corps, les paupières en coquilles, le nez pincé.

L'abbé Surugue ouvrit sa mallette, drapa un guéridon avec un linge blanc qu'il avait apporté, et fit disposer dessus un vase d'eau bénite avec un rameau de buis bénit, quelques tampons de coton dans une assiette, un peu de mie de pain dans une autre assiette, un crucifix en argent, deux chandeliers, dont il alluma les cierges après avoir longuement battu le briquet. Puis il se pencha sur le malade et lui parla à voix basse. M. de Croué ouvrit un œil. Sa bouche se tordit. C'était presque un sourire. L'étole violette pendait devant son nez. Il la toucha d'une main tremblante. Aux questions du prêtre, il répondait dans un souffle :

— Oui... oui...

Où était le lecteur souriant de Voltaire? Mais, après tout, ne disait-on pas que Voltaire lui-même, avant de mourir, avait reçu la visite d'un prêtre?

L'abbé Surugue mit péniblement un genou en terre et marmonna des paroles inintelligibles. Armand s'agenouilla à son tour. Tout à coup il se revit, dans cette même pose, sur la place du Kremlin, tête basse. Et la foule autour de lui. Alors, prosterné devant le métropolite Platon, il priait pour la victoire russe. Et maintenant, devant ce prêtre catholique, priait-il pour autre chose? Karp et Marfa s'étaient retirés et avaient refermé la porte sur eux. Visiblement ils refusaient de se mêler à cette étrange liturgie, qui, étant française, devait déplaire à Dieu. Comment pouvait-on ajouter foi à des gens qui se signaient de l'épaule gauche à l'épaule droite, au lieu de se signer de l'épaule droite à l'épaule gauche à la façon des orthodoxes? Le prêtre se releva en soufflant, présentant le crucifix aux lèvres de M. de Croué, le bénit, en forme de croix, avec le rameau de buis, récita encore diverses oraisons, trempa son pouce droit dans l'huile sainte et procéda aux onctions en prononçant avec sentiment : « *Per istam sanctam unctionem...* »

Il effleura ainsi les yeux du moribond, ses oreilles, ses narines, sa bouche, ses mains, ses pieds qu'il découvrit et dont les ongles étaient déjà bleus. Les onctions terminées, il brûla les flocons d'ouate qui avaient servi, s'essuya les doigts avec la mie de pain, se lava les mains et murmura le *Kyrie eleison,* puis le *Pater noster.* Armand répétait derrière lui, tant bien que mal, les mots de la prière. A la fin de la cérémonie, l'abbé Surugue s'inclina de nouveau sur M. de Croué et l'exhorta au courage. Mais M. de Croué s'était rendormi. Il ronflait même très fort. Le prêtre parut satisfait.

— Il ne souffre pas, chuchota-t-il. Le Seigneur, dans son infinie miséricorde, lui adoucira le passage de notre condition misérable à la vie éternelle. Et vous, mon fils, vous saurez, j'en suis sûr, porter vaillamment votre peine. Le temps est un merveilleux dictame dont la Providence se sert pour cicatriser les plaies les plus vives...

Tout en parlant, il rangeait les objets sacrés un à un, dans la mallette noire. Armand le remercia et voulut le raccompagner chez lui. Mais l'abbé Surugue refusa net :

— Restez auprès de votre père, dit-il. Il peut avoir besoin de vous d'une minute à l'autre.

Après le départ du prêtre, Armand se retrouva entre une Marfa gourmée, gonflée, distante et un Karp qui avait troqué sa livrée de valet contre une blouse de coton rouge boutonnée sur le côté, des pantalons bouffants et des bottes de moujik. Lui aussi avait l'air mécontent et revendicatif.

— Pourquoi t'es-tu habillé comme ça? demanda Armand d'une voix tremblante de colère.

— C'est plus commode pour travailler.

— Va te changer.

Karp tourna les talons, sans ajouter un mot. Une heure plus tard, Marfa vint annoncer à Armand, avec fierté et désespoir, que son mari était parti pour se battre contre les Français, sur les Trois-Montagnes :

72

— Il a pris un fusil de chasse du comte, un sabre, un couteau, du pain pour trois jours, et adieu !

Elle pleurait, énorme, rose, le menton haut, la morve au nez, dix colliers sur la poitrine. Malgré son chagrin, elle accepta de préparer et de servir le déjeuner. Elle nourrit même le malade à la cuiller. Un peu de compote de pommes. C'était tout ce qu'il pouvait avaler. Hiératique et saugrenu, il mangeait en dormant, sans ouvrir les yeux. Armand lui soutenait la tête, par-derrière. Dans le creux de sa main, il sentait les vertèbres cervicales, à travers une peau mince comme du papier.

Karp reparut à la nuit tombante. Il était rogue, fatigué et un peu ivre. A contrecœur, il avoua qu'il avait fait tout le chemin pour rien. Dix mille, vingt mille braves gens en armes s'étaient, disait-il, assemblés sur les Trois-Montagnes en attendant l'arrivée de Rostoptchine qui devait prendre le commandement de la troupe et la conduire au combat. Mais Rostoptchine n'était pas venu. Il avait oublié sa promesse. Ou bien il avait menti au peuple dans ses affiches. Après des heures de piétinement, la foule, déçue, s'était dispersée dans la ville. On avait brisé quelques devantures, saccagé quelques cabarets. Mais Karp avait bon espoir. Demain, il retournerait là-haut. Les Français ne perdaient rien pour attendre. Il dit cela en pourfendant Armand d'un regard bleu et bête.

La nuit fut calme. Assis tout habillé dans son fauteuil, les jambes allongées, un coussin sous la nuque, Armand rouvrait les yeux, de temps à autre, pour vérifier que son père respirait normalement. Puis, rassuré, il sombra lui-même dans un sommeil profond. Il s'éveilla au petit matin. A la lueur de la veilleuse, le visage de M. de Croué était plus serein que d'habitude. Toute contraction avait disparu de ses traits. Il semblait même rajeuni, reposé, guéri. Armand s'approcha de lui et constata qu'aucun souffle ne s'échappait de cette bouche entrouverte. Il avança la main vers le front du gisant et ce fut une pierre froide que touchèrent ses doigts. Son père était parti. Seul, en silence, laissant à sa place une carapace rigide et creuse, à son image. Le chagrin, la fatigue, l'horreur s'engouffrèrent ensemble dans la tête d'Armand et, pliant les genoux devant le lit, il pleura. Mais c'était sur lui-même qu'il se lamentait, sur sa solitude, sur son impuissance. « Et j'ai pu souhaiter cela? Comment vivrai-je sans lui? » Un instant, la pensée de la toute-puissance de Dieu lui ôta la notion de sa propre identité. Pénétré du mystère de l'au-delà, il fut un grain de sable sur une grève. Cette nullité devant la volonté divine était singulièrement reposante. Armand descendit prévenir Karp et Marfa, qui poussèrent de grands soupirs, mais sans verser une larme. Ils acceptèrent toutefois de laver et d'habiller le corps, pendant qu'Armand irait chercher le prêtre.

On était dimanche. Il faisait beau et frais. Des cloches sonnaient aux quatre coins de la ville. Mais leur carillon était moins sonore, moins nombreux que d'habitude.

En arrivant dans la rue de la Petite-Loubianka, Armand trouva l'église Saint-Louis des Français fermée. Le presbytère aussi. Sans doute l'abbé Surugue, après avoir dit la messe, avait-il été appelé ailleurs. A côté de la porte, sous un petit auvent de tôle fixé au mur, pendaient un calepin et un crayon à l'intention de ceux qui voulaient laisser un message au curé. Armand écrivit : « Moscou, 1er septembre 1812. Mon père, M. de Croué, s'est éteint cette nuit. Ne pourriez-vous passer à la maison? Je vous attends avec tout le respect et toute l'impatience que vous imaginez. »

Il allait s'éloigner, quand des clameurs furieuses retentirent, à deux pas de lui. Cela provenait de la Grande-Loubianka. Il s'y rendit et tomba au milieu d'un rassemblement, devant le palais du gouverneur général. Une cohue d'hommes pauvrement vêtus avait franchi les grilles et envahi la cour d'honneur. En interrogeant quelques personnes, Armand apprit que Rostoptchine venait de partir en voiture après avoir livré à la colère du peuple « le véritable traître, responsable à lui seul de la perte de Moscou ». Un espion payé par Napoléon. Le fils d'un marchand russe. Un certain Véréshaguine. Sabré par les dragons, écharpé par la foule, le malheureux n'était plus qu'un cadavre ensanglanté au coin de la rue. Des badauds faisaient cercle autour de lui, songeurs et un peu honteux. L'ayant tué, on n'était pas sûr qu'il fût réellement coupable. Un autre traître, un émigré français, nommé Mouton, avait eu la vie sauve. Dans un élan de générosité incompréhensible, le gouverneur général avait ordonné à l'assistance de laisser fuir cette canaille étrangère. « Qu'il aille se faire pendre ailleurs », avait-il dit. N'était-ce pas le Français qu'il aurait fallu massacrer à la place du Russe? Les gens en discutaient à voix haute. Et si on lui courait après, à ce Mouton? Si on le rattrapait?

— C'est après le comte Rostoptchine que nous devrions courir! dit un quidam. Il nous a trompés, il a ouvert les prisons, il a fait partir les pompes à incendie, il a renvoyé la police, et maintenant il va se mettre à l'abri dans sa propriété, à la campagne! Ne s'est-il pas moqué de nous?

Des querelles éclatèrent. Il y avait ceux qui critiquaient le comte et ceux qui le défendaient. Un gros gaillard barbu et enfariné, qui devait être boulanger, et un jeune homme à la touloupe de drap bleu en vinrent aux mains. Les coups pleuvaient. Des femmes piaulaient, volailles effarouchées. Les serviteurs du gouverneur général fermaient précipitamment les portes du palais.

Armand sortit de la cour. Ces désordres ne le concernaient pas. Entre le peuple de Moscou et lui, il y avait la mort de son père. Sur le chemin du retour, il croisa une bande d'hommes à la physionomie inquiétante, qui marchaient en vacillant et en riant. Tous étaient vêtus de toile de chanvre grise et avaient la moitié du crâne rasé dans le sens de la longueur. C'était donc vrai : Rostoptchine avait fait vider les prisons. Geôles ouvertes, gardiens envolés, la racaille se déversait dans la ville.

Cependant la rue Grande-Nikitskaïa était si paisible, qu'en y pénétrant Armand oublia l'agitation du quartier de la Loubianka. Les demeures seigneuriales qui bordaient cette voie dormaient toutes, refermées sur le silence et la pénombre de leurs appartements déserts. Personne n'accueillit Armand au seuil de la vaste maison blanche. Karp et Marfa, pensa-t-il, devaient veiller le corps. Il monta dans la chambre. Les rideaux étaient tirés, la glace, voilée d'un drap. Des cierges brûlaient à la tête du lit. Le cadavre était seul, vêtu de son bel habit « punch des Antilles ». Ses mains de cire tenaient une prière imprimée. Son front était ceint, selon l'usage russe, d'une bandelette mortuaire portant l'image du Sauveur. Sans doute les deux domestiques avaient-ils espéré ramener ainsi M. de Croué dans la voie du ciel, dont l'avaient détourné les simagrées du prêtre catholique. Grâce à eux, le défunt était exorcisé, purifié, tout rentrait dans l'ordre. Cette obstination dans l'orthodoxie, loin d'irriter Armand, lui parut touchante par sa naïveté. Il resta un long moment en contemplation devant le visage inerte qui, lui sembla-t-il, s'était creusé en quelques heures. Un cerne noirâtre entourait ses paupières. La bouche avait une expression sévère et froide. Un mouchoir soutenait le menton. Armand récita le *Notre Père* en slavon, puis l'*Ave Maria* en latin. Comme il eût été doux d'avoir Nathalie Ivanovna à son côté, en ces minutes de profonde tristesse ! Comme il était pénible de ne pouvoir même lui faire savoir qu'il avait perdu son père et qu'il était très malheureux !

Il se signa et descendit à la recherche de Marfa et de Karp, mais ils étaient introuvables. De la cuisine à l'office, en passant par les salons grands et petits, la salle de billard, la salle à manger, la bibliothèque, le cabinet, le jardin d'hiver, il fit le tour de la maison en les appelant à tous les échos. Il grimpa même dans la soupente où logeait le couple. La soupente était vide, les paillasses poussées contre le mur, il n'y avait plus une harde pendue à un clou.

Intrigué, Armand retourna dans la chambre de son père. Là, il remarqua que le secrétaire à abattant avait été fracturé. Tous les tiroirs bâillaient; les vantaux arrachés pendaient sur leurs charnières. La cassette où M. de Croué gardait son argent et ses papiers avait disparu. Disparue également, la miniature charmante représentant la mère d'Armand. Frappé de stupeur, Armand se demandait comment les mêmes gens qui avaient pieusement préparé M. de Croué pour son dernier sommeil avaient pu ensuite le dévaliser. Assurément ils n'avaient pas eu l'impression de faire le mal en dépouillant un Français. La preuve en était qu'ils avaient respecté les biens du comte Béreznikoff, alors que la maison contenait des objets autrement précieux que le pauvre coffret du mort. Mais le comte Béreznikoff était leur seigneur. Un orthodoxe. Protégé par Dieu. Quiconque volait le maître était sûr de finir dans la géhenne. Tandis qu'avec ces chiens d'émigrés, on avait les mains libres... Étrange peuple, capable de toutes les délicatesses et de toutes les violences. Fourbe et sincère, tendre et cruel dans le même temps et avec la même simplicité de cœur. Où étaient Karp et Marfa maintenant? Armand savait qu'il ne les reverrait plus. Ni eux ni son argent. Cet argent allait lui manquer. Davantage, en tout cas, que les titres de propriété datant de la monarchie! Les poches vides, plus de cheval, plus de domestiques, plus d'amis, plus de père. Il flottait dans le vide, malade soudain d'avoir été berné. Et ce cadavre, devant lui! Si calme à la lueur des cierges. Étendu, perruque en tête, dans son bel habit d'apparat, M. de Croué ne se posait plus de questions. Il semblait même narguer l'affolement de son fils. Aux vivants de se débrouiller. Lui, il avait rejoint la troupe de ses ancêtres, avec, en première ligne, François-Timoléon, le héros de Rocroi. Armand se demanda comment il allait enterrer son père. Il n'avait pas de quoi payer un cercueil. Et qui l'aiderait à transporter le corps? Pas l'abbé Surugue en tout cas, avec ses soixante-huit ans et sa claudication. Peut-être, en s'adressant au gardien d'une des maisons voisines, aurait-il quelque chance d'être secouru? Ah! il était horrible d'avoir à se préoccuper de ces détails matériels au lieu de se consacrer à son deuil.

Il se précipita dans la rue, sonna à quelques grilles et finit par se faire ouvrir par Kouzma, le portier des Zoubtchenkoff. Un gros homme à figure bouffie et luisante de calebasse. Il écouta Armand avec méfiance, puis avec intérêt, et finit par dire :

— Je veux bien vous aider, mais il faut que vous m'aidiez aussi.

— A quoi?

— Quand les Français entreront à Moscou, vous leur direz qu'ils ne me fassent pas de mal. Ils vous écouteront.

— Pourquoi m'écouteraient-ils?

— Parce que vous êtes français comme eux.

Armand voulut protester, mais Kouzma n'eût pas compris ses scrupules.

— C'est entendu, dit-il. Je leur parlerai.

— Expliquez-leur surtout que mes maîtres n'avaient rien contre les Français, que tout le monde babillait en français dans notre maison, même les plus petits... Comme ça, peut-être qu'ils ne nous pilleront pas, les canailles... Excusez l'expression... Je ne vous ai pas froissé, au moins, barine?

— Nullement! dit Armand agacé.

— En tout cas, il n'y a pas de mal sans bien! reprit Kouzma. Pour le cercueil, je sais où m'en procurer un à bon compte. Venez, barine. Ce n'est pas tellement loin!

Il conduisit Armand dans la rue Dournoï, devant le magasin d'un entrepreneur de pompes funèbres. L'enseigne de la boutique représentait une femme aux cheveux blonds soufflant sur la flamme d'un cierge. Au-dessous, figurait l'inscription suivante : « Cercueils à vendre ou à louer, garnis ou nus, naturels ou peints. Prix modiques, fabrication soignée. » En outre un papier était collé sur la vitrine, avec cet avis calligraphié en gros caractères : « Je pars sans emporter ma marchandise. J'en fais hommage à notre mère Moscou. Vous en aurez terriblement besoin. Prenez mes cercueils, chrétiens orthodoxes. Puissiez-vous y reposer dans la paix de Dieu! »

La porte était béante. Les clients se pressaient à l'intérieur. Armand et son guide pénétrèrent dans la salle d'exposition où s'alignaient, dressés contre le mur, des cercueils de toutes les couleurs, rouges, bleus, verts, et de toutes les dimensions. Une véritable forêt de guérites. Dans des armoires aux vantaux ouverts, pendaient des manteaux et des chapeaux de deuil. Les visiteurs s'intéressaient principalement à ces deux articles. Nombre d'entre eux ressortaient costumés en veufs ou en orphelins. Un forgeron au tablier de cuir avait déniché des flambeaux funéraires et s'en allait avec une massue d'argent au bout de chaque bras. Kouzma demanda à Armand quel cercueil avait sa préférence.

— Il vaut mieux le prendre trop grand que trop petit, expliquait-il.

Armand mesurait les cercueils du regard et se sentait faiblir sur ses jambes. Selon les conseils de Kouzma, il finit par se décider pour une longue boîte, peinte en rouge, ornée de l'étiquette : « Chêne véritable. » En fait, d'après Kouzma, c'était du sapin. Mais il ne fallait pas s'en plaindre : un cercueil en chêne eût été trop lourd à porter.

— Quel filou, ce marchand ! grognait le portier. Il mériterait qu'on aille se servir chez un autre !

Il cracha dans ses mains, mit le couvercle en place et empoigna le cercueil par un bout ; Armand le souleva par l'autre. Dans la rue, quelques passants, croyant qu'on transportait un mort, ôtaient leur chapeau et se signaient. Pourtant, d'habitude, en Russie, on transportait les morts à découvert. Kouzma rigolait :

— Les idiots !

Ils durent s'arrêter souvent pour souffler. A la maison, Kouzma se recueillit devant la couche funèbre de M. de Croué, décréta : « Il a la meilleure part ! » et aida Armand à déposer le corps dans le cercueil. Parfaitement rigide, le cadavre était si léger qu'Armand eut de nouveau les larmes aux yeux. Il se revit soudain, dans son enfance, enterrant un oiseau mort. Impondérable et sec, le plumage aplati, les pattes droites. C'était un rouge-queue. Catherine l'avait rangé dans une petite boîte que lui avait donnée sa mère. Au-dessus d'eux, il y avait le sourire ému de Nathalie Ivanovna. Elle les regardait faire et se protégeait du soleil sous une ombrelle rose.

L'abbé Surugue n'arriva que tard dans la soirée. Il avait été retenu au chevet d'une malade, à l'autre bout de la ville. On débarrassa le corps du bandeau mortuaire et de la prière imprimée. Un crucifix et un chapelet trouvèrent leur place entre les doigts crispés du défunt. L'incrédule M. de Croué redevint catholique.

Kouzma observait cette métamorphose avec sympathie.

— Comme ça, c'est mieux ! disait-il. Oui, oui... Tellement mieux !...

Manifestement il voulait se mettre bien avec « les

Français ». Après avoir béni le corps et récité les prières recommandant l'âme de M. de Croué à la mansuétude du Seigneur, l'abbé Surugue demanda :

— Quand l'enterrez-vous?

— Demain matin, dit Armand.

— Où?

Armand hésita. Sans corbillard, il était impossible de transporter le cercueil jusqu'au cimetière Lazareff, réservé aux étrangers, dans le quartier Soustchevskaïa, au nord de la ville.

— Je crois, balbutia-t-il, que le mieux ce serait ici... dans le jardin...

— Je tâcherai de venir, dit l'abbé Surugue. Courage! Les grandes épreuves élèvent l'âme.

Kouzma resta pour la nuit aux côtés d'Armand. Pendant la veillée, le gros homme tailla avec son canif, dans des pièces de bois, la croix que l'on planterait demain sur la tombe. Bien entendu, c'était une croix russe, à deux croisillons, l'inférieur étant oblique. Kouzma était très habile de ses mains. Les copeaux volaient autour de ses genoux. Il décorait les branches d'encoches élégantes. Parfois, oubliant la solennité de l'heure, il sifflotait une chanson. Armand n'en était nullement offusqué. Il songeait à Vassilissa, fredonnant une berceuse pour endormir les enfants. Qu'aurait fait Vassilissa devant le corps de M. de Croué? Elle savait des incantations venues des anciens âges, des gestes de magie que l'Église même réprouvait. A évoquer la vieille *niania*, diseuse de légendes, Armand se sentit peu à peu allégé, pardonné. L'esprit de la maison, le *domovoï*, était assis à sa droite.

7

Aux premières lueurs du jour, Armand et Kouzma se rendirent dans le jardin pour creuser la fosse. L'emplacement était bien choisi, à l'ombre d'un chêne, sur la grande pelouse. Mais la légère ondée qui était tombée pendant la nuit n'avait pas suffi à ramollir le sol. Peu habitué aux exercices rudes, Armand enfonçait sa bêche, pesait du pied sur le fer, soulevait la charge en pivotant de tout le buste. Malgré la violence de ses mouvements, c'était, chaque fois, une pincée de terre qu'il rejetait au loin. Kouzma, à côté de lui, abattait double besogne. De temps à autre, le portier avalait une gorgée de vodka. Puis, s'essuyant la bouche avec le revers de la manche, il plantait la bouteille dans le déblai et reprenait la pelle en main. Quand le trou fut assez profond, ils montèrent chercher le cercueil. La descente de l'escalier fut pénible. Kouzma exigea de passer devant. Il s'arc-boutait pour n'être pas entraîné par le poids. Il haletait. Il jurait. A l'autre extrémité, Armand craignait de lâcher prise. Parfois le cercueil heurtait la rampe. Alors Armand tressaillait. Il imaginait ce qu'il y avait à l'intérieur : le choc d'une tête fragile et froide contre le couvercle. L'abbé Surugue ne se montrant toujours pas, il décida de ne plus l'attendre. Il était fatigué d'avoir creusé cette tranchée. Ses paumes cuisaient, ses mollets tremblaient. Kouzma apporta des cordes, des planches. Avait-il été fossoyeur ? Son adresse était surprenante. Il mettait autant d'entrain à ensevelir un mort qu'il en eût mis à planter un jeune arbre. Armand l'aida, tant bien que mal, à faire glisser le cercueil vers le fond. Ensuite il fallut remblayer la fosse. Chaque pelletée résonnait en tombant sur la caisse. Ce bruit creux se répercutait dans le crâne d'Armand. Quand le trou fut comblé et la croix fichée dans le tertre, il s'adossa au tronc du chêne. Des moucherons d'argent papillotaient devant ses yeux. Kouzma lui tendit la bouteille. Il but à même le goulot, comme il l'avait vu faire au portier. Un geste plébéien que son père n'eût pas toléré : « Monsieur mon fils... » Quel alcool de brutes ! Une onde de feu secoua Armand. Le monde lui parut soudain plus vaste. Les limites de sa perception étaient reculées à l'infini. Un sourd roulement montait de la ville. Il demanda :

— Qu'est-ce que c'est ?

— Je ne sais pas, dit Kouzma. Voulez-vous que j'aille voir ?...

Armand le laissa aller. Debout devant la tombe, il s'abîmait dans une méditation où se confondaient le désespoir d'avoir perdu son père, le regret d'être sans nouvelles de Nathalie Ivanovna et l'inquiétude où il se trouvait de son propre destin. Il pensait à Dieu, à son enfance choyée, à Napoléon, aux dernières paroles du défunt, à la charmante famille Béreznikoff et considérait tristement ses mains couvertes d'ampoules. Il avait la peau trop douce, l'âme trop tendre... Un peu de vodka restait au fond de la bouteille. Il la vida d'un trait. Kouzma revint. Sa face bouffie rutilait.

— C'est notre armée en retraite qui traverse la ville ! s'écria-t-il comme s'il eût annoncé une bonne nouvelle. Ils entrent par la barrière Dorogomilovskaïa et ressortent par la barrière Pokrovskaïa. J'ai parlé à des soldats. Les Français sont, paraît-il, juste derrière eux ! Comme il y a eu un accord entre les généraux, on ne se battra pas dans les rues. Ça vaut la peine d'être vu. Venez vite !

Armand le suivit, dans un état de demi-conscience. Par l'étroite rue de l'Arbate, le flot des troupes russes s'écoulait lentement. Les hommes, vêtus d'uniformes fanés, de capotes en loques, marchaient en bon ordre, le fusil sur l'épaule. Les plumets noirs de leurs shakos oscillaient au rythme de leur pas. Sous les visières vernies, les visages étaient rudes, hâlés, maculés de poussière et de boue, creusés de fatigue. De part et d'autre de la chaussée, quelques badauds contemplaient stupidement ce défilé de fantômes. De temps en temps, une femme sortait d'une porte cochère et tendait un pain, une bouteille, un concombre aux soldats qui les prenaient sans suspendre le pas ni même regarder du côté d'où venait l'offrande. Kouzma cria :

— Où allez-vous, frères ?

D'autres voix s'élevèrent dans l'assistance :

— Pourquoi nous laissez-vous ?

— Où est Koutouzoff ?

— Où sont les Français ?

Pas de réponse. Un régiment de sourds-muets s'engouffrait dans Moscou. Avaient-ils honte d'affronter le regard de leurs compatriotes ? Devant tant de misère et tant d'héroïsme inutiles, un sentiment d'humiliation nationale accabla Armand. Les derniers rangs de la piétaille se débandaient. Des éclopés titubants fermaient la marche. Certains entraient dans des magasins pour s'emplir les poches. A quelques pas derrière eux, venaient des cavaliers. Eux aussi avaient des visages las et durs. Ils ne se préoccupaient pas des retardataires qui se cognaient dans leurs jambes. On eût dit qu'ils appartenaient tous à la même armée en retraite. Mais les uniformes étaient différents. Ces shakos à houppette, avec l'aigle napoléonienne sur la plaque ! Des Français ! Au loin des trompettes sonnèrent. Une musique aigrelette, rapide, victorieuse, horrible. Armand eut l'impression de tomber, cependant que son corps demeurait debout. L'avant-garde de l'envahisseur marchait sur les talons de l'arrière-garde russe. Il n'y avait, entre ces deux masses d'hommes, aucune solution de continuité. C'était la trêve. La confusion. Presque l'amitié. Soudain le mouvement se ralentit. Les Français s'arrêtèrent pour laisser aux Russes le temps de dégager le terrain. Juste devant Armand, les chevaux caracolaient sur place. Un officier ennemi, la taille serrée dans une haute ceinture de soie bicolore, houspilla en français deux traînards russes qui clopinaient sur le trottoir :

— Eh ! vous autres, faut-il que je vous botte le cul ?

Ils se hâtèrent de déguerpir, comme s'ils l'eussent reconnu pour chef. L'officier rit. Seuls les chiens qui suivaient les deux armées paraissaient encore animés de sentiments hostiles. Chiens russes et chiens français demeuraient à distance et grognaient en se défiant du regard. Les trompettes se turent. Les derniers soldats russes rejoignirent le gros de leur troupe et les cavaliers français se remirent en marche. Manteau roulé, mousqueton le long de la cuisse, sabre courbe et chabraque en peau de mouton, comme ils devaient être fiers de pénétrer dans cette cité réputée imprenable ! Ils avaient déjà conquis tant de capitales : Milan, Venise, Le Caire, Madrid, Vienne, Berlin, Varsovie et, aujourd'hui, Moscou ! Napoléon pouvait à présent se croire le maître du monde. Quand donc Dieu le punirait-il de son outrecuidance ? Ah ! oui, il valait mieux que le père d'Armand ne vît pas cela !

La cavalerie avançait toujours, dans un balancement de croupes lustrées. Les selles grinçaient, les fourreaux des sabres tintaient contre les étriers, le martèlement des sabots emplissait la rue. Cloués par la stupeur, les badauds regardaient, sans y croire, défiler les soldats de l'ogre. Tant qu'ils étaient loin, on pouvait encore douter... Mais maintenant... Les vieilles tours du Kremlin, les tombes des ancêtres, la cathédrale où le tsar avait été couronné, tout allait donc être profané par cette marée d'uniformes ! Armand serrait les poings et retenait ses larmes. En même temps, il ne pouvait se défendre d'une curiosité sacrilège. C'était la première fois qu'il voyait des Français de France. Ils existaient donc réellement, ces êtres qu'il avait si longtemps crus mythiques! Ils venaient des confins du monde avec leurs armes et leur vocabulaire. Et ils étaient nombreux. Tellement plus nombreux que les Français de Russie!... Cette multitude donnait le vertige. On était aspiré par elle comme la fraction par le tout. La raison cédait devant la quantité.

— Allons-nous-en! dit Armand.

— Une minute, regardez celui-là, dit Kouzma en tendant la main. C'est sûrement un grand général!

Il paraissait ravi, comme au spectacle. Sans regret, sans colère. Était-il incapable de comprendre ce qui se passait? N'aimait-il pas son pays? Armand suivit son geste et découvrit un officier français qui chevauchait, vêtu d'une espèce de tunique polonaise grise, bordée de zibeline, le chef coiffé d'un chapeau à retombée de plumes blanches. Une cour de personnages chamarrés l'entourait. Qui était-ce? Murat, peut-être... On le disait théâtral dans ses attitudes et son accoutrement. L'homme empanaché fit volter son cheval et s'éloigna. L'artillerie succéda à la cavalerie. Un vacarme de bronze résonna entre les maisons vides. Les canons, les caissons tressautaient sur la chaussée inégale. Armand partit à grands pas. Kouzma, subjugué, demeura sur place, reluquant, souriant, branlant de la tête.

A la maison, pour calmer ses nerfs, Armand entreprit de ranger les papiers de son père, ceux du moins qui n'avaient pas disparu avec la cassette. Il ne voyait nulle nécessité à ce travail, et cependant il ne pouvait s'empêcher de le faire. Remuant de vieilles lettres, qui avaient perdu leur signification, il n'osait en déchirer aucune. Ce babillage désuet, qui s'adressait à un mort, l'aidait à mesurer l'inanité de toute vie humaine.

Pouvait-on s'attendrir sur la perte d'un être cher quand Moscou venait de tomber? Il descendit à la cuisine, se tailla deux grosses tranches de jambon, les mangea debout, but un verre de vin rouge et remonta dans la chambre où l'attendaient les souvenirs. Lisant et classant, il n'en finissait pas de faire la toilette d'un cadavre. Le jour baissait. Il allait allumer la lampe, quand il entendit une rumeur dans le jardin. Il se porta à la fenêtre et vit un groupe de cavaliers français, conduits par Kouzma, qui s'avançaient dans l'allée. Le bonhomme faisait de grands ronds avec les bras, comme pour encourager les visiteurs à prendre possession des lieux. Ils descendirent de cheval devant le perron. Le premier geste d'Armand fut de saisir un pistolet dans le tiroir de la table de chevet. Ainsi armé, il courut se réfugier dans la soupente. Il ne souffrirait pas de recevoir, dans la demeure où était mort son père, les soudards de Napoléon. Mais peut-être se contenteraient-ils de boire un coup avant de regagner leur cantonnement? Dans ces conditions, il n'aurait pas à les affronter.

Dans la mansarde où il se cachait, il n'entendait rien. Il sortit sur la pointe des pieds, descendit les raides marches de bois jusqu'au palier qui desservait les chambres de maîtres, et se pencha sur la balustrade. En bas, toutes les portes étaient ouvertes. Des voix rudes emplissaient le vestibule et montaient dans la cage d'escalier. Les soldats avaient trouvé le chemin de la cave à liqueurs. Sans doute banquetaient-ils, vautrés dans les fauteuils du grand salon. Là où naguère Nathalie Ivanovna et Paul Arkadiévitch recevaient leurs invités avec tant de grâce et de munificence, il y avait ces brutes avinées, qui buvaient, riaient et rotaient. Au bout d'un long moment, Armand retourna dans la soupente. Les intrus ne s'en allaient toujours pas. La nuit était tombée. Des rats couraient sur les poutres du faîtage. Un froid aigre soufflait par les interstices de la lucarne. Et si les soldats décidaient de s'établir définitivement ici? Chassé par la faim, il lui faudrait bien se montrer à eux. Non, il fuirait par les toits. Ce devait être possible...

Il ouvrit la lucarne, se glissa dehors et sortit sur une petite terrasse qui dominait le péristyle, entre deux pentes de tôle. Il était à la proue d'un navire ancré dans la nuit transparente. La carapace de la ville, aux millions d'écailles, s'étalait devant lui, à perte de vue, hérissée, çà et là, de campaniles, de clochetons, de coupoles aux couleurs éteintes. Écarquillant les yeux, il reconnaissait, au loin, la tour d'Ivan-Véliky, la tour Soukhareff, les bulbes de Basile-le-Bienheureux. Mais cette cité, dont l'architecture lui était si familière, semblait tout à coup frappée de mort. Un silence de cataclysme planétaire écrasait les rues. Dans l'énorme massif noir, découpé en gâteau, il n'y avait pas une lanterne, pas une fenêtre allumée. Cependant une lueur rouge montait à l'est, du côté de la Solianka, près de l'Hospice des Enfants-Trouvés, une autre, du côté des boutiques du Gostiny Dvor. Des incendies? Il en éclatait souvent à Moscou, en temps normal. Mais pas de cette ampleur. Et les pompiers avaient quitté la ville avec leur matériel, sur l'ordre de Rostoptchine. Bah! les quelques habitants qui restaient auraient vite fait d'éteindre les flammes avec des seaux d'eau et des pelletées de sable.

Armand rentra dans la soupente, étendit la paillasse et se coucha dessus, tout habillé. Mais il ne pouvait dormir avec l'idée de ces soldats ennemis, festoyant, au-dessous de lui. Selon toute vraisemblance, ils ne repartiraient pas avant l'aube. Comment se fussent-ils orientés, de nuit, dans une ville inconnue? Il fallait être patient et prudent. Deux qualités qui lui manquaient. Nathalie Ivanovna le plaisantait autrefois en lui disant que, dans ses moments de colère, il avait l'œil émeraude et mettait son chapeau « à la tapageur ». Il se remémora soudain — Dieu sait pourquoi — ce matin d'été, à

Nikolskoïé, où, en se réveillant, il avait constaté qu'un cortège de fourmis, venant de la fenêtre, escaladait son lit et traversait sa poitrine. Après un moment de stupeur, il avait éclaté de rire et appelé Catherine, qui couchait dans la chambre voisine. Il avait treize ans, à l'époque, et elle, huit. Elle était accourue, et Nathalie Ivanovna derrière elle, en peignoir léger, des rubans de nuit dans les cheveux. Toutes deux s'étaient exclamées : « Quelle horreur ! » Peu après, à table, M. de Croué avait reproché à Armand de s'être montré en tenue négligée à des personnes du sexe. « Monsieur mon fils, vous avez autant d'éducation qu'un sapajou. A l'avenir, gardez pour vous-même vos découvertes entomologiques ! » Paul Arkadiévitch avait fait administrer quelques coups de verges, pour le principe, au veilleur de nuit à qui incombait le soin d'éloigner de la maison les bêtes importunes, grosses ou petites, pendant le sommeil des maîtres. On avait brûlé des herbes odorantes pour chasser les insectes. Le lendemain, les fourmis étaient de nouveau là, innombrables, serrées, besogneuses — grenaille noire mouvante sur le drap blanc. La Grande Armée entrant à Moscou ! Bravant les remontrances de son père, Armand avait rappelé Catherine. Ensemble ils avaient joué à présenter des barrières — petites boîtes, brosses à ongles, linges roulés en boule — au flot envahissant qui contournait ou escaladait les obstacles sans relâche. La crainte d'être surpris par M. de Croué ajoutait au charme de l'expérience. Mais personne n'avait fait irruption dans la chambre. La nuit suivante, les domestiques avaient placé les quatre pieds du lit dans des baquets d'eau pour décourager les assaillants. Ainsi isolé par un système de douves en miniature, Armand, sur le qui-vive, n'arrivait pas à s'endormir. Les yeux écarquillés dans l'ombre, il lui semblait, à tout moment, sentir sur sa peau la chatouillante progression des fourmis. Cette même impression d'empiètement multiforme, de prolifération piquetante, il la retrouvait aujourd'hui, aggravée, dramatisée. Les ténèbres, autour de lui, grouillaient de mille présences infimes. Et, cette fois, il n'y avait pas de fossé plein d'eau pour le protéger. La main gauche sur le cœur, la main droite sur la crosse de son pistolet, il pensait à Nathalie Ivanovna pour surmonter son angoisse.

★

Au petit matin, il se pencha par la fenêtre et constata que les chevaux des Français n'étaient plus attachés devant le perron. Le pistolet au poing, il sortit de la soupente : silence absolu. Il descendit l'escalier, marche après marche, jeta un regard par la porte entrebâillée du salon : personne. Mais quel désordre ! Des bouteilles vides sur le tapis, des chaises renversées, un rideau déchiré de haut en bas, une glace fendue, des bougies consumées dans tous les chandeliers. Et, flottant sur ce chaos, une forte odeur de cuir, de sueur, de tabac, de vinasse. Pourtant il semblait que rien n'avait été volé. Dans la grande vitrine en bois de violette, la collection de tabatières et de nécessaires à parfum en or était intacte. La serrure du bureau à cylindre n'avait pas été fracturée. Ce meuble contenait, entre autres trésors, quelques montres anciennes qui auraient pu tenter les visiteurs de la veille. Armand posa son pistolet sur un guéridon et ramassa les bouteilles qui traînaient. Comme il se relevait, les bras chargés, une voix dit en français, derrière son dos :

— Alors, jeune homme, on vaque aux soins du ménage !

Il se retourna et se trouva devant une face de cuivre, barrée d'une moustache blonde et surmontée d'un important colback au poil noir et lustré. La première pensée d'Armand fut de feindre qu'il ne comprenait

90

pas le français. Mais la tentation de répliquer fut plus forte en lui que celle de se taire.

— Il le faut bien, monsieur, pour effacer vos traces, dit-il fièrement d'une voix qui tremblait.

— Ah! mais vous entendez donc notre langue! s'écria l'homme. Qu'est-ce que vous foutez ici?

— Cette demeure est celle du comte Béreznikoff. J'y habitais déjà avec mon père avant l'entrée des troupes françaises dans la ville.

L'œil de l'homme étincela. Un souffle puissant gonfla sa poitrine, barrée d'un double rang de boutons. Ses dents apparurent sous sa moustache. Il gronda :

— Alors vous êtes un de ces foutus émigrés, un de ces Français-Russes! Mes compliments! De la graine de traîtres! Il faudrait tous vous écraser sous le talon! Allons, ouste! Écartez-vous! J'ai à faire, par là!

Il repoussa Armand d'un coup de coude et se dirigea vers la vitrine. Sans doute, ayant passé la nuit ici avec les autres, était-il revenu seul, à l'insu de ses camarades, pour voler plus commodément. Avec la poignée de son sabre, il brisa la glace de protection. Ce fut dans la tête d'Armand que tout vola en éclats. L'indignation l'aveuglait.

— Vous n'avez pas le droit, monsieur! balbutia-t-il.

— J'ai tous les droits, riposta l'autre. La ville est à nous. Ce n'est pas pour rien que nous avons fait huit cents lieues dans ce pays de barbares!

Plongeant le bras par l'ouverture de la vitre cassée, il prenait les tabatières une à une et les enfournait dans un sac de cuir qu'il portait sur la hanche. Armand reposa les bouteilles, s'approcha de l'homme et appuya lourdement la main sur son épaule.

— Je ne savais pas que les soldats de Napoléon étaient de vulgaires maraudeurs! dit-il.

— Quoi! rugit le militaire en se retournant d'une pièce. Un peu de respect, morveux! Par la cocarde de notre empereur, je vais t'en faire voir!

Et, d'un revers de la main, il souffleta Armand à deux reprises. La joue en feu, le cœur bondissant, Armand recula d'un pas. Un goût de sel emplit sa bouche. Sa lèvre inférieure saignait. Ses genoux pliaient. Il ramassa une bouteille, la brandit comme une massue et en assena un coup sur la tempe du soldat. Le bord du colback amortit le choc, mais l'homme vacilla et s'adossa au mur. Malgré la jugulaire de cuivre, le colback, dérangé, roula à terre. Armand frappa encore, cette fois sur la tête nue. La bouteille se brisa. Le sang jaillit. Des gouttes rouges filtraient entre les cheveux blonds, coulaient le long du nez, s'infiltraient dans la moustache. Derrière cette résille écarlate, le mufle grimaçait de colère. Avec un juron, le blessé dégaina son sabre. La lame brilla, tournoyante. Armand, affolé, chercha du regard le pistolet qu'il avait abandonné en entrant. Il courut vers le guéridon et saisit l'arme. Sa main tremblait. Il se sentait faible, ridicule, bafoué, vaincu. Autrefois il s'amusait à tirer sur de vieilles assiettes, derrière la remise à voitures. A chaque détonation, Catherine poussait un cri. Sans viser, il appuya sur la détente. Un éclatement stupide lui emporta les oreilles. L'odeur de la poudre l'enveloppa. L'homme, qui faisait des moulinets avec son sabre, laissa retomber le bras. Son visage prit un air étonné, mécontent. Il s'affaissa sur lui-même. Couché dans ses galons, ses ganses, ses buffleteries, il paraissait énorme. Sa bouche s'ouvrit. Il montra la langue, il arrondit les yeux, il plaqua une main sur son ventre. De brèves secousses agitèrent ses jambes, comme les pattes d'un lapin fusillé en pleine course. Puis tout son corps s'immobilisa. Il devint aussi indifférent au monde que M. de Croué. « J'ai tué un homme », se dit Armand avec horreur. Aussitôt il se raisonna. Il ne pouvait agir autrement. D'ailleurs, s'il avait porté l'uniforme russe, il eût été fier de son exploit. Était-ce l'habit civil qui lui donnait mauvaise conscience? Le remords était-il affaire de tailleur? Ses idées ondoyaient. Que faire du cadavre? Si d'autres Français survenaient, il était perdu. Il tourna les yeux vers la porte. Kouzma se tenait sur le seuil. Massif, rubicond et placide, il mâchait des graines de tournesol et recrachait les écales, du bout des lèvres.

— J'étais dans le jardin quand j'ai entendu le coup de feu, dit-il en clignant de l'œil. Vous lui avez bien réglé son compte, au gredin! Je le reconnais. Il était ici, avec les autres, hier...

— Pourquoi les avais-tu amenés? demanda Armand.

— Ils cherchaient une maison vide. Comme c'étaient des Français et que vous êtes français...

— Mais, tu es fou! Je n'ai rien à voir avec ces gens-là!

— Ah? Tant pis!... J'ai cru bien faire...

Armand haussa les épaules.

— Enfin, que Dieu ait son âme, reprit Kouzma, il faut le faire disparaître maintenant. Et vite!

— Oui, dit Armand. Tu vas m'aider à l'enterrer.

— L'enterrer? s'écria Kouzma. Et quoi encore? C'était bon pour un barine, comme votre père, d'être enterré. Mais pour cette canaille-là, je ne vais pas prendre la peine de creuser un trou! Il y a bien un puits abandonné, derrière la maison?

— En effet...

— C'est tout ce qu'il lui faut!

Armand reprit les tabatières en or dans le sac du Français et les replaça dans la vitrine. Ensuite il empoigna le corps par les aisselles, tandis que Kouzma le saisissait par les jambes. Le cadavre pesait très lourd. Quelle différence avec la dépouille immatérielle de M. de Croué! Ils transportèrent ainsi leur fardeau jusqu'au fond du jardin, où se trouvait un puits asséché de longue date. De la cavité béante, montait une noire odeur de vase. Kouzma assit le soldat sur la margelle. Une légère poussée, et le mannequin soutaché, galonné, bascula de tout son poids dans le vide. Sa belle sabretache verte, à chiffre d'argent, voltigea. Ses éperons étincelèrent. Sa tête morte heurta la paroi. Peu après, un choc mou retentit. Le cadavre avait touché le fond. Il s'enlisait dans la boue. A sa suite, Kouzma jeta le sabre et le colback.

— Il ne faut rien laisser traîner, avec ces gaillards, dit-il en frottant ses mains l'une contre l'autre.

Armand demeurait sur place, pétrifié. Qui était cet homme dont il avait brusquement interrompu le destin? De quel village de France venait-il? Par quels combats était-il passé? A quels périls avait-il échappé avant de finir au fond de ce puits, à Moscou? « Je ne sais même pas son nom ! » se dit Armand.

Tête basse, il revint vers la maison. Le cheval du mort était attaché à un arbre, dans l'allée centrale. Une pauvre jument rouanne, aux flancs creux, aux jambes cagneuses. Armand la conduisit à l'écurie. Il pourrait toujours dire que cette monture lui appartenait. Un cheval n'a pas sa nationalité inscrite sur le chanfrein. Tout au plus fallait-il se débarrasser de la selle et de la chabraque facilement identifiables. Kouzma les expédia gaiement dans le puits pour compléter le fourniment du défunt.

Quand tout fut terminé, Armand alla se recueillir sur la tombe de son père. Debout devant la croix qu'il avait plantée, il lui sembla que, du fond de sa nuit, M. de Croué l'approuvait. En tuant cet inconnu, il avait, dans la faible mesure de ses moyens, participé à la lutte de son pays d'adoption contre l'envahisseur. C'était une certitude douce et mélancolique comme en donne l'absolution dans le sacrement de pénitence. Tandis qu'il priait, Kouzma lui toucha l'épaule :

— Eh barine ! Regardez comme ça flambe, à deux pas de chez nous !

Armand leva les yeux. Trop occupé de ses démêlés avec le Français, il n'avait pas encore prêté attention à la couleur du ciel. L'horizon, au sud et à l'est, était tout embrasé. On entendait même, à distance, crépiter les flammes.

— On dirait que ça vient de l'Arbate, reprit Kouzma. Heureusement qu'il n'y a pas de vent !

Armand remonta dans la soupente pour prendre une vue d'ensemble de la ville. Une vapeur rose cernait le quartier. Dans un jardin proche, une rangée d'arbres brasillaient. Des brandons sautaient d'une maison à l'autre. Une étrange paralysie s'empara d'Armand. Toute volonté abolie, il se laissait fasciner par le spectacle. Le départ de Nathalie Ivanovna, la mort de son père, l'entrée des Français à Moscou, le meurtre du soldat, autant d'événements absurdes dont cet incendie était l'apothéose. Roulé cul par-dessus tête, il n'avait même plus le courage de résister au courant qui l'entraînait toujours plus loin dans la folie. Longtemps il resta ainsi, penché à la fenêtre, écarquillant les yeux, respirant une âcre odeur de bois brûlé, ne pensant à rien. Du jardin voisin, le feu se communiqua au jardin des Béreznikoff. Des étincelles fusaient par-dessus la haie de buissons. Un cerisier se transforma en torche. La tonnelle devint une cage aux croisillons incandescents. Le toit de la remise se gondola, creva, expulsant une gerbe d'étoiles. Kouzma accourut :

— Barine, il faut partir.

Armand tressaillit, comme éveillé en sursaut. En une seconde, la raison lui revint. Dévalant l'escalier, il se précipita dans la chambre de son père. Il fallait sûrement emporter quelque chose. Mais quoi? Ses regards tournoyaient entre les murs. De vieux papiers dans un tiroir, le portefeuille en maroquin rouge, le portrait de Louis XVIII, les estampes... Chaque fois qu'il jetait son dévolu sur un objet, le choix lui paraissait grotesque. Il piétinait, les bras ballants. La fumée lui piquait les yeux. Kouzma criait :

— Venez! Venez!

Il descendit dans le salon, fourra quelques tabatières dans ses poches. Les flammes léchaient les lambris du vestibule. Un rideau prit feu, puis un autre. Au loin, des explosions retentirent : un dépôt de munitions qui sautait. Et la bibliothèque? Tous ces livres précieux! Armand ouvrit une porte, traversa un voile de fumée, découvrit les sages rangées de reliures promises à la destruction. Un volume, au hasard. En souvenir. Les *Maximes* de La Rochefoucauld. Pourquoi? Il n'en savait rien. Kouzma lui tendit son chapeau et le poussa par les épaules. Armand se retrouva dans le jardin. Devant lui, la grande maison de bois, au crépi blanc, avec son péristyle de six colonnes et ses hautes fenêtres, n'était plus qu'un brasier ronflant. La rapidité avec laquelle se propageait l'incendie était telle que, déjà, le toit craquait. Des morceaux de tôle, chauffés à blanc, se détachaient de la charpente et s'effondraient avec un fracas de tonnerre. Les vitres volaient en éclats. Des abeilles d'or tourbillonnaient dans l'air. Des deux côtés de la rue, toutes les constructions, tous les jardins étaient en feu. Soudain Armand pensa au cheval. A l'écart de la maison, l'écurie était encore intacte. Il y courut, passa la bride à la jument qui renâclait de terreur, la sella tant bien que mal et la sortit dans l'allée.

— Eh bien! dit Kouzma, vous voici sans toit, barine! Qu'allez-vous faire?

— Je ne sais pas.

— La maison de mes maîtres a brûlé aussi. Quand Dieu frappe fort, il n'y a qu'à courber l'échine. C'est encore au centre de la ville que nous trouverons le mieux à nous loger!

Armand reconnut que Kouzma avait raison. Pourquoi ne pas chercher refuge, pour la nuit, chez un de ses compatriotes du Pont-des-Maréchaux? Si l'incendie s'apaisait demain, il pourrait tenter de quitter la ville, à cheval, et de rejoindre les Béreznikoff, à Nikolskoïé. Deux cents verstes. Ce n'était pas impossible. Finalement l'arrivée de ce soldat français, avec sa monture, aurait été providentielle! Armand enfourcha le cheval et dit à Kouzma:

— Monte en croupe. Je t'emmène.

— Où ça?

— On verra bien! s'écria Armand.

Et, tout à coup, il eut envie de rire. Une gaieté incoercible, sacrilège, funèbre, lui tirait la bouche. Il aida Kouzma à grimper derrière lui. La jument fléchit un peu sous le poids des deux hommes. Armand la poussa doucement, des genoux, dans la rue.

En passant la grille, il vit, de part et d'autre de la chaussée, les maisons qui brûlaient. Quelques habitants ahuris se rassemblaient autour de trois chaises, d'un matelas, d'un coffre sauvés de l'incendie. C'étaient tous de petites gens, des domestiques laissés sur place par les maîtres pour veiller à la conservation de leurs biens. Fascinés par les flammes, ils ne tentaient pas un geste pour les éteindre. D'ailleurs la violence du feu eût rendu leur intervention inutile. Spectateurs d'un drame qui les dépassait, ils se contentaient de prier et de gémir. Çà et là, un homme présentait une icône, à deux mains, devant l'embrasement, dans l'espoir qu'un miracle arrêterait le sinistre. Des reflets rouges dansaient sur les revêtements métalliques des images saintes. Les femmes se prosternaient, sanglotaient.

— Les icônes! dit Kouzma dans le dos d'Armand. Vous auriez peut-être dû les prendre! C'est péché de laisser brûler une icône!

Armand ne répondit pas: pour l'instant, il était catholique. Des flammèches jonchaient la rue. Le cheval, frissonnant de peur, avançait au pas entre les groupes éplorés. L'épaisse fumée qui s'élevait des toits cachait le soleil. En plein midi, on se serait cru au crépuscule, dans la réverbération sanglante du couchant. Vers la porte Nikitskaïa cependant, l'incendie parut se calmer. Armand traversa une zone paisible, aux maisons préservées. Puis, sur la Place Rouge(1), les flammes redoublèrent. Face à l'enceinte du Kremlin, c'étaient les boutiques du Gostiny Dvor qui brûlaient. L'immense édifice crachait des vagues de feu par toutes ses issues. Chaque fenêtre était comme l'ouverture d'un four. Une foule dense encombrait la place et moutonnait devant le brasier : le menu peuple russe coudoyait les soldats ennemis de toute nationalité et de toute arme. Dans l'éclairage fuligineux, des faces barbues de moujiks s'agitaient parmi de rudes têtes de grognards, coiffés du bonnet à poil ou du shako. Une même convoitise brillait dans tous les yeux. On n'était pas là pour éteindre l'incendie, mais pour piller. Évidemment il n'était pas question de pénétrer dans les galeries intérieures, qui n'étaient qu'un gouffre de flammes. Mais les magasins situés dans les galeries extérieures, sous les portiques, étaient encore accessibles. En faisant vite, on pouvait rafler quelque marchandise sans se griller. Du haut de son cheval, Armand voyait les soldats français, prussiens, autrichiens, qui se ruaient, par bandes, dans les boutiques, et en ressortaient avec leurs larcins. Les uns portaient des rouleaux d'étoffe en travers de l'épaule, d'autres pressaient contre leur poitrine une brassée de manteaux de fourrure, d'autres encore traînaient derrière eux des paniers pleins de bouteilles. Mêlés à eux, des Russes leur disputaient les meilleures prises. On tirait

(1) C'est dans la deuxième moitié du XVIIe siècle que la place du Kremlin reçut le nom de Place Rouge. Encore faut-il noter que, dans la vieille langue russe, les mots « rouge » et « beau » étaient synonymes et que « Krasnaïa ploshad » pouvait se traduire à la fois par la « Place Rouge » ou la « Belle place », avec une nette préférence pour cette dernière signification. Auparavant cette place s'était appelée « Pojarnaïa ploshad », ou place de l'Incendie, par allusion aux nombreux incendies qui détruisaient les maisons en bois des alentours.

à deux sur la même pièce de tissu, chacun de son côté. On échangeait des coups gravement, en silence. Tout autour, les flammes grondaient. Et, sur le Kremlin — suprême insulte — flottait le drapeau tricolore.

— Adieu, barine! dit Kouzma en sautant à bas du cheval.

— Tu ne continues pas avec moi?

— Non. Merci pour la conduite. Je crois qu'il y a de quoi se réjouir, par ici! Que de richesse! Dieu soit béni! Ce que le feu nous a pris, le feu nous le rendra!

Et il alla rejoindre la foule des voleurs. « Quel imbécile! pensa Armand. Il risque sa vie pour chiper des broutilles! » Soudain une grande clameur s'éleva. Une partie du toit, au-dessus du Gostiny Dvor, s'effondrait dans un battement d'ailes de feu, dans un déferlement de fumée noire. La chaleur devenait suffocante. Une odeur de roussi prenait à la gorge. Armand dirigea sa monture vers la rue Nikolskaïa, pour gagner, par la Loubianka, la rue du Pont-des-Maréchaux. Mais il n'avait pas traversé la moitié de la place, qu'un soldat français saisissait son cheval par la bride. Trois autres soldats l'entourèrent aussitôt, pistolet au poing. L'un d'eux, moustache grise et sourcils noirs, dit :

— Allons! Pied à terre, mon joli! Et lestement! Ton cheval est réquisitionné!

Cette fois, Armand fit semblant de ne pas comprendre. Il balançait la tête et agitait une main à hauteur de son oreille. Ses protestations en russe n'eurent pas de succès. Il fut rudement tiré à bas de sa selle et se retrouva, couché par terre, avec tous les soldats autour.

— Il en a de belles bottes! dit un jeunet.

Les siennes étaient tout éculées. On apercevait son orteil sale par une déchirure. Il riait en le remuant. Avant qu'Armand eût pu se relever, les quatre hommes étaient sur lui. Il se tordait comme un ver sous leur poigne. Le vieux le frappa au visage. La tête d'Armand heurta le pavé. On le déchaussa si violemment, qu'il en eut la cheville distendue. Il poussa un juron russe et rua des deux pieds.

— Tu vas te tenir tranquille! hurla le vieux. Ou je te fais passer le goût du pain!

Armand voyait s'agiter tout près de son visage ces quatre visages suants, dont l'haleine empestait. Maintenant, penchés sur lui comme sur un pétrin, avec leurs grandes mains triturantes, les Français le palpaient, le fouillaient. Argent, mouchoir, montre. Et les tabatières dans ses poches! Ils se récrièrent :

— C'est une mine d'or, ce pékin!

— Quatre tabatières! Tout juste le compte!

Ils se partagèrent le butin. Chacun glissa une tabatière sous son shako. Armand remarqua que le vieux avait une véritable réserve dans le fond de son couvrechef : une pomme, un oignon, un quignon de pain, un peigne. Il portait tout sur sa tête.

— Moi, dit un rouquin à moustache de chat, la culotte de ce citoyen ferait bien mon affaire. La mienne est plus trouée que notre glorieux drapeau!

— C'est vrai qu'il est nippé comme un prince, le gaillard! dit le jeunet. Même sa veste, on devrait la lui prendre! Allez! Au travail...

Après avoir gigoté, sacré, craché, Armand se retrouva en chemise, caleçon et chaussettes, au milieu d'une foule épaisse qui se désintéressait de son sort. Les soldats s'éloignaient déjà, emmenant son cheval, emportant ses vêtements. Il ne pouvait songer à les poursuivre. Endolori et humilié, il se releva et constata que, dans la bagarre, le petit livre des *Maximes* de La Rochefoucauld avait glissé de sa poche sans éveiller l'attention de ses agresseurs. Il le ramassa. C'était tout ce qui lui restait. Le rejeter? Il n'en avait pas le courage. Ses doigts se crispaient sur le volume. Il eût fallu les lui briser pour qu'il lâchât prise. Les soldats lui avaient laissé son chapeau. Il le tint dans l'autre main, n'osant le coiffer. Où aller, dans ce ridicule appareil?

Le mieux était encore de courir chez M. Froux, au « Temple des Aromates ». Le brave homme lui prêterait un habit, l'hébergerait peut-être. Armand s'engagea dans la rue Nikolskaïa. Là aussi, quelques maisons brûlaient. Les gens, attroupés devant les façades en flammes, ne remarquaient pas l'étrange tenue de ce passant, qui se faufilait, tout de blanc vêtu, entre les groupes. Il marchait vite; ses yeux s'emplissaient de rayons, ses oreilles, de craquements et de crépitements horribles; le pavé inégal lui blessait les pieds à travers ses chaussettes.

Cependant, à mesure qu'il s'éloignait du centre, les incendies se raréfiaient. Du côté de la Loubianka, il retrouva le Moscou d'autrefois. A cette différence près que des piquets de soldats français gardaient les abords des plus riches demeures. Sans doute de hauts dignitaires de l'armée y avaient-ils établi leurs quartiers. Pas question qu'on laissât le feu s'étendre dans ce coin-là ! Comme il formait cette réflexion, Armand avisa quelques malheureux bourgeois, aux visages noircis de fumée et aux vêtements en loques, qui, sous les ordres d'un sous-officier prussien, pénétraient en file à l'intérieur d'un hôtel. Chacun portait un seau dont l'eau débordait sur les pieds. De toute évidence, ils avaient été requis pour éteindre un début d'incendie. Le sous-officier remarqua Armand et lui fit signe de se joindre au groupe. Armand secoua la tête et détala. Il entendit derrière son dos :

— *Donner Wetter !*

Mais personne ne le poursuivit. Il ralentit son allure. Comme il s'arrêtait, à bout de souffle, il se trouva nez à nez avec un vieil homme triste et débraillé, qui ouvrait les bras pour lui barrer le passage. Une voix française l'interpella :

— Dieu me pardonne, monsieur ! Que vous est-il arrivé?

Armand se rappelait avoir vu cette tête-là quelque

part. Mais où et quand? Soudain la mémoire lui revint : l'acteur rencontré sur les berges de la Moskva, après l'embarquement des prisonniers.

— Ma maison a brûlé, dit Armand, et j'ai été dépouillé de mes vêtements par des soldats français.

— Cela ne m'étonne pas, dit l'acteur. Ce qui se passe en ville est abominable ! Moi aussi, je me suis brusquement retrouvé sans toit. La maison où je logeais avec mes camarades n'est plus qu'une ruine fumante.

— Vous êtes donc, comme moi, à la rue?

— Pas exactement. Nous nous sommes réfugiés, à quelques-uns, dans l'appartement de la comtesse Barkoff, qui est partie depuis deux semaines avec toute sa domesticité. Notre chère Pauline Filardy était sa lectrice. Elle nous a conduits sur les lieux, ce matin. C'est à deux pas. Si vous voulez profiter de notre hospitalité...

— Bien volontiers, dit Armand, mais je crains de vous déranger. Et... enfin... ma tenue...

— Comment parler de tenue, au milieu d'un pareil désastre? s'écria l'acteur. Vous nous avez rendu un tel service l'autre jour, que je me réjouis de pouvoir, à mon tour, vous en rendre un, fût-il minime !

Depuis le début de la conversation, Armand cherchait en vain le nom de son interlocuteur. Et subitement, à sa propre surprise, ce nom éclata dans sa tête : Péroud. L'homme discourait d'une voix grasseyante, avec une affectation de noblesse et en roulant des yeux blancs. L'habitude de la scène lui avait ôté tout naturel. Armand le suivit.

Dans l'appartement de la comtesse Barkoff, régnait un désordre de bivouac. Cinq ou six comédiens s'agitaient dans les immenses pièces à lambris dorés, traînant des lits, déplaçant des guéridons, ouvrant des paravents pour se préparer des coins où dormir. Empêtré dans sa fierté, Armand craignait que son apparition en chemise, caleçon et sans bottes ne provoquât l'hilarité de la compagnie. Mais, à sa vue, personne ne sourit, tous s'apitoyèrent. Péroud fit les présentations. Il y avait là, outre Pauline Filardy, une grosse dame défraîchie et volubile, qui se nommait Mme Périgny, une petite noiraude, Céleste Lamiral, et sa sœur Clotilde, une certaine Apolline Anthony, tout en buste, avec un pied de rouge sur les joues, et un bonhomme rose, roux et bedonnant, Bellecour, qui devait jouer les pères nobles.

Armand n'avait jamais fréquenté d'acteurs. Et ce qu'il avait entendu dire de cette engeance très particulière chez les Béreznikoff ne le prédisposait pas à l'indulgence. Des gens sans principes et sans foi, sévèrement jugés par l'Église. D'emblée il se sentait aussi dépaysé parmi eux qu'il l'eût été parmi une de ces tribus de Pygmées dont parle Buffon. Certes, il y avait, au milieu de cette race inférieure, des êtres d'exception qui méritaient l'hommage des esprits les plus délicats : une Mlle George n'avait-elle pas été comblée de faveurs par Napoléon et par le tsar lui-même ? Mais, en général, un honnête homme devait se tenir à l'écart des faux-semblants du théâtre.

Tandis qu'Armand luttait contre son malaise, Pauline Filardy se préoccupa de trouver des habits pour celui qu'elle appelait son « sauveur de la Moskova ». Les comédiens avaient pu, au dernier moment, soustraire une corbeille pleine de costumes à la garderobe du théâtre. On pêcha là-dedans une culotte de marquis en satin bleu ciel, un gilet framboise à boutons de cuivre, une veste de drap vert amande doublée de peau de lapin, de magnifiques bottes Louis XIII et un manteau espagnol, couleur de muraille. Les bottes étaient à la pointure d'Armand, mais la culotte, la veste, le gilet, beaucoup trop larges pour lui, avaient besoin de retouches. Les dames se mirent à la couture. Pendant qu'elles tiraient l'aiguille, assises en demi-cercle, Armand, drapé dans le manteau espagnol, discutait avec les messieurs des causes de l'incendie. Pour lui, il ne faisait pas de doute que les Français fussent les seuls coupables.

— Avant leur entrée à Moscou, rien ne brûlait, dit-il. Dès qu'ils ont mis les pieds ici, le feu a pris aux quatre coins de la ville. N'est-ce pas une étrange coïncidence ?

— Voyons, monsieur, réfléchissez, rétorquait le gros Bellecour. Quel intérêt les Français auraient-ils à brûler une ville où ils espéraient trouver le gîte et l'approvisionnement nécessaire ? Depuis Smolensk, Napoléon parlait de Moscou à ses soldats comme d'un grenier d'abondance ! Non, ce sont les Russes, les Russes seuls qui, sur l'ordre de Rostoptchine, ont perpétré ce crime affreux. Ce n'est pas pour rien qu'il a fait ouvrir les prisons, distribuer des armes et de la poudre à la populace, et emmener les pompes à incendie !

— Parfaitement ! renchérit Céleste Lamiral. Il paraît que des gens de la classe des gueux, des hommes repris de justice, circulent dans la cité en dissimulant sous leur caftan des mèches, des fusées incendiaires ou des pots fulminants. Dès qu'ils ne se sentent pas observés, ils jettent un de ces pots dans une cour, par une fenêtre ouverte, sur un tas de bois. Tout cela se fait, bien entendu, selon un plan concerté...

— S'il en est ainsi, j'y vois de la grandeur ! s'écria Armand. Quoi de plus noble que cet élan d'un peuple, prêt à tout sacrifier pour empêcher l'ennemi d'étendre son pouvoir ?

— Ce n'est plus de la guerre, c'est de la barbarie ! gémit Mme Périgny. Que les soldats s'étripent, c'est leur métier ! Mais, de grâce, qu'on ne s'attaque pas à la population paisible des villes !

— Ne croyez-vous pas plutôt que ces horribles incendies sont l'effet du désordre et de l'imprévoyance ? dit Péroud. Les coupables sont peut-être aussi bien du côté des rares habitants de Moscou qui ne prennent pas assez de précautions dans une ville en bois, aux neuf dixièmes abandonnée, que du côté des soldats français qui fument la pipe devant des tas de paille et allument des feux de bivouac dans les jardins.

— Quoi qu'il en soit, l'empereur doit être bien contrarié! soupira Pauline Filardy.

Armand se demanda de quel empereur elle voulait parler. Pour lui, il n'y en avait qu'un : Alexandre! Mais elle poursuivit :

— J'imagine que, du Kremlin, il a une vue effrayante sur l'ensemble de la ville !

— Comment? Napoléon est au Kremlin? balbutia Armand.

— Il y a fait son entrée, ce matin, dit-elle avec un petit air de fierté.

Était-elle inconsciente? Ou avait-elle une réelle admiration pour l'usurpateur? Cela paraissait bien invraisemblable de la part d'une Française de Russie. Quelles que fussent les avanies dont les émigrés français avaient souffert ces derniers temps, la plupart savaient gré à leurs amis russes de leur hospitalité et faisaient cause commune avec eux contre l'ennemi de la patrie. Mais peut-être en allait-il différemment chez les acteurs, gens d'esprit versatile et de mœurs dissolues? En tout cas, personne, dans l'assistance, ne semblait heurté par les propos de Pauline Filardy. Armand regarda avec tristesse ce joli visage au nez bref, aux lèvres fortes et aux yeux fendus en amande.

— Cela vous réjouit donc beaucoup de voir Napoléon dans nos murs? dit-il.

Elle rit :

— Oh! moi, vous savez... La guerre... la politique... Je vis au jour le jour... Je plie au gré du vent...

Il eut l'impression que la basse extraction de ces comédiens les empêchait d'accéder aux grandes idées. Néanmoins il devait convenir que, dans les circonstances présentes, leur amabilité lui était précieuse.

— Tenez, monsieur, dit Pauline Filardy, voici votre culotte remise à de justes mesures.

Les autres dames ayant également fini leur ouvrage, Armand passa derrière un paravent pour s'habiller. Un murmure d'approbation salua son retour devant l'aréopage. Pourtant il ne doutait pas d'être ridicule dans ces vêtements d'emprunt. Il jeta un regard à la glace murale et s'effara. Sous ces oripeaux aux couleurs vives, il avait tout d'un saltimbanque. Napoléon était à Moscou, et lui se pavanait dans une livrée grotesque, parmi des acteurs insoucieux.

— Vous êtes superbe ! dit Pauline Filardy. Vous pourriez lancer la mode : « Incendie de Moscou » !

Cette femme était décidément une sotte et une impudente ! Comment osait-elle plaisanter sur un sujet aussi grave ? Offusqué, Armand ne daigna même pas lui répondre. Du reste, tout le monde s'agitait déjà pour accueillir un nouvel arrivant, un dénommé Jérôme Saint-Clair, à la face ronde et hilare de valet de comédie. Il était allé au ravitaillement et rapportait, dans un panier, du lard, des choux et des pommes de terre. Tout cela, il avait pu le subtiliser dans un magasin en flammes.

— Quelle cohue ! disait-il. J'ai dû jouer des poings. Des soldats français ont failli m'enlever ma prise. La marchandise est un peu avariée. Mais les talents du cuisinier suppléeront, je l'espère, à la médiocrité des aliments. Je retrousse les manches et je vais aux fourneaux !

— Non, aujourd'hui, ce sera moi ! annonça Pauline Filardy. Je vais vous mitonner une soupe à la façon de ma province natale.

— Et quelle est ta province natale, ma mignonne ? demanda Jérôme Saint-Clair.

— Je te l'ai dit cent fois ! La Normandie ! J'ai vu le jour à Honfleur !

Armand ressentit tout à coup une grande faim.

8

Au milieu de la nuit, Armand fut tiré de son sommeil par une porte qui battait furieusement au-dessus de se tête. Il ouvrit les yeux et s'étonna. Où était-il? Derrière sa paillasse, dans la clarté rouge de l'incendie, se découpait un vaste paravent chinois. Des éclats de rubis luisaient dans les pendeloques d'un lustre. Il bondit sur ses pieds. Son équipée de la veille lui revint en mémoire. Tout autour, dans le grand salon, se dressaient d'autres paravents ouverts en accordéon, de façon à isoler les lits des acteurs. Les dames, elles, s'étaient réparties entre les trois chambres à coucher. L'appartement de la comtesse Barkoff étant de dimensions réduites, seules les pièces de réception avaient un bel air. Une glace monumentale, à cadre doré, doublait la perspective du salon transformé en dortoir. Un ronflement multiforme montait de toutes ces couches de fortune. Mais, couvrant par intermittence le bruit des respirations engorgées, il y avait un autre bruit, qui s'enflait et baissait, selon une modulation menaçante, pareil au mugissement lointain de la mer. Armand comprit et s'inquiéta : un vent violent s'était levé pendans la nuit. Il courut à une fenêtre, l'ouvrit et dut lutter contre l'ouragan qui rabattait sur lui l'un des vantaux. Activé par ce souffle puissant, l'incendie avait encore gagné en étendue. Le feu semblait vouloir dévorer à la fois le ciel et la terre. Avec un rugissement de victoire, les flammes se joignaient en voûte au-dessus de la ville. Une haleine de fournaise brûlait la peau, râpait la gorge. A chaque instant, cette fantasmagorie lumineuse changeait de forme et de couleur.

Tout à coup un pan de mur s'écroulait au loin, libérant des gerbes d'étincelles et des tourbillons de fumée noire. Le profil de la cité se modifiait au gré de ces larges coupes transversales. Une couronne de volcans entourait le Kremlin. Que restait-il maintenant de la maison des Béreznikoff? Un amas de poutres calcinées, sans doute, un tas de cendres où se confondaient les vestiges des livres rares, des meubles précieux, des tableaux de maîtres. Et la croix dans le jardin? Elle avait dû brûler avec le reste. Le cœur chaviré, Armand s'appuya du front au chambranle.

— Croyez-vous que le feu risque de venir jusqu'à nous? dit une voix très douce.

Il se retourna. Dans la clarté de l'incendie, Pauline Filardy, en déshabillé rose, l'interrogeait avec un mélange de frayeur et de confiance. Comment pouvait-elle se montrer à un homme dans une tenue aussi légère? Il en était gêné pour elle et pour lui. Elle respirait d'une haleine courte. Ses cheveux bruns dénoués pendaient sur ses épaules et tire-bouchonnaient drôlement sur son front.

— Non, dit-il, la direction du vent nous met à l'abri, pour l'instant.

— J'ai été réveillée par une porte qui battait.

— Moi aussi.

— Comment mes camarades peuvent-ils dormir avec ce bruit, avec ces lueurs?... Oh! regardez, on dirait que cela flambe plus fort, par là...

Elle tendit le bras juste sous le nez d'Armand.

— Quel spectacle horrible et magnifique! reprit-elle. Une si belle ville! Tant de richesses!

— Oui, murmura Armand. C'est ce que j'ai de plus cher au monde qui disparaît dans les flammes!

Elle soupira. Était-elle réellement affectée? Prise entre l'ombre de la pièce et la lumière brutale de la rue, elle paraissait aussi irréelle que le brasier qui l'éclairait.

— Comment se fait-il que vous parliez si bien le russe? dit-elle soudain. Moi, depuis bientôt quatre ans que je suis ici, je n'ai appris que dix mots.

— C'est que je suis arrivé dans ce pays, avec mon père, alors que j'étais tout enfant, dit-il.

— Votre père avait fui la France au moment de la Révolution?

— Oui.

— Et vous n'êtes jamais retourné là-bas?

— Jamais !

— Vous n'en éprouvez pas l'envie?

— Par Dieu, non ! s'écria-t-il.

Elle hocha la tête :

— C'est étrange ! Vous avez été élevé en Russie, et cependant je n'ai pas du tout l'impression d'avoir un Russe devant les yeux. Ni un Français, du reste. Où avez-vous fait vos études?

— A la maison, avec des précepteurs.

— Quelle maison? Quels précepteurs? Racontez, je suis passionnée !

Elle semblait en effet dévorée de curiosité et de sympathie. Il fut flatté de son attention. Sa propre personne lui parut soudain exhaussée. Encouragé par le regard de la jeune femme, il lui relata, en quelques mots, son adolescence au milieu de la famille Bérez- nikoff, ses premieres amitiés, ses lectures, la tendresse maternelle de Nathalie Ivanovna à son égard, le départ de toute la maisonnée avant Borodino, la mala- die de son père... A mesure qu'il parlait, une émotion, due à la fatigue et à une trop longue domination de ses nerfs, s'emparait de lui. Il se confiait à cette incon- nue avec un soulagement mêlé de scrupule. C'était si bon de pouvoir, après tant de jours, s'abandonner, se débonder, épandre au hasard ses plaintes et ses craintes ! Quand il en vint à évoquer la mort de son père, les larmes étouffèrent sa voix. Furieux contre lui- même, il se détourna. Deux mains délicates le prirent par les mâchoires et firent pivoter sa tête. Au-dessous de lui, il vit un visage d'une matière rose feu indéfinissable, où brillait la nacre des dents. Elle était la fée de l'incendie.

— Comme vous avez dû souffrir! chuchota-t-elle.

Et, se haussant sur la pointe des pieds, elle l'embrassa. Ce ne fut pas un baiser effleuré comme celui qu'il avait reçu de Nathalie Ivanovna. Non, brusquement la bouche d'Armand fut violentée, tandis qu'un corps moelleux s'appuyait contre le sien. Il éprouva un bonheur électrique et referma les bras sur les épaules de l'actrice en pensant : « Je n'ai pas le droit! » Elle recommença. Il lui rendit ses caresses. Elle tremblait contre sa poitrine. Que devenait Nathalie Ivanovna dans cette conjoncture voluptueuse? Traître à la bien-aimée, il ne se sentait pourtant pas tout à fait coupable. Cette créature qui lui donnait ses lèvres n'avait rien à voir avec sa véritable passion. Une comédienne! Autant dire une personne négligeable, une passante. Comme elle était petite, fragile et souple! Il allait lui briser les os. Un hurlement le secoua. Mais ce n'était pas Pauline Filardy qui criait. Il se retourna en relâchant un peu son étreinte : Mme Périgny arrivait sur eux, volumineuse, échevelée, la bouche béante :

— Au secours! L'incendie gagne du côté des chambres! Nous allons tous périr!

Les autres actrices la rejoignirent, affolées, en vêtements de nuit. Les hommes sortaient, un à un, de derrière leurs paravents, et se rajustaient en hâte. Armand se précipita vers le fond de l'appartement et constata que le feu, poussé par une saute de vent, s'attaquait maintenant à la façade sur cour. Un énorme tas de bûches, tout près de là, flambait en crépitant. Les flammes, couchées par l'ouragan, léchaient les murs avec une violence joyeuse. Des tisons bondissaient dans l'air, tels les projectiles d'une infernale artillerie. Armand revint au salon où les femmes tournoyaient dans la terreur et l'indécision.

— Il faut partir, partir ! glapissait Céleste Lamiral en trépignant.

— Pour aller où ? pleurait Apolline Anthony. Tout brûle ! Nous sommes perdus !

— Le feu nous chasse de maison en maison ! renchérissait Mme Périgny. C'est la malédiction divine ! Prions ! Prions !

Et, au lieu de prier, elle marchait de long en large, d'un grand pas de grenadier.

— Un peu de sang-froid, mesdames ! dit Bellecour. Il doit bien y avoir une solution ! Tant que le feu n'a pas gagné la cage d'escalier, nous avons une possibilité de retraite !

Mais lui-même tremblait du menton et paraissait sur le point d'éclater en sanglots.

Pauline Filardy avait saisi la main d'Armand et la serrait avec une force fiévreuse. Cette pression le ragaillardit. En une fraction de seconde, il reprit possession de tous ses moyens.

— Je vous propose de nous rendre chez M. Froux, au « Temple des Aromates », rue du Pont-des-Maréchaux, dit-il avec calme. C'était un ami de mon père. Il nous recevra sûrement.

— A moins que le feu ne nous ait devancés là-bas ! grogna Péroud.

— Alors, nous aviserons, dit Armand. Vite ! Rassemblez vos affaires !

Comme s'ils eussent reconnu en lui le chef de la compagnie, tous se dispersèrent, courant aux quatre coins de l'appartement pour ramasser leurs hardes. Rhabillés en un tournemain et chargés qui d'un sac qui d'un balluchon, ils descendirent dans la rue où tout rougeoyait, les pierres, les vitres, la tôle des toits.

L'aube se levait dans un ciel de brume et de

fumées. Le soleil et les flammes échangeaient leurs rayons. Le vent balayait toujours la ville par rafales, comme un soufflet de forge attisant un brasier. Couvert de son ample manteau espagnol, Armand tenait Pauline Filardy par le bras et, avec elle, ouvrait la marche. La troupe suivait, en ordre dispersé. Tantôt l'un tantôt l'autre se retournait pour voir la progression du sinistre. Fuyant les ruines de Sodome, n'allaient-ils pas être changés en statues de sel?

La chaleur était telle, que Pauline Filardy tira un mouchoir de sa manche pour se protéger les joues. A un carrefour, ils virent un corps noirci, pendu par le cou à une lanterne, avec, sur la poitrine, une double inscription, en français et en russe : « Châtiments des incendiaires ». Nuque brisée, tête inclinée sur le côté, le cadavre avait l'air de vouloir lire ce qui était écrit sur sa pancarte.

— Les exécutions sommaires ont commencé ! grommela Armand.

— Il le faut bien ! dit Pauline Filardy. Ces hommes sont d'affreux brigands !

— Dites des patriotes !

Elle se serra contre lui. Il pressa le pas. Soudain il s'aperçut qu'il avait oublié les *Maximes* de La Rochefoucauld dans la maison qu'il venait de quitter. Le seul objet qui le rattachât à la splendeur des Béreznikoff ! Tenait-il moins qu'il ne croyait à ce fétiche ? Il n'eut même pas envie de rebrousser chemin. En abordant la rue du Pont-des-Maréchaux, les acteurs retrouvèrent le calme et un air presque respirable. Un groupe de soldats en armes gardaient l'entrée de la voie. Péroud leur annonça :

— Nous sommes des comédiens français en quête d'un gîte !

— Place au théâtre ! s'exclama un jeune sous-officier à la face tannée et à la moustache en crocs. Je me présente : sergent Caudron, du 21ᵉ d'infanterie de

ligne. Si vous le permettez, je vous accompagne !
Ce n'est pas tous les jours qu'on a l'honneur de servir
d'escorte aux favoris de Thalie et de Melpomène !

Visiblement il se piquait de lettres et de galanterie.
Armand le jugea grotesque avec ses ronds de jambes.
D'ailleurs la seule vue d'un uniforme français lui tournait le sang. Flanquée du sergent bavard, la petite
troupe arriva devant le « Temple des Aromates ». La
vitrine avait été défoncée, le magasin pillé. Par le
trou, on découvrait les rayons vides. M. Froux devait
être au désespoir. Il habitait juste au-dessus de la
boutique. L'escalier était étroit et sombre. On s'y
engagea en file indienne. Derrière Armand, les comédiens s'étageaient, un par marche, comme des guer-
riers sur une échelle d'escalade. A la porte, Armand
tira le cordon de la sonnette et frappa sans obtenir
de réponse. Un portier-taupe émergea de son soupirail,
au rez-de-chaussée, et cria en russe, tête dressée, qu'il
n'y avait personne là-haut.

— Mais où est M. Froux ? lui demanda Armand.
— On l'a emmené.
— Qui l'a emmené ?
— La police.
— Quand ?
— La veille du jour où les Français sont entrés dans
la ville. Paraît que c'était un espion de Napoléon !

Armand eut une pensée triste pour le bon M. Froux,
dodu et inoffensif, qui cheminait maintenant au milieu
d'un convoi de prisonniers, à moins qu'il n'eût été
abattu comme Véréshaguine.

— As-tu la clé de l'appartement ? demanda-t-il au
portier.
— Non, dit l'autre.

Et il rentra dans sa niche. Comme les trois quarts
de l'assistance ne comprenaient pas le russe, Armand
résuma en deux phrases le sens de sa conversation. Sur
quoi le sergent Caudron dit :

— Eh bien ! Il faut employer les grands moyens !

Il donna un rude coup d'épaule dans la porte. Le vantail résista. Nouvel essai. Pour rien. Armand vint en aide au sergent. Côte à côte, ils se jetèrent contre l'obstacle. Une fois, deux fois. Ils haletaient, collés l'un à l'autre dans l'effort. Enfin le battant céda en craquant. Déséquilibrés, ils pénétrèrent en boulet dans le vestibule. Les comédiens suivirent. L'appartement ouvrait devant eux ses pièces sans vie, où luisaient l'acajou et le bronze. Dans la salle à manger, la table était mise : un seul couvert. Sans doute avait-on arrêté M. Froux alors qu'il s'apprêtait à dîner. Jérôme Saint-Clair avisa une bouteille de vin.

— Il faut fêter notre installation ! s'écria-t-il. Je suis sûr que nous trouverons tout ce qu'il faut dans la cuisine !

Guéries de leurs alarmes, les dames se défripaient et se recoiffaient. Enfin elles partirent pour inspecter les lieux. L'appartement, de style bourgeois, comptait cinq chambres à coucher, soit une par personne du sexe. Le choix se fit par rang d'ancienneté. Quand les actrices revinrent, toutes pimpantes, Jérôme Saint-Clair disposait les bouteilles et les verres sur la table. Péroud invita le sous-officier à trinquer. Cette initiative stupéfia Armand, qui, sous le coup de la colère, faillit quitter la pièce. Mais un regard de Pauline Filardy le retint. Elle paraissait si heureuse d'être là, saine et sauve, tandis que l'incendie ravageait le reste de la ville !... Le sergent Caudron s'épanouit et déclara :

— Grand merci, monsieur ! Mars et Bacchus ont toujours fait bon ménage ! Buvons donc ! Mais me permettez-vous d'aller chercher quelques camarades ? Ils seront ravis de se joindre à nous !

Cette fois, Armand ne trouva même pas la force de réagir. Dépassé par l'outrecuidance du sergent, il le regarda saluer la compagnie et gagner la porte. L'instant après, il y avait quatre uniformes français devant la table. Les hommes posèrent leurs shakos. Leurs fronts blancs apparurent au-dessus de leurs masques de hâle. Tout à coup ils n'avaient plus l'air de militaires mais de paysans. Jérôme Saint-Clair, leste comme un ouistiti, versa le vin.

— A la santé de notre grand empereur ! dit le sergent Caudron.

Armand serra les dents. Autour de lui, tous les verres, sans hésitation, se levaient. Il laissa ostensiblement le sien sur un coin de la table. Le sergent Caudron le remarqua.

— Vous ne buvez pas ? demanda-t-il.

— Jamais le matin, dit Armand d'un ton sec.

Pressentant un éclat, Pauline Filardy intervint avec une rapidité ailée.

— Quelle joie, dit-elle, de se retrouver entre compatriotes ! C'est la France qui vient vers nous à l'ombre de vos aigles ! Quand je pense que vous avez couvert huit cents lieues pour accomplir la volonté d'un seul homme — mais quel homme ! — que vous avez traversé mille privations, mille combats sanglants, et que vous voici à Moscou, pleins de gloire, de bonhomie et de générosité, je ne sais ce qu'il faut le plus admirer de votre simplicité ou de votre vaillance ! En vérité, messieurs, nous sommes tous fiers, ici, d'appartenir à un pays qui enfante de tels héros !

Tout en sachant qu'elle donnait de l'encensoir pour sauver la situation, Armand lui en voulait de cet enthousiasme de commande. Il se disait que, pour être outrée, l'admiration de Pauline Filardy envers les vainqueurs n'était peut-être pas entièrement feinte ? Arriverait-il jamais à démêler la part de sincérité et la part de comédie dans les réactions de cette femme ? Péniblement, il se contraignit à garder son calme devant les soldats qui buvaient.

— Avez-vous participé à la bataille de Borodino? demanda Péroud.

— La bataille de la Moskova, voulez-vous dire! s'écria le sergent. Fichtre, oui! Ce fut une belle empoignade. Les Russes sont des gaillards. Le sang ne leur fait pas peur. Ils se sont fait hacher sur place. Mais, tête Dieu, rien ne résiste à des Français, quand un vrai chef les commande!

Les autres soldats renchérirent avec des voix enrouées. L'un d'eux portait une croix au bout d'un ruban rouge, sur son revers blanc.

— Où avez-vous obtenu cette décoration? interrogea Bellecour.

— A Smolensk, dit l'homme.

— C'est Firmin Berliet, dit le sergent. Un brave. Le choix a été fait sur-le-champ, au cercle, devant l'empereur, et confirmé avec acclamations par les troupes.

— Vous avez vu l'empereur? s'exclama Mme Périgny.

— Cent fois, répondit le sergent avec fierté.

Jérôme Saint-Clair remplit à nouveau les verres. Sortant de sa réserve, Armand posa la question qui, depuis la veille, le préoccupait:

— Et après Moscou, où irez-vous?

— Nulle part, dit le sergent. Les Russes demanderont la paix.

— S'ils ne la demandent pas?...

— Alors nous marcherons sur Saint-Pétersbourg.

— C'est loin!

— Les distances ne nous font pas peur. D'autant plus qu'à Moscou nous aurons eu le temps de nous reposer.

— Dans les décombres?

— Nous savons nous accommoder même d'un lit de pierre! rétorqua le sergent avec un grand rire.

Et il promena sur les dames un regard conquérant.

— Allons, conclut-il avec rondeur, il n'est si bonne compagnie qu'on ne quitte. Merci de nous avoir permis de nous humecter le gosier. Nous en avions bien besoin avec cette foutue chaleur d'incendie. En tout cas, vous pouvez être tranquilles. La maison sera protégée. Personne ne vous délogera. A la moindre difficulté, n'hésitez pas, faites appel à nous. Il faut bien qu'on s'aide entre compatriotes ! Surtout lorsque le théâtre est en cause !

Il coiffa son shako. Ses compagnons l'imitèrent. Armand s'étonnait de ne pouvoir rien reprocher à cet homme. Rien, sinon son uniforme. Étaient-ils nombreux à être d'aussi bonne composition dans l'armée française ? Par inimitié naturelle, il eût préféré n'avoir affaire qu'à des maraudeurs, comme celui qu'il avait expédié dans le puits. Jugulaire au menton, sabre-briquet au côté, le sergent Caudron saluait, la main à la visière. Les dames lui firent une petite révérence de théâtre. Il partit, enchanté.

A peine les soldats eurent-ils quitté les lieux, que les acteurs se détendirent. Manifestement, ils avaient beau éprouver une certaine sympathie pour l'armée d'occupation, ils n'étaient pas tout à fait à l'aise sous sa coupe. Le premier, Jérôme Saint-Clair osa avouer qu'il avait faim :

— Je dévorerais le diable et ses cornes ! s'écria-t-il en pirouettant.

Le gros Bellecour, suant et luisant sous ses taches de rousseur, et le maigre Péroud, parcheminé et verdâtre, reconnurent qu'eux aussi avaient l'estomac dans les talons.

Dans le garde-manger, il n'y avait que du saucisson et des biscuits secs. On s'en contenta. Les dames avaient la dent aussi acérée que les hommes. Cette nuit d'alerte les avait, disaient-elles, recrues. Mal rassurées encore, elles demandaient, toutes les deux minutes, qu'on allât vérifier aux fenêtres si le feu ne gagnait pas. Après le repas, elles se retirèrent dans leurs chambres respectives pour une courte sieste. Armand le déplora secrètement et se mêla à la conversation des messieurs, qui, une fois de plus, parlaient de la guerre. Il avait l'impression que Pauline Filardy ne s'intéressait plus à lui de la même façon. Leur baiser resterait-il sans lendemain, comme celui dont l'avait gratifié Nathalie Ivanovna?

Au bout d'un long moment, Pauline Filardy revint et demanda « un homme fort » pour l'aider à refermer sa fenêtre, dont l'espagnolette était, disait-elle, faussée. Elle regardait Armand avec insistance. Il la suivit. La porte rabattue, elle se blottit à nouveau dans ses bras. Il retrouva, en l'embrassant, le même bonheur mêlé du même remords. Tout s'abolissait dans sa tête. Son cerveau fuyait par un trou. Sans réfléchir à ce qu'il faisait, il arrachait ces vêtements féminins aux multiples boutons, aux ganses compliquées. Elle riait doucement et l'aidait dans sa hâte à la dévêtir. N'ayant jamais approché de femmes et ne connaissant leurs exigences que par ouï-dire, il appréhendait de se montrer maladroit dans ses rapports avec celle-ci. Quand il aperçut les épaules nues de Pauline, ses seins aux pointes brunes dardées, son ventre pâle marqué d'une sombre fourrure, il crut que toutes les veines de son corps étaient sur le point d'éclater. Il allait mourir avec, au centre de lui, cette douloureuse envie. Comme un forcené, il la renversa sur le lit. Elle se creusa sous lui et guida son mouvement. Leur étreinte fut violente et brève. Foudroyé de plaisir, il retomba sur Pauline qui souriait, à peine essoufflée.

— Pardonnez-moi! chuchota-t-il. Ah! je vous en prie, pardonnez-moi!

— Déshabille-toi, dit-elle.

Il lui obéit et chercha aussitôt à se recouvrir d'un drap. Mais elle s'opposa à ce geste de pudeur. Elle voulait le voir en entier. Ses yeux brillaient dans la

118

pénombre. Elle laissait courir ses mains sur lui, de haut en bas. Tendu de désir, il revint à elle avec autorité. Cette fois sa volupté fut plus profonde, plus rythmée, plus lente. Sa propre aisance dans le jeu de l'amour l'emplissait d'un émerveillement incrédule. Dans un tohu-bohu de joie, il voyait les yeux à demi révulsés de Pauline, sa bouche entrouverte, gémissante, et la certitude du contentement qu'il lui procurait aussi ajoutait l'orgueil de l'esprit à l'excitation de la chair. Un rideau se levait devant lui par saccades. Il découvrait un nouveau monde. Il était l'égal de Dieu. Quand l'explosion finale l'abattit sur sa victime comblée, il pensa encore à Nathalie Ivanovna. Mais ce qu'il éprouvait pour Pauline était si différent du sentiment éthéré qui l'unissait à la comtesse ! Cette Française venait d'une autre planète, soumise à d'autres lois. Il la considérait avec admiration, avec frayeur, avec envie. Elle s'étirait à côté de lui, repue, reptilienne, brune, odorante, dangereuse, indispensable. Elle marmonna paresseusement :

— Va voir à la fenêtre si l'incendie ne se rapproche pas !

Il s'exécuta, un peu gêné de se mouvoir nu devant elle.

— Non, dit-il. Le feu est toujours du même côté. Nous ne risquons rien.

— Alors, reviens vite !

Il se recoucha. Elle se ramassa contre lui. Bouleversé de l'avoir conquise, il ne savait comment la remercier.

— Je vous aime ! dit-il fortement.

— Déjà ?

Elle l'interrogeait, narquoise, l'œil bridé, une fossette sur chaque joue.

— Quel âge as-tu ? reprit-elle avec une ironie encore plus appuyée.

— Vingt et un ans.

— Et combien as-tu eu d'aventures galantes avant moi ?

Il hésita et répondit :

— Une seule.

Bizarrement il était convaincu de dire la vérité.

— Raconte ! murmura-t-elle dans un élan de gourmandise.

Il se drapa dans son honneur :

— Non.

— L'as-tu aimée ?

— Oui.

— Comment cela s'est-il terminé ?

— Ne me posez plus de questions, je vous en prie, balbutia-t-il d'un ton tragique.

Et il appuya sa bouche sur l'épaule de la jeune femme. Une saveur de chair fleurie emplit sa tête. Cette peau était d'un grain si serré, d'une blancheur si parfaite, qu'il avait peur de la flétrir en la touchant. Un miracle de douceur, d'élasticité, de chaleur interne, de courbe vivante. Et son visage ! La netteté ciselée de ses traits, le noir rayonnement de ses prunelles. Était-ce bien la même créature qu'il avait jugée banale sous son petit chapeau à cerises, sur les bords de la Moskva ? Sans doute, alors, l'avait-il mal vue. Elle lui caressait les cheveux et respirait calmement contre son flanc. Quel mystère en elle ! Aucun être au monde, pensait-il, n'était plus proche de lui et pourtant il ne connaissait d'elle que le goût de sa bouche. Il demanda timidement :

— Vous... vous êtes seule dans la vie ?

Elle rit :

— Que veux-tu dire ?

— Vous n'êtes pas mariée ?

— Je l'ai été. Mon mari, qui était acteur, est mort du typhus, en 1805.

— Est-ce pour cela que vous avez quitté la France ?

— Que tu es drôle dans tes questions ! J'aurais très

bien pu rester. Mais il y a tant d'actrices, à Paris ! C'est une vraie guerre à coups de griffes pour les rôles. Après avoir joué au théâtre des Variétés, je me suis trouvée brusquement sans emploi. Mes ressources s'épuisaient. Là-dessus — c'était il y a quatre ans — j'ai reçu une proposition de M. Domergue, de passage à Paris.

— Celui qui a été déporté, il y a quelques jours, par Rostoptchine ?

— Oui. Sur l'ordre de M. Narychkine, surintendant des théâtres du tsar, M. Domergue recrutait des acteurs français pour Moscou. Il me vanta les charmes et les avantages de la Russie. Je me laissai convaincre, je le suivis...

— Vous ne l'avez pas regretté, j'imagine !

— Nullement ! J'ai mené ici une vie très agréable. D'excellents camarades, de bons rôles, un public chaleureux, quelques grands amis dans la haute société moscovite. Peut-être t'est-il arrivé de m'applaudir ?

Armand se troubla :

— Je ne suis jamais allé au théâtre français...

— Est-ce possible ? Quel dommage, mon cher petit lunatique ! Nous n'avions pas de salle attitrée. Nous jouions un peu partout. C'était improvisé, primesautier et charmant ! Enfin, jusqu'à ces derniers temps ! Inutile de te dire qu'à partir du moment où les relations entre la Russie et la France se sont de nouveau détériorées, notre public a commencé à nous bouder. Il nous arrivait d'entendre des quolibets parmi les spectateurs. On ne venait plus nous voir dans nos loges. Je ne recevais presque plus de fleurs. M. Maïkoff, le directeur des théâtres impériaux, exerçait une censure féroce sur notre répertoire. Il supprimait des répliques, il nous humiliait, il tracassait notre régisseur... En fin de compte, on nous a interdit de jouer. Et aussi de quitter la ville ! Nous étions prisonniers de ceux-là mêmes qui nous avaient invités à les divertir. Et dire que tout cela

121

ne serait peut-être pas advenu si le tsar Alexandre avait accordé à Napoléon la main de sa sœur !

— Croyez-vous vraiment que cette affaire de mariage manqué entre la grande-duchesse Catherine Pavlovna et Napoléon puisse expliquer l'animosité de ce dernier à l'égard de la Russie ? dit Armand avec un sourire moqueur.

— Mais bien sûr ! dit-elle. On sous-estime toujours le rôle des femmes en diplomatie.

Elle s'était haussée sur un coude et le dominait, le couvrait de son souffle. Il se dit qu'elle était peut-être mieux renseignée que lui en matière d'amour et de théâtre, mais qu'il en savait plus qu'elle sur tout le reste. Et notamment sur la politique ! Cette idée le réconcilia avec la conception qu'il se faisait du rôle dominant de l'homme dans un couple.

Du bout de l'index, elle dessinait, sur le visage d'Armand, la ligne du nez, des lèvres, des oreilles. Ce chatouillement artistique, à fleur de peau, n'était pas désagréable. Elle l'accompagnait d'une petite litanie à lèvres closes :

— Tu te crois beau, mais tu es vilain, vilain, vilain... Tu es trop grand, trop mince, tu as des épaules trop larges, une bouche trop meublée, des yeux trop brillants...

« Comme elle m'aime ! pensait-il. J'ai une maîtresse. Une vraie maîtresse ! C'est insensé ! »

— Et vous, dit-il, vous êtes si belle que je pourrais passer ma vie à vous contempler !

— Vas-tu me dire vous pendant longtemps encore ? s'écria-t-elle.

— Vous voulez que je vous tutoie ?

— Oui. Et tout de suite !

Il fit un effort de volonté pour franchir l'obstacle et prononça bravement :

— A quoi penses-tu, Pauline ?

— Tu ne le devines pas ?

— Non.

— Rapproche-toi. Tu vas comprendre.

Il lui enveloppa les épaules de son bras. De nouveau une lutte ardente les lia, corps à corps, jusqu'à la jouissance dont Pauline retarda savamment la venue. La lueur de l'incendie éclairait la chambre. Armand gisait, membres épars, sur le drap froissé. Pauline se leva, nue elle aussi, les cheveux dénoués. Elle allait et venait entre ces quatre murs, les seins libres, les jambes serrées, à petits pas gracieux. Tant d'indécence le stupéfia et le charma. Quoi qu'elle fît, elle était désirable. Elle ouvrit une grande armoire, où pendaient quelques robes oubliées. Les toilettes de Mme Froux sans doute.

— Peut-être sont-elles à ma taille? dit-elle en les décrochant.

Elle en essaya une, en percale jaune paille, à la ceinture haute et aux manches courtes, en ballonnets, garnies de rubans mordorés. Armand la regardait, émerveillé. Pas un faux pli, pas une ampleur inutile. On eût dit que la robe avait été cousue pour elle. Devant tant de perfection, il était difficile d'imaginer la sèche et anguleuse Mme Froux dans les mêmes atours. Excitée par ce premier succès, Pauline se glissa dans une autre robe, celle-là en marceline à petits carreaux bleus et mauves. Puis dans une autre encore, blanche, au spencer vert amande. Chaque fois, elle apparaissait renouvelée. Armand était au spectacle. Il eût souhaité que les réserves de l'armoire fussent inépuisables. Certes, tous ces vêtements appartenaient à Mme Froux. Il était peut-être indélicat de les prendre. Mais, dans cette folie de flammes et de pillage, le tien, le mien étaient des notions dépassées. Tout était la propriété de tous, chacun se servait selon ses besoins. Soudain il pensa aux robes de Nathalie Ivanovna, soigneusement pendues dans les armoires. Sans doute avaient-elles toutes disparues dans l'incendie. Cela valait mieux ainsi. Il sortait d'un nuage.

— Me voilà nippée! conclut Pauline. Tu devrais bien en faire autant, mon cher petit lunatique!

— Moi?

— Mais oui! M. Froux a bien dû laisser ici quelques costumes. Viens avec moi.

Il s'habilla et la suivit. Elle frappa à la porte de la chambre voisine. Les quatre autres femmes, ayant fini leur sieste, y tenaient cercle de commérages. En les voyant réunies si près du lieu où, quelques minutes plus tôt, il avait connu l'ivresse des sens, Armand ne put s'empêcher de rougir. N'avaient-elles pas entendu les balbutiements et les soupirs du couple à travers la cloison? En tout cas elles ne marquèrent aucune surprise à l'apparition d'une Pauline rayonnante et de l'homme qui, de toute évidence, était devenu son amant. Sans doute la liberté de mœurs qui régnait au théâtre leur faisait-elle trouver naturelle une situation que, pour sa part, il jugeait hors du commun. Tout était simple, pour ces gens-là: l'amour, la guerre, l'infidélité, les répliques cinglantes, le troc des costumes, la richesse, la pauvreté, le clinquant, les masques. Habitués à feindre tous les sentiments, ils ne devaient en prendre aucun au sérieux. Existaient-ils seulement en dehors des rôles qu'on leur faisait jouer?

Les camarades de Pauline la complimentèrent sur sa nouvelle toilette et, entraînées par elle, vidèrent toutes les armoires et tous les placards du logis. Malheureusement le fils de M. Froux Raoul, qui était de taille élancée, avait emporté sa garde-robe, et les vêtements de M. Froux, les seuls qui fussent restés sur place, étaient trop petits pour Armand. Ce furent Bellecour, Péroud et Saint-Clair qui se les partagèrent. On découvrit aussi quelques robes, un peu défraîchies, de Mlle Froux, une adolescente à peine sortie de l'enfance. Les dames se jetèrent sur ces tendres chiffons. Chacune y trouva de quoi se satisfaire. Bonne pâte, Pauline accepta des échanges avec son propre butin.

Bientôt toute la compagnie fut costumée en famille Froux. Surexcités par l'aubaine, les comédiens riaient, se saluaient, s'admiraient dans les glaces. Ils avaient oublié l'incendie. Pauline tutoyait Armand devant tout le monde. Il lui répondait vous, avec effort. Avant de passer à table pour le dîner, elle lui piqua ostensiblement un baiser derrière l'oreille. Il s'empourpra. Tous les yeux étaient fixés sur lui. C'était l'intronisation. En public. Afin que nul n'en ignore. Elle se pendit à son bras, elle lui sourit, elle l'assit à sa droite.

Cette fois, Jérôme Saint-Clair n'avait pu trouver que des concombres et du pain. Il avait fait cuire le tout, pêle-mêle, en un brouet infect. Mais Armand ne se souciait pas des aliments qu'il portait à sa bouche. Sa faim, sa soif, ce n'était pas à table qu'il les apaiserait.

Après le repas, les messieurs s'accordèrent le luxe d'un verre de cognac, provenant de la cave de M. Froux. Les dames, elles, burent du malaga. La lumière des bougies leur donnait une peau de cire mordorée et des yeux d'escarboucle. Bellecour déclama des vers. Ses cheveux teints étaient roux à la pointe et gris à la racine. Il secouait une tête de lion sous cette crinière bicolore. Aux fenêtres, le vent soufflait. L'incendie marchait de maison en maison. Mais ici on ne craignait rien. Les flammes épargnaient le quartier français. Des soldats de Napoléon veillaient aux carrefours. Parfois on les entendait rire et chanter dans la rue. Armand acceptait leur sauvegarde comme un adjuvant de son amour. A dix heures du soir, Pauline se leva de table, avec une aisance à la fois languissante et intentionnelle.

— Je vais me coucher, dit-elle. Restes-tu encore un peu, Armand, ou viens-tu avec moi?

Estomaqué, il jeta un bref regard autour de lui et ne rencontra que des visages inexpressifs. Rien n'étonnait personne dans ce cercle fermé. Le monde était à la fantaisie. Il se sentit léger et irisé comme une bulle de savon. Pauline lui tendait la main. Son sourire était celui de l'engagement et de la coquetterie. Elle avait remis la robe jaune paille. Peut-être était-ce ainsi que Mme Froux se voyait dans ses rêves? Il se dressa, attiré par une puissance magnétique, qui l'eût fait marcher sur un fil au-dessus du gouffre. Ce fut Pauline qui ouvrit la porte de la chambre. Il entra, derrière elle, dans l'ombre chaude. Tout, ici, était au service de l'amour, le lit, les coussins, la glace, le parfum de quelques flacons débouchés.

9

L'incendie fit rage pendant toute la journée du 4 septembre, sans menacer pourtant la rue du Pont-des-Maréchaux ni les rues avoisinantes. Armand avait honte de son bonheur au milieu du désastre. Chez ses amis les acteurs, à l'euphorie de l'installation succédait une inquiétude croissante. L'un était allé aux nouvelles, l'autre, au ravitaillement. Ils racontaient que, devant l'ampleur du feu, Napoléon avait quitté le Kremlin et s'était réfugié aux environs de Moscou, dans le palais Pétrovsky, qu'une patrouille avait découvert un dépôt de fusées à la Congreve destinées par les Russes à embraser les dernières maisons debout, que les soldats arrêtaient de plus en plus d'incendiaires... Qu'étaient devenus les autres comédiens de la troupe française, logés dans des quartiers éloignés? On citait des noms : Mme Fusil, Mme Lekain, Mme Bursay, M. Lefèvre, M. Adnet... Tous des gens charmants, avec du talent à revendre. Aller à leur recherche était une entreprise trop périlleuse. D'ailleurs, même ici, on n'était pas réellement en sécurité.

D'après les spécialistes militaires, si le vent ne tombait pas très vite, il ne resterait rien de la ville, à la fin de la semaine. Mme Périgny en était très alarmée. Cette grosse personne était la plus émotive de la compagnie. La prière était son refuge. Ce qu'Armand, sans trop savoir pourquoi, jugeait surprenant pour une comédienne. Il comprenait mieux les sœurs Lamiral et Apolline Anthony, qui se contentaient de renifler et de hocher la tête en lorgnant les toits de la ville par la fenêtre. Bellecour et Péroud ne se montraient pas moins pessimistes que les dames. Il est vrai qu'ils étaient l'un et l'autre d'un âge avancé et que, chez un homme, l'expérience incline toujours à la mélancolie. Plus jeune, Jérôme Saint-Clair était le seul que ce désordre amusait. Il riait des privations. C'était lui qui se chargeait de l'ordinaire. Intendant, fourrier, maître queux, il se démenait à travers l'appartement, plongeait dans la rue, revenait avec deux pommes de terre, une carotte, un bon mot, une information, un poisson séché. Son nez en pied de marmite et ses petits yeux de pie étaient partout à la fois. Il ne parlait de Pauline et d'Armand qu'en les nommant « nos tourtereaux ». Il récitait du Parny, la main sur le cœur :

« Celui-là seul connaît la volupté,
« Celui-là seul sentira son ivresse,
« Qui peut enfin avec sécurité
« Sur le duvet posséder sa maîtresse. »

Armand rougissait, haussait les épaules, mais ne lui en voulait jamais de ses plaisanteries. Après tout, en le taquinant, l'acteur rendait encore hommage à sa bonne fortune. Pauline quittait la chambre, de temps en temps, et y retournait aussitôt, sous le regard indifférent des dames. Elles ne l'enviaient même pas. Elles avaient passé l'âge. Et puis elle avaient trop de soucis. Armand la rejoignait. Ensemble, ils oubliaient l'ouragan, les flammes, la faim, l'incertitude des heures à venir. Elle l'appelait : « mon ange, mon enfant chéri, mon chevalier lunatique, mon Moscovite ». Il ne pouvait entendre ce murmure voilé, à son oreille, sans perdre l'esprit. Même les heures de repos, auprès du corps moite et satisfait de Pauline, étaient pour lui une récompense. Rivé à elle, il vivait hors de temps, hors de l'espace, dans une caverne de tissu rayé jaune et rose.

Après le dîner, elle s'habilla, pour lui seul. Une robe d'apparat en étoffe de Lyon, de couleur nacre, brodée de palmettes vertes et décolletée en carré sur la poitrine. Il tomba à ses pieds. Elle allait au bal. Il était son unique danseur. L'orchestre, c'était le vent derrière la fenêtre. Il se releva, l'enlaça, la souleva. Elle était légère comme une plume. Elle sentait bon.

Le lendemain matin, 5 septembre, il y eut une alerte si chaude, que toute la troupe se réunit dans le salon pour tenir conseil. Les vagues enflammées se rapprochaient du quartier. Fallait-il partir ou rester ? Armand était résolument pour le maintien dans les lieux. Les autres lui obéirent, tout en demeurant sur le qui-vive. Un acteur se posta en sentinelle à chaque fenêtre. Pauline elle-même n'avait pas le cœur à retourner dans la chambre avec Armand. A tout hasard, on prépara les balluchons. Ainsi, dès la première étincelle, pourrait-on se précipiter dehors. Une veillée d'armes. Des profils tendus au cran d'arrêt. Les dames ne s'étaient même pas maquillées. Mme Périgny priait, à genoux devant son lit, les yeux levés sur un crucifix fleuri de buis sec. Vers le soir, l'horizon se chargea de nuages. Des gouttes d'eau cinglèrent les vitres. Mme Périgny apparut, le buste véhément et la face sanctifiée.

— Sauvés ! cria-t-elle. Nous sommes sauvés ! Dieu a entendu mes prières !

— Ne vous réjouissez pas trop tôt ! dit Armand. Ce n'est peut-être qu'une ondée !

Mais la pluie se renforçait. Le ciel crevait en cataractes. Des trombes d'eau tombaient sur la ville en flammes. Déjà l'éclairage n'était plus le même. Le rougeoiement infernal se transformait en une pénombre crasseuse. De tous côtés, des brasiers mouraient en fumées. La boue avalait le feu. Le vent fléchissait. On n'entendait plus, au loin, qu'un ruissellement bénéfique. Les acteurs se regardaient avec une allégresse incrédule sur le visage.

— Un miracle ! Un miracle ! répétait Mme Périgny, les mains jointes à hauteur des lèvres.

Elle retourna prier. On défit les balluchons. Pauline se réfugia dans les bras d'Armand. Elle avait eu très peur. Il lui en restait, dans tout le corps, un frémissement nerveux qui la rendait encore plus désirable. Jérôme Saint-Clair jura que, pour fêter l'événement, il allait préparer « un balthasar intime ». On se coucha tard, après le souper.

Le jour suivant, le déluge continua. Armand et Pauline passèrent dans leur chambre le plus clair de leur temps, bercés par le chant de la pluie. Le murmure liquide qui les enveloppait était leur meilleure sauvegarde. Ils avaient quitté la terre et naviguaient au jugé, dans la brume. Quand l'arche toucherait-elle le sommet du mont Ararat ? Encore une nuit de ruissellements, d'égouttements, de clapotis multiples. La tôle des toits résonnait sous les flèches drues, les gouttières déglutissaient l'eau du ciel avec des hoquets de joie, les flaques crépitaient, pleines de bulles, des ruisseaux serpentaient partout entre de spongieux décombres.

Au milieu de cet énorme délayage, Armand se demandait si sa rencontre avec Pauline n'avait pas une signification plus mystérieuse, plus profonde que les apparences ne le laissaient supposer. De même qu'il était partagé entre deux patries, l'une réelle, évidente, présente — la Russie, l'autre irréelle, lointaine, théorique — la France, de même il était partagé entre son amour physique pour Pauline et son amour platonique pour Nathalie Ivanovna. Mais, à l'inverse de ce qui se passait pour les deux pays qui se disputaient son cœur, c'était la Russe qui était inaccessible et la Française qui était vraie.

Au matin, en ouvrant la fenêtre, il constata qu'il n'y avait plus une flamme alentour. Les couleurs rouge et or avaient disparu de l'horizon. Tout était noir et gris, mouillé, mâchuré, vaporeux, édenté, hideux, fangeux, éteint, fumant. La pluie avait cessé. Un crêpe funèbre flottait au-dessus des ruines calcinées. L'air refroidi sentait le tison humide. Les corneilles étaient revenues. On les entendait croasser, furieuses de ne pas retrouver leurs perchoirs habituels. Tout à coup Armand ne tint plus en place. Maintenant que l'incendie était conjuré, il avait hâte de revoir sa ville. Du moins ce qu'il en restait. Il proposa à Pauline de l'accompagner. Elle refusa : elle ne voulait pas, disait-elle, patauger avec ses petits brodequins de peau dans la boue. Mais elle comprenait fort bien qu'il fût impatient de se rendre compte, par ses propres yeux, de l'étendue des dégâts. Il l'embrassa avec effusion, comme s'il l'eût quittée pour un long voyage, se drapa dans son manteau espagnol et sortit, avec, sur ses talons, Jérôme Saint-Clair qui, lui aussi, voulait voir « les vestiges de Rome après l'incendie ordonné par Néron ».

Les rues avoisinant le Pont-des-Maréchaux n'avaient que peu souffert. Mais, à mesure qu'Armand s'éloignait de la maison, il s'engageait plus avant dans le cauchemar. Des quartiers entiers avaient été rasés par les flammes. Il était difficile de retrouver son chemin au milieu des terrains vagues où se dressaient, çà et là, un poêle de faïence, la tour branlante d'une cheminée, un pan de mur calciné aux croisées béantes. Ces points de repère étaient comme les baliveaux d'une forêt abattue. Plus rien ne brûlait, mais, hors des décombres noircis, des colonnes de fumée s'élevaient paisiblement vers le ciel. Le disque du soleil rougeoyait derrière cet écran de vapeurs méphytiques. Une odeur de putré-faction corrodait la gorge. Les bottes Louis XIII d'Armand s'enfonçaient jusqu'à la cheville dans une gadoue charbonneuse. Le passage entre les îlots de ruines était encombré de ferrailles tordues, de meubles brisés, d'ustensiles de ménage abandonnés par des pillards. Parfois on butait sur un cadavre d'homme à demi grillé, les membres contractés, le cuir de la face craquelé et rongé jusqu'à l'os, ou sur un cheval crevé, aux jambes raides et au ventre ballonné et bleui. Des chiens maigres, le poil collé de boue, la queue entre les pattes, furetaient dans les immondices. L'un d'eux, perché sur un tas de moellons, hurlait à la mort. Quatre pendus se balançaient à une potence, avec leurs pan-cartes d'incendiaires sur la poitrine. Fusillés pour l'exemple. L'exécution devait être récente, car personne ne leur avait encore volé leur chemise.

Quelques églises, construites en pierre, étaient demeurées debout. Armand et Jérôme Saint-Clair s'approchèrent de l'une d'elles, dont le portail ouvert laissait filtrer une rumeur de vie. Dans la pénombre, ils ne virent d'abord qu'un moutonnement de croupes lus-trées qui se succédaient jusqu'à l'iconostase. Les Fran-çais avaient transformé le temple en écurie. Aux murs, les images sacrées considéraient de leurs larges yeux byzantins tous ces chevaux rangés côte à côte, qui foulaient leur litière de paille et lâchaient des bordées de crottin dans le sanctuaire. Les hennissements des bêtes et les jurons des soldats remplaçaient les hymnes religieux sous la haute voûte peinte où flottait le Dieu Sabbaoth. Un garde d'écurie débraillé, tenant une bou-teille à la main, ordonna à Armand et à Jérôme Saint-Clair de déguerpir.

Ils continuèrent leur chemin vers la Place Rouge. Des rideaux de gaze impalpable les entouraient. A de longs intervalles, ils rencontraient, au milieu des ruines, des habitants à l'allure somnambulique. Déguenillés, hagards, ces spectres passaient les uns à côté des autres sans se parler, sans se reconnaître. Tous paraissaient être à la recherche de quelque chose : un bout de pain, un être cher... Devant le soupirail d'un hôtel de pierre, un attroupement s'était formé spontanément. Piétinant et se bousculant, des hommes, des femmes, des enfants attendaient que la cave fumante eût refroidi pour descendre y voler quelques provisions épargnées par le feu. Ailleurs, aux abords d'un magasin détruit, des troglodytes fouillaient les monceaux de cendres et en retiraient qui une balle de thé détrempé, qui des pains de sucre roussi, qui un sac de farine agglomérée par l'eau. La faim tiraillait l'estomac d'Armand. Il n'avait rien avalé à son réveil qu'un peu de thé tiède. Par instants, sa vue se brouillait, une nausée emplissait sa bouche.

A une grille de fer forgé, qui défendait un désert fuligineux, il aperçut un écriteau en français : « Famille Kataïeff. Nous sommes tous sains et saufs. Si vous nous cherchez, allez à la maison Popoff, rue de l'Arbate. Nous y avons trouvé refuge. Que Dieu vous garde comme il nous a gardés. » Un peu plus loin, un autre écriteau, planté au sommet d'un pieu, devant une colline de détritus, précisait que la famille Doubrovine campait au cimetière Védensky.

En arrivant sur la Place Rouge, Armand constata avec soulagement que le Kremlin était intact, avec ses églises blanches, ses coupoles dorées et la haute tour d'Ivan-Véliky. Mais, de l'autre côté de la vaste esplanade, les mille magasins du Gostiny Dvor n'étaient plus qu'un squelette de poutrelles noires entrecroisées, d'où la fumée s'échappait par volutes. Autour de cette énorme carcasse éventrée, régnait un va-et-vient incessant de militaires français, wurtembergeois, bavarois... Tous couraient à la maraude. Ce n'était plus une armée, mais une grande foire, où les soldats, métamorphosés en trafiquants, vendaient à vil prix les denrées

132

qu'ils avaient soustraites aux sous-sols à demi carbonisés des boutiques. Certains portaient trois ou quatre pelisses sur le dos et des colliers de femme autour du cou. Leurs bonnets d'ourson étaient flambés sur le côté, leurs mains noires. Ils interpellaient les passants, vantaient leur marchandise, proposaient de troquer un col de renard contre une paire de bottes. Dans les rues avoisinantes, des vivandières avaient dressé un étalage de fortune pour débiter le produit de leurs larcins. La face échauffée, le bonnet de police planté de travers, un dolman vert à brandebourgs gonflé par la rotondité de la poitrine, elles appelaient le chaland à grands cris comme dans un marché de village. Même Jérôme Saint-Clair en était indigné.

— Comment Napoléon peut-il tolérer cela? marmonna-t-il.

— Il y est bien obligé, dit Armand. La troupe échappe à son autorité. Il leur a promis monts et merveilles, il ne peut les décevoir maintenant. Encore quelques jours, et la Grande Armée ne sera plus qu'un ramassis de hors-la-loi !

En les entendant parler français, une femme, vêtue d'une sorte de sac de bure, l'œil exorbité dans une face maigre, maculée de suie, s'approcha d'eux et leur proposa, en français également, sa fille de quinze ans, « toute fraîche, toute innocente, de première main, pour pas cher ». Elle murmurait son offre rapidement, sans buter sur les mots. Était-ce une personne de la société? Armand, ulcéré, la planta là sans répondre.

Jérôme Saint-Clair espérait trouver trace des autres acteurs, qui habitaient pour la plupart dans la partie sud du quartier de la Tverskaïa. Mais, chaque fois, à la place de la maison recherchée, il découvrait un champ de ruines. De guerre lasse, il accepta de suivre Armand jusqu'à l'église Saint-Louis des Français. Peut-être l'abbé Surugue, qui connaissait toute la colonie française de Moscou, serait-il en mesure de les renseigner?

Ils revinrent sur leurs pas, marchant vers le nord, dans un paysage de cataclysme. L'air puait le bois et la laine brûlés, la vase, la charogne, la fétidité des entrailles. Entre les récifs enfumés, rôdaient, ombres furtives, les pilleurs d'épaves, les détrousseurs de cadavres. Par miracle, l'église Saint-Louis des Français, ainsi que toutes les petites maisons en planches qui l'entouraient, avait été épargnée par les flammes. L'abbé Surugue se démenait au milieu d'une foule de réfugiés éplorés qui encombraient le presbytère. Il répondit aux questions d'Armand d'un air exténué, douloureux et distrait. Non, il ne savait pas où étaient passés les autres acteurs. Oui, s'il l'apprenait il leur donnerait l'adresse de M. Froux. En attendant, lui, il manquait de locaux pour abriter tous les malheureux compatriotes qui imploraient son aide. Bien que furieusement hostile à l'envahisseur, il avait sollicité des autorités françaises une sauvegarde et des vivres pour les ouailles rassemblées autour de lui. Cette faveur lui avait été accordée par Napoléon. Il le regrettait presque, disait-il, pour l'intégrité de son ressentiment. Dimanche, il célébrerait la messe comme à l'accoutumée. Mais il savait déjà qu'il n'y aurait pas un représentant de l'armée dans l'église. Ces gens-là, du plus haut général au dernier soldat, étaient des mécréants.

— Depuis qu'ils sont là, pas un n'est venu prier dans notre sanctuaire, dit-il avec dépit. Ils postent des sentinelles devant la porte du temple. Mais ils se gardent bien d'en franchir le seuil !

On l'appelait de tous côtés. Sa soutane noire, crottée du bas, et ses cheveux blancs, légers comme de la bourre de soie, volaient de groupe en groupe. Armand le laissa à son ministère de charité et entraîna Jérôme Saint-Clair dans la rue. Son idée fixe maintenant était de retourner sur les lieux où s'élevait naguère l'heureuse demeure des Béreznikoff. Pour parvenir à cet emplacement, il s'orienta sur les clochers des églises, seuls promontoires intangibles dans un univers horizontal. Soudain il fut devant un vaste fouillis brunâtre, humide et fumant, d'où émergeaient des gaines de cheminées en brique. Un escalier à la rampe de fer s'arrêtait net au-dessus du vide. Les tôles tordues de la toiture gisaient à terre, ouvrant des ailes géantes et nervurées de chauve-souris. Un entassement de poutres calcinées barrait la route. Sur la droite cependant, le grand chêne n'avait pas entièrement brûlé. Torche éteinte par la pluie, il tendait encore quelques moignons de branches, nues comme des crayons de fusain. Malgré cette indication, Armand ne put retrouver la tombe de son père. Comme il s'y attendait, la croix avait disparu dans la fournaise. Le tertre nivelé se confondait avec l'épais matelas de cendres. Armand piétinait ce sol meuble, amorphe, anonyme, sans savoir vers quel point diriger sa pensée. Et les Béreznikoff, à Nikolskoïé, ne se doutaient même pas de l'ampleur du désastre. Il imagina la douleur de Nathalie Ivanovna devant un pareil tableau, le masque fermé de Paul Arkadiévitch, les larmes de Vassilissa gémissant sur l'abandon du foyer par le *domovoï,* génie bienfaisant qui s'était enfui, pour sûr, la barbe grillée, à travers les flammes. La *niania* affirmait que, quand le *domovoï* désertait un logis, il fallait, pour le ramener, déposer, à minuit, un morceau de pain blanc et du sel sur le seuil. Mais il n'y avait plus de seuil à la maison des Béreznikoff. Armand finit par dire :

— Nous n'avons rien à faire ici. Allons-nous-en !

Cependant Jérôme Saint-Clair n'était déjà plus auprès de lui. En se retournant, Armand l'aperçut qui déblayait l'entrée d'une cave. Il y allait à deux mains, roulant des pierres, écartant des madriers, tirant sur des barres de fer, rejetant au loin une brique.

— Venez voir! cria-t-il. Je crois que nous trouverons de quoi manger, par ici!

Manger! Ce mot, soudain, occupa toute la pensée d'Armand. Ses tiraillements le reprirent. Il avait du plomb dans la tête. Sa bouche salivait. Il rejoignit Jérôme Saint-Clair et, ensemble, ils achevèrent d'agrandir le trou. Les ongles cassés, les cheveux pleins de terre, Armand se laissa glisser par le soupirail. Jérôme Saint-Clair le suivit. Une faible clarté tombait par l'ouverture dégagée. Ils s'orientèrent dans la pénombre. C'était la cave à provisions d'hiver des Béreznikoff. Mais tout avait flambé. Pas un tonneau de marinade, pas un sac de pommes de terre, pas une caisse de fruits secs. Les bocaux de verre même et les bouteilles avaient éclaté sous l'effet de la chaleur. Le sol était une marmelade de cendres, de débris, de vinasse, de pourriture alimentaire. Des rats gras et agiles se promenaient tranquillement dans ce cloaque. Ils ne se dérangèrent pas à l'approche des deux hommes.

— Laissez donc! dit Armand. Vous voyez bien que tout est perdu!

Mais Jérôme Saint-Clair s'obstinait. En creusant le tuf à pleins ongles, il dénicha, ordures parmi les ordures, quelques betteraves, des oignons, un chou-fleur à demi grignoté.

— Regardez! Regardez! criait-il avec enthousiasme. C'est bon, ça! C'est excellent!

Saisi par l'émulation, Armand s'accroupit à son tour pour sonder le sol. Ils s'interpellaient joyeusement à chaque découverte. Comme dans une forêt pendant la cueillette des champignons. L'apogée de cette recherche fut la mise au jour d'un morceau de lard à demi carbonisé. Jérôme Saint-Clair s'était, à tout hasard, muni d'un sac. Armand et lui y entassaient, au fur et à mesure, leur récolte. A tout moment, il leur fallait chasser les rats, qui venaient les renifler de près. Enfin, ne trouvant plus rien de comestible, les deux hommes renoncèrent.

— Il y aura de quoi faire un bon brouet ! décréta Jérôme Saint-Clair.

Revenus à l'air libre, ils ne purent résister à la tentation de croquer, séance tenante, un oignon. L'oignon avait un goût de terre et de fumée. Armand le mastiquait avec délices en marchant dans un site plat, hérissé de termitières.

A la maison, toute la compagnie attendait les deux explorateurs avec impatience. Leur longue absence avait alarmé les dames. Elles les couvrirent de compliments en les voyant déballer les victuailles et se précipitèrent, en essaim joyeux, à la cuisine. Puis, la soupe sur le feu, elles revinrent s'inquiéter de l'état de la ville. Armand et Jérôme Saint-Clair racontèrent ce qu'ils avaient vu. L'auditoire s'apitoya. Cependant il sembla à Armand que personne, hormis lui, n'avait réellement conscience du ravage. Même le fait d'avoir perdu contact avec le reste de la troupe ne paraissait plus guère affecter les acteurs réunis au salon. En vérité, ils étaient tous surchauffés par « une grande nouvelle », qu'ils annoncèrent avec volubilité en se coupant la parole. Un colonel des hussards, nommé Barderoux, avait emménagé, avec son ordonnance, dans le petit appartement du dessus. Fort civilement, il avait rendu visite à ses voisins en les assurant de sa sollicitude et en les priant à souper pour le lundi prochain. Ce serait, à coup sûr, une protection utile dans le dénuement où l'on se trouvait. Pauline semblait enchantée de l'aubaine. Armand eût voulu refuser l'invitation, mais la pensée de manger, pour une fois, à sa faim, fût-ce avec un officier français, désarmait sa critique. Le ventre creux, le cerveau vide, il se découvrait prêt à toutes les concessions. Pauline le considérait avec un mélange d'ironie et de tendresse.

En attendant ce repas prié, on se mit à table autour d'une soupière pleine d'un potage maigre, au fumet étrange. Mais l'appétit de tous était si vif, que les cuillers allaient bon train. Armand ne dégustait pas, il s'emplissait, il se bourrait, il calmait sa fringale. Bientôt, autour de lui, le babillage reprit entre des convives qui, sans être rassasiés, n'étaient plus obsédés par la nourriture. Assis à côté de Pauline, il baignait dans les mille vaguelettes d'une conversation française. Autrefois, chez les Béreznikoff, on parlait aussi le français, évidemment, mais par raffinement, par jeu, par politesse; ici, le français, c'était la nature même; on ne pouvait s'exprimer autrement. Il eut tout à coup la nostalgie du russe. Le russe, aujourd'hui, représentait la langue de la tristesse, de la misère, de la défaite, de la dignité. Penser en russe, c'était se sentir à la fois blessé et magnifié. Il entendait les réparties de ses voisins et ne pouvait même pas sourire. Il avait toutes les ruines de Moscou sur le cœur.

Quand il se retrouva seul, avec Pauline, dans la chambre, elle lui reprocha son abattement.

— Si tu avais vu, comme moi, ces décombres, cette détresse ! gémit-il. C'est trop injuste !

— Nous n'y pouvons rien, mon amour. Ressaisis-toi, réagis...

— C'est au-dessus de mes forces.

— Tu es un enfant. Tes accès ne changeront rien. La sagesse n'est pas dans la révolte, mais dans l'adaptation aux circonstances.

— Les circonstances..., c'est-à-dire la présence des Français à Moscou !

— Qu'as-tu contre les Français?

— Tout est de leur faute !

— Mais non ! Il n'y a pas d'un côté les bons qui sont sous l'uniforme russe et, d'un autre, les méchants qui sont sous l'uniforme français !

— Si !

— Comment peux-tu être à ce point hostile au pays de ta naissance?

— Le pays de ma naissance, c'est la Russie.

— Je croyais que tu avais vu le jour à Paris!

— J'ai quitté Paris tellement jeune que, pour moi, c'est comme si je n'y avais jamais vécu.

— Il n'est pas nécessaire d'avoir vécu longtemps sur une terre pour être imprégné de son climat, de son esprit. Bien que tu aies grandi en Russie, il te manquera toujours quelque chose pour être Russe. Et, bien que tu ne connaisses rien de la France, tu es français, sans le vouloir, par le sang. Aucune éducation n'efface tout à fait l'origine. Tu juges mal la France. Ton père t'a tourné la tête avec ses rancœurs d'émigré. Moi, qui me trouvais, il y a quatre ans encore, à Paris, je puis t'affirmer que l'existence y était brillante et douce, que l'on y rencontrait les gens les plus aimables et les plus cultivés, que les arts et les lettres y étaient à l'honneur...

— Tout cela sous la botte de Napoléon!

— Laisse donc la politique!

— Il y a des époques où l'on ne peut s'en désintéresser.

— Je t'assure que si! Tant que tu vivras pour des idées, tu seras malheureux. Pense à toi, pense à nous. Viens dans mes bras...

— Tu raisonnes en femme, soupira-t-il. Tu ne peux comprendre...

Mais déjà il n'était plus très sûr de ses arguments. Il suffisait qu'elle le regardât d'une certaine façon, pour qu'il eût envie de devenir son complice dans la négation du passé. Ce perpétuel désir qu'il avait d'elle l'effrayait un peu. L'accord final les jeta, une fois de plus, brisés et haletants, l'un sur l'autre. Fou de gratitude, il couvrit de baisers cette face expirante que la pénombre réduisait à l'éclat des yeux et des dents. Et tout à coup, sans y penser, il lui chuchota des mots tendres en russe. Des mots qu'il aurait pu dire à Nathalie Ivanovna. C'était bon, c'était doux, cela venait de l'enfance. D'abord interloquée, Pauline lui répondit, en russe également. Elle savait trois ou quatre formules de gentillesse, apprises sans doute dans les coulisses. Mais elle les prononçait avec un accent français si comique qu'il en fut heurté. Ce n'était pas avec elle qu'il pourrait vivre dans deux pays à la fois.

10

Où diable le colonel Barderoux avait-il trouvé deux poulets? C'était peu pour neuf personnes, mais la chair de ces chétives volailles parfumait le riz, lequel du moins était servi en abondance. Des flambeaux éclairaient la table. Les visages des dames étaient comme illuminés de l'intérieur. Leurs narines avaient des transparences délicates. Toutes s'étaient mises sur leur trente et un. Les brandebourgs du colonel lui élargissaient la poitrine. Grand, avec un œil bleu de myosotis, une mâchoire prognathe et des favoris blonds ébouriffés, il semblait chevaucher, à la tête de son régiment, même lorsqu'il était assis sur une chaise. Ses gestes étaient amples, sa voix grasseyante. Sur un signe de lui, son ordonnance, portant un tablier blanc sur un uniforme vert, repassa le plat. Chacun se resservit sans vergogne. Armand, la bouche pleine, éprouvait dans tout son être une satisfaction animale. Il avait beau se dire qu'il se gobergeait chez l'ennemi, le plaisir l'emportait sur le scrupule. Le vin, un excellent bordeaux, recueillit les suffrages des connaisseurs. Il était servi dans de grands verres en cristal taillé. Les couverts d'argent massif, avec des initiales russes gravées dans le manche, appartenaient, eux aussi, au propriétaire en fuite. Celui qui recevait était un imposteur. Et puis après? En tout cas il ne paraissait nullement gêné de sa position fausse. La guerre vous donne de ces droits!... En face de lui, Pauline, dans sa robe blanche à palmettes vertes, rayonnait. Ses seins, haussés et gonflés par la pression d'une large ceinture émeraude, remplissaient doucement l'échancrure carrée de son corsage. Ne craignait-elle pas, en respirant trop fort, de se découvrir plus bas qu'elle ne l'aurait voulu? Obsédé par cette idée, Armand ne quittait pas des yeux la lisière du décolleté. Coiffée à la Cléopâtre, la tête légèrement inclinée sur le côté, la jeune femme interrogeait son hôte sur les potins de Paris, où il se trouvait encore l'année précédente. Sans se faire prier, le colonel Barderoux célébrait avec lyrisme cette « ville merveilleuse », dont il avait dû s'arracher pour obéir à « la dure loi de Bellone ». Il évoqua les fêtes de Saint-Cloud en l'honneur du roi de Rome, les théâtres bondés, le succès insensé de la *Cendrillon* de Nicolo à l'Opéra-Comique, les réunions élégantes chez les pâtissiers Félix, Rouget...

— Voit-on toujours beaucoup de monde chez Tortoni? demandait-elle.

— De plus en plus! répondait le colonel. Si je vous disais qu'il supplantera bientôt Riche et Hardi!

— Et les bals?

— Tous les bourgeois en donnent à l'envi. On y danse la « monaco » et la « gigue ».

— Et que portent les élégantes?

— Quelle question à poser à un militaire! Quand j'étais à Paris, je prêtais plus attention au visage des dames qu'à leurs atours. Cependant je puis vous dire que votre robe de ce soir aurait été parfaitement à la mode.

— « On ne vit qu'à Paris et l'on végète ailleurs! » récita Bellecour.

— Brunet a-t-il toujours autant d'admirateurs? interrogea Céleste Lamiral.

— Oui, dit le colonel Barderoux. Mais il partage son triomphe, aux Variétés, avec Potier et Tiercelin.

— Est-ce possible? piaula Mme Périgny.

— On les invite même à jouer dans les salles de spectacle des particuliers. Ainsi le comte Régnaud de Saint-Jean-d'Angély les avait priés, d'après ce que l'on m'a raconté, à venir chez lui, devant une nombreuse compagnie et...

Tandis que le colonel Barderoux parlait, Pauline se penchait en avant, les joues roses, les yeux scintillants, comme s'il eût ouvert, devant elle, un coffre plein de bijoux de pacotille. Toute sa face était éclairée par la prétintaille et le clinquant de la vie parisienne. Son pays lui manquait-il tellement? Armand souffrait de sentir tout à coup, entre elle et lui, cette distance géographique. Il en voulait au colonel Barderoux de sa faconde. C'était, pensait-il, un aimable de salon sous la moustache d'un soldat. Un fromage indéfinissable fit diversion à son dépit. Avec le dessert, qui était un gâteau piqué de fruits confits, apparut un assez mauvais champagne de Crimée. Mme Périgny s'empiffrait, congestionnée et la lèvre grasse.

Péroud, crochu comme un vautour, déclama du Voltaire :

« Chacun vantait la paix, que partout on chassa.

« On dit que seulement par grâce on lui laissa

« Deux asiles fort doux : c'est le lit et la table.

« Puisse-t-elle y fixer un règne un peu durable ! »

— *Plaudite cives* (1)! dit Bellecour avec un geste large.

Tout le monde applaudit.

— « Il est doux de voir ses amis par goût et par estime ! » s'écria Péroud en dressant un doigt.

_____

(1) Applaudissez, citoyens !

— C'est de toi? demanda Apolline Anthony.

— Non, de La Bruyère!

— La Bruyère m'ennuie!

— Moi, il m'enchante! dit Céleste Lamiral. Pour un homme tel que lui, je me serais damnée!

— « Ah! suppôt de Satan! Exécrable damnée! » récita Bellecour.

Armand les jugea très drôles dans leurs citations et leurs répartie. Ils se jetaient des bribes de rôles à la tête. Leurs visages étaient, une fois pour toutes, éclairés par les feux de la rampe. Dire que son père, jadis, parlait des comédiens avec un tel mépris! Il les appelait « des cacatoès ». Vraiment il était d'un autre siècle. Les sœurs Lamiral supplièrent Pauline de chanter quelque chose. Pauline s'excusa de ne pouvoir le faire, ayant perdu sa voix, l'hiver précédent, à la suite d'un chaud et froid. Mais le colonel Barderoux insista. Il s'installa même au pianoforte du petit salon et prit quelques accords. Un guerrier musicien. Pauline paraissait subjuguée. Il demanda :

— Connaissez-vous la romance du *Chevalier qui volait aux combats*?

Elle sourit. Oui, elle la connaissait. Une main mollement appuyée à son corsage, elle fredonna :

« Un chevalier qui volait aux combats

« Par ses adieux consolait son amie,

« — Au champ d'honneur l'amour guide mes pas.

« Arme mon bras, ne crains rien pour ma vie.

« Je reviendrai ceint d'un double laurier,

« Un amant que l'amour inspire

« Du troubadour sait accorder la lyre

« Et diriger la lance du guerrier... »

La voie était voilée, fragile, mais si mélodieuse qu'en l'écoutant Armand avait l'impression de quitter la terre. N'était-il pas victime d'un de ces envoûtements dont parlait Vassilissa? Les *roussalki* des vieux contes russes, filles impudiques de la rivière, avaient ainsi le pouvoir d'ensorceler ceux qui prêtaient l'oreille à leurs complaintes. Pauline chanta encore *la Belle de Scio* et *la Sentinelle appuyée sur sa lance*. Puis elle se laissa descendre, exténuée et confuse, dans un fauteuil et s'éventa avec son mouchoir, tandis qu'on l'acclamait. Le petit salon était entouré de divans très bas, tout encombrés de coussins. Aux murs, tendus de velours cramoisi à ramages, pendaient des yatagans, des poignards, des pipes, des sachets de tabac turcs, des porte-cigares. Sur une table, se trouvaient un carafon de rhum et un réchaud à l'esprit-de-vin, sur une autre, un désordre d'écritoires, de plumes et de papiers. Le sol était jonché de tapis du Caucase, aux couleurs vives. Sans doute l'ancien maître des lieux était-il un célibataire épris d'exotisme. Le colonel Barderoux alluma une longue pipe en bois de santal et Péroud, avec beaucoup d'à-propos, déclama :

« Quoi qu'en dise Aristote et sa docte cabale,

« Le tabac est divin, il n'est rien qui l'égale ! »

Il accepta un petit cigare. Armand, pour sa part, refusa d'un geste. La conversation s'égara sur des futilités. Puis on parla des désastres de la guerre. Tout en rendant hommage au génie militaire de Napoléon, le colonel Barderoux déplorait ce qu'il appelait « la terrible aventure russe ». D'après lui, cet affrontement aurait pu être évité si le tsar Alexandre s'était montré plus ouvert aux suggestions de l'empereur. C'était l'Angleterre, la diabolique Angleterre, qui avait provoqué la rupture en poussant la Russie à violer le blocus continental et à émettre des prétentions inconsidérées sur la Pologne. En tout cas, lui, Barderoux, croyait à une paix prochaine. Napoléon venait de rentrer au Kremlin. Son premier soin serait de faire nettoyer et assainir la ville. C'était un tel organisateur ! Les affres des habitants cesseraient bientôt, le ravitaillement s'améliorerait...

— Je tenterai personnellement l'impossible, vous

vous en doutez bien, dit le colonel Barderoux, pour faire aller votre marmite !

Un murmure de remerciements accueillit cette promesse. On servit les alcools. Un magistral cognac ! Armand l'avalait à petites gorgées. Sa langue était brûlante et légère. Son esprit planait, les ailes grandes ouvertes. Il songea soudain que, pour un Français, la question primordiale était : « Comment vivre ? » Et, pour un Russe : « Pourquoi vivre ? » Jamais il ne s'était senti plus russe. Bellecour et Péroud s'empoignaient maintenant au sujet de Talma qui, disait le premier, avait trahi Corneille par son interprétation d'Auguste dans *Cinna*, alors que, d'après le second, il avait restitué l'esprit du rôle avec une fidélité exemplaire. Puis on passa à Mlle George et à Mlle Duchesnois qui, bien sûr, avaient des qualités, mais dont, selon Mme Périgny, aucune n'égalait Mlle Raucourt. Toutes les dames se mêlèrent au débat. Pauline n'était pas la moins passionnée. De nouveau Armand lorgna sa poitrine captive, émouvante. Elle parlait de gens qu'il ne connaissait pas, de problèmes auxquels il n'attachait aucune importance, et cependant il ne pouvait se rassasier de son bavardage. Le colonel Barderoux s'approcha de lui, le verre à la main. Ils échangèrent un regard de connivence.

— Elle est très belle, dit l'officier.

Armand ne sut si ce compliment le flattait ou l'irritait. Sa vanité se nuançait d'inquiétude. Il eût été désolé que Pauline ne recueillît aucun suffrage et il souffrait de la sentir admirée par un étranger. Pour lui parler ainsi, cet homme avait sûrement deviné qu'il était du dernier bien avec elle. Cette pensée le rasséréna.

— Oui, très belle, dit-il avec difficulté.

Il y eut un silence. Le colonel Barderoux chauffait le cognac dans son verre, tenu à pleine main. Au bout d'un moment, il murmura :

— Vous êtes fils d'émigré, d'après ce que m'ont dit vos amis!

— En effet, répliqua Armand avec vivacité. Cela vous heurte?

— Nullement. Toutes les opinions sont respectables, pourvu qu'un grand cœur les soutienne.

Armand but une longue rasade de cognac et tendit son verre à l'ordonnance qui le remplit. Le colonel Barderoux ne le quittait pas des yeux. Il y avait sur ce visage rude, cuivré et moustachu, un air de santé et de sympathie.

— Est-il vrai que vous avez tout perdu dans les flammes de Moscou? reprit-il.

— Oui, dit Armand.

— Mais pourquoi n'avez-vous pas fui la ville au moment du grand exode de la population?

— J'ai essayé, aussitôt après l'incendie de notre maison, mais des soldats français m'ont volé mon unique cheval.

— Si vous en voulez un de remplacement...

Décontenancé, Armand se demanda si le colonel Barderoux ne se moquait pas de lui. Mais non, l'officier français le scrutait avec un grand sérieux en sirotant son cognac.

— Pourquoi feriez-vous cela? dit Armand.

— Pour vous rendre service.

— De toute façon, je ne pourrais pas quitter la ville!

— Mais si! Je vous ferais délivrer un laissez-passer. Vous vous joindriez à nos fourrageurs qui vont, chaque jour, dans les campagnes environnantes, pour s'approvisionner. Et, une fois sur la route, adieu la compagnie!

Immédiatement Armand pensa à Nathalie Ivanovna. Une chance lui était donnée de la rejoindre. Après tant d'efforts infructueux! Mais cette barrière brusquement levée devant lui ne signifiait plus rien. Déchiré, paralysé, il bredouilla:

— Je vous remercie...

146

— Vous n'aurez qu'à m'indiquer le jour! dit le colonel Barderoux dans un demi-sourire.

Une idée cingla Armand de haut en bas : « Il veut m'éloigner de Pauline ! » Le colonel, tout à coup, lui apparut sous un aspect retors. Il le vit poussant ses pions, subrepticement, sur l'échiquier. Les militaires français n'avaient-ils pas une terrible réputation de galanterie?

— Si vous le permettez, je vais réfléchir encore, dit-il.

— Ne tardez pas trop, dit le colonel Barderoux. Les circonstances changent vite, en temps de guerre.

Et il se rapprocha de ses autres invités. Armand, indécis, mesurait la métamorphose qui s'était opérée en lui à la faveur des événements. Quelques jours plus tôt, il n'eût pas hésité à profiter de cette occasion de fuite. Ce soir, il la considérait comme un traquenard indigne. Et pourtant, quand il se regardait dans une glace, c'était bien son visage d'autrefois qu'il voyait. On avait changé le cœur en gardant l'enveloppe. Il but encore du cognac. Pauline était de plus en plus belle, de plus en plus lascive. Le colonel Barderoux la couvrait de compliments. Mais elle n'y prêtait qu'une attention de politesse. A tout moment, c'était vers Armand qu'elle reportait ses regards. Sur le tard, elle accepta de chanter encore ces strophes d'*Atala* :

« Heureux qui n'a point vu l'étranger dans ses
                                        [fêtes,
« Qui, ne connaissant point les secours dédaigneux,
« A toujours respiré, même au sein des tempêtes,
« L'air que respiraient ses aïeux. »

Il se dit que l'allusion était transparente. Ce chant était celui de l'exilé. Donc le sien. Elle comprenait ses doutes, ses souffrances. Elle était une sainte, une magicienne, une diablesse, une *roussalka* française. Il l'adorait, il la désirait, il la craignait, il avait de l'amitié pour tous ceux dont elle avait choisi de s'entourer, et même pour ce colonel Barderoux, avec ses favoris, sa moustache et ses brandebourgs. Un personnage de goût et de courage, un brin roublard, certes, mais il avait une excuse. Quel homme, devant Pauline, ne se fût pas découvert des instincts de loup ravisseur?

Il était quatre heures du matin, quand les acteurs regagnèrent leur appartement. La tête d'Armand était lourde, son esprit brouillé. N'était-il pas un peu ivre? Pourtant d'habitude il supportait bien l'alcool. Une fois dans la chambre, Pauline se déshabilla devant lui avec une lenteur calculée. Elle retira les épingles de sa coiffure et secoua ses cheveux sans lui permettre d'approcher. Ses souliers tombèrent, ses bas s'envolèrent, sa robe blanche à palmettes se coucha, vide, sur le dossier d'une chaise. Ainsi allégée, la jeune femme déambulait, en corset et jupon, fouettant Armand, au passage, de son parfum échauffé. Ses seins s'arrondissaient dans le corset de basin, garni de percale, comme dans une moelleuse corbeille. Il se taisait, attentif au désir qui battait dans ses veines par saccades. Enfin elle vint à lui et exigea de le déshabiller elle-même. Elle lui ôta ses bottes, sa culotte, sa chemise. Il se laissait faire, tendu. Elle le caressa, elle s'allongea sur lui. Cette nuit était sans rapports avec les précédentes. Ou bien alors il avait perdu la mémoire ! Il n'aurait jamais cru que son corps pût être un tel objet d'exploration et de plaisir. Avec habileté, elle retardait l'instant de l'abandon. Il allait éclater, foudre en tête. Quitter Pauline? Jamais ! Dût-on lui offrir un carrosse attelé de douze chevaux !

Aussitôt après l'amour, il tomba dans un trou de sommeil. Plus tard, des rêves tumultueux le visitèrent. Il se vit, lancé au galop sur une route. Moscou flambait derrière ses épaules. Une berline à roues jaunes, lourdement chargée de bagages, roulait devant lui. Il devait coûte que coûte la rattraper. Penché sur l'encolure de son cheval, il l'encourageait, il le cravachait. La distance entre la berline et lui diminuait à chaque foulée.

Encore quelques secondes, et il pourrait *la* voir Nathalie Ivanovna, l'inaccessible ! Soudain le cheval choppa contre une pierre. Le paysage pivota sur un axe, la terre en haut, le ciel en bas. Armand se retrouva étalé dans une flaque de boue. La berline s'éloignait, cahotante, et disparaissait à l'horizon brumeux. Il s'éveilla, en larmes, et se signa par trois fois, dans le noir, comme lorsqu'il était enfant.

11

Ce fut par l'intermédiaire de l'abbé Surugue que les deux tronçons de la compagnie théâtrale se rejoignirent. Un matin, l'appartement de la rue du Pont-des-Maréchaux fut envahi par une cohorte bruyante et bizarrement attifée, que conduisait la directrice de la troupe, Mme Aurore Bursay. Les retrouvailles furent, à elles seules, un spectacle. On s'embrassait, on pleurait, on se racontait à qui mieux mieux les tribulations par lesquelles on était passé. Armand fut frappé par la mine flétrie des nouveaux venus. L'âge moyen des acteurs comme des actrices se situait autour de la cinquantaine. Mme Aurore Bursay, sous un fard épais, accusait même plus de soixante ans. Qui donc, dans cet étrange bataillon, jouait les jeunes premiers et les jeunes premières? Pauline, avec son frais visage, était perdue dans une assemblée de duègnes et de barbons. Sans doute les rares éléments ingambes de la petite communauté avaient-ils déserté Moscou dès l'ouverture des hostilités entre la France et la Russie. Lorsque les cris de bienvenue et de congratulation se furent espacés et que tout le monde eut pris place dans le salon, Mme Aurore Bursay réclama le silence. Elle était porteuse d'une grande nouvelle qui donnait de la solennité à son masque coloré et mafflu.

— Ce que j'ai à vous dire, et que vos camarades qui vivaient avec moi savent déjà, commença-t-elle, est d'une si haute importance que j'ai remué ciel et terre pour vous retrouver. Comme chante Calpigi dans *Tarare* : « Tous mes acteurs sont dispersés ! » Nous voici réunis. Il était temps. Écoutez : ayant appris la présence de comédiens français dans la ville, l'empereur, à peine revenu au Kremlin, a ordonné à M. de Bausset, préfet du palais impérial, de les faire rechercher et de les aider à organiser des spectacles pour le divertissement de l'armée.

Il y eut un point d'orgue, une sorte de creux, pendant lequel toutes les respirations furent suspendues. La stupeur figeait le visage de ceux qui, dans la troupe reconstituée, n'étaient encore au courant de rien. Observant Pauline à la dérobée, Armand lui trouva un air de fierté, comme si, en proclamant son exigence, Napoléon l'eût décorée sur le champ de bataille. Rendue à sa dignité d'artiste, elle se préparait à servir dans le rang avec abnégation. Aussi ému qu'elle, Bellecour redressait sa tête de vieux fauve roux et pelé. Apolline Anthony reniflait des larmes de bonheur. Tous retrouvaient leur raison d'être parce qu'on leur montrait, au loin, des tréteaux. A cette minute d'émotion professionnelle, succéda soudain une explosion de joie spontanée, désordonnée, enfantine. Les exclamations fusaient de partout :

— C'est merveilleux ! C'est inespéré !

— Qui aurait cru ? En pleine guerre !

— Penser au théâtre, à huit cents lieues de Paris, au lendemain de l'incendie de Moscou, il n'y avait que Napoléon pour un trait pareil !

— Quel homme ! Quel génie !

— Bien entendu, reprit Mme Aurore Bursay, le choix

150

des pièces devra être soumis à l'approbation des autorités.

— Cela va de soi! s'écria Péroud.

— Mais comment ferons-nous? demanda Bellecour. Nous n'avons ni théâtre, ni costumes, ni décors, ni huile pour les lampes...

Mme Aurore Bursay étendit une main apaisante. Vêtue comme les autres, au hasard des grappillages, elle portait un casaquin pailleté d'argent, et le bonnet de velours noir de Marie Stuart, enrichi de fausses perles grosses comme des œufs de coucou.

— Toutes ces questions ont été évoquées par moi devant M. de Bausset, avec qui j'ai eu l'honneur d'avoir un long entretien avant-hier, dit-elle. Sur sa demande, le général-comte Dumas, intendant général de la Grande Armée, s'occupera de nous faire vêtir convenablement pour les rôles que nous aurons à jouer. Des quantités de satin, de brocart, de dentelles et de galons, provenant des boutiques et des maisons abandonnées, seront mises à notre disposition. On nous trouvera également de la toile, des clous, de la peinture pour les décors. La question du théâtre est malheureusement plus complexe. Les plus vastes et les plus beaux d'entre eux ont été la proie des flammes. Mais M. de Bausset ne désespère pas de découvrir une salle convenable pour nos représentations. Il est féru de comédie. Lui-même en a d'ailleurs écrit quelques-unes autrefois. C'est donc un auteur, un homme de notre bord. Faisons-lui confiance.

— Et Napoléon? demanda Pauline, croyez-vous que Napoléon assistera à l'un au moins de nos spectacles?

— Hélas! non, dit Mme Aurore Bursay. M. de Bausset a été formel sur ce point. L'empereur est trop occupé en ce moment!...

— Quel dommage! soupira Mme Domergue, robuste personne au visage chevalin et à la chevelure blonde, gonflée en étoupe.

Elle était l'épouse du régisseur déporté par Rostoptchine.

— Ne le regrettez pas trop, dit Mme Périgny. Si
je savais que l'empereur était dans la salle, je serais
si émue que je ne pourrais proférer un son!

— Il aime tant le théâtre, paraît-il! dit Céleste
Lamiral.

— La Duchesnois et Mlle George en savent quelque
chose! siffla Apolline Anthony.

Tout le monde éclata de rire. Mais il y avait de
l'envie dans ces rires-là. Au fond, se dit Armand,
toutes les dames, même les plus âgées, rêvaient d'être
des Léda devant le Jupiter corse.

— Eh bien! nous nous passerons de l'empereur, dit
Pauline. Que jouerons-nous?

Ses yeux luisaient. Ses joues flambaient. Après des
mois de privation, elle était comme affamée de théâtre.
Une certaine Mme Louise Fusil, brune, frisottée et
fripée, s'écria gaiement :

— A part toi, ma belle Pauline, nous ne sommes
guère affriolantes pour le public. Nous devrions jouer
L'Ile des Vieilles, de notre chère Aurore Bursay.

Cette fois, seules les dames rirent sans contrainte.
Elles avaient dépassé les dernières étapes de la coquetterie. On éplucha sérieusement le répertoire. Autant
choisir des pièces que l'on avait déjà dans les jambes
et dans la voix. Pour la première représentation, l'una-
nimité se fit sur *Le Jeu de l'Amour et du Hasard,* que
l'on accompagnerait d'un acte en prose de Céron :
L'Amant, auteur et valet. Puis on parla du *Mariage de
Figaro,* du *Procureur arbitre,* du *Cid,* de *Zaïre,* des *Trois
Sultanes,* du *Distrait*... Les projets s'ajoutaient aux projets, on s'agrandissait, on partait dans le rêve, on était
le Théâtre français de Moscou, rival de celui de Paris.
Mme Aurore Bursay ramena les esprits à ras de terre
en disant qu'elle n'était même pas sûre d'avoir les
brochures de toutes ces pièces. Mais les Russes étaient

gens civilisés : on trouverait bien, dans quelque bibliothèque épargnée par le feu, les œuvres de Marivaux, de Regnard, de Beaumarchais, de Voltaire... L'important, pour l'heure, était d'arrêter la distribution du *Jeu de l'Amour et du Hasard*. C'était la dernière comédie que les acteurs français avaient représentée à Moscou. Bien entendu, Pauline Filardy reprendrait le rôle de Silvia où elle s'était montrée si remarquable, et, en l'absence d'une autre jeunesse, Mme Louise Fusil pourrait, aux dires de Mme Aurore Bursay, faire une très charmante Lisette. Mme Louise Fusil protesta qu'elle n'avait pas l'âge et qu'elle se couvrirait de ridicule. Toute l'assistance l'assura que non. Elle finit par plier, quinaude en apparence et ravie dans le fond. Péroud et Jérôme Saint-Clair acceptèrent d'enthousiasme de retrouver leurs emplois respectifs d'Orgon et d'Arlequin. Mais le volumineux Bellecour gémit qu'il était bien vieux pour interpréter Mario, le frère de Silvia, et un certain Adnet, personnage avantageux, le thorax bombé comme un bréchet d'oiseau, le crâne déplumé, et portant la quarantaine, décréta qu'il ne « sentait pas » le rôle de Dorante. Pourtant ce n'étaient là que combats d'arrière-garde. Après une heure de discussion, l'accord fut complet sur tous les points. Ces comédiens en ébullition amusaient et charmaient Armand par leur fougue, leur naïveté et leur inconséquence. Sans jamais s'adresser à lui, ils l'attiraient insensiblement dans leur jeu. Maintenant lui aussi se passionnait pour leurs problèmes de carton. Il leur servit du vin de Porto dont le colonel Barderoux avait fait descendre, hier, trois bouteilles. Comme il remplissait le verre de Pauline, elle leva sur lui un regard d'allégresse déraisonnable et murmura :

— Je suis si contente ! Tu ne peux pas te rendre compte !

— Mais si, Pauline, dit-il. Moi aussi, je suis content.

— Tu verras. Ce sera une tout autre vie. Sais-tu à quoi j'ai pensé? Tu pourrais nous être d'une grande utilité, comme régisseur, comme souffleur...

Il rit :

— Pourquoi pas?

Le cercle des acteurs applaudit à cette idée. Armand sourit, remercia. Du premier coup, il était adopté par tous. Il avait retrouvé une famille. On décida de commencer les répétitions dès le lendemain après-midi, ici même. Entre-temps, Mme Aurore Bursay espérait dénicher quelques copies du texte. D'ailleurs la plupart des acteurs connaissaient déjà leur rôle.

Ils le firent bien voir, à la réunion suivante. Assis derrière un guéridon, une brochure ouverte sous les yeux, Armand s'émerveillait de leur mémoire. De longues phrases coulaient de leur bouche, sans effort, comme un ruban qui se dévide. Parfois cependant ils lançaient un mot pour un autre, et alors Armand les reprenait ainsi qu'ils le lui avaient recommandé. Ou bien encore, l'un d'eux s'interrompait au milieu d'une tirade et marmonnait :

— Qu'est-ce que je dis, là?

Armand soufflait la suite et l'acteur « enchaînait ». De toute la distribution, seuls Adnet et Bellecour lisaient leur rôle du coin de l'œil sur un livret qu'ils tenaient à la main. Mme Aurore Bursay veillait à la mise en scène.

— Ce n'est pas sur cette réplique-là que tu t'assieds, Pauline, c'est tout de suite après, disait-elle.

Ou bien :

— Mais non, Péroud, tu ne sors pas côté cour !

— Côté jardin, alors? disait Péroud.

— Non, par le fond !

— Cela m'obligera à tourner le dos au public.

— Pourquoi? Tu peux très bien t'esquiver de trois quarts.

— Comme c'est facile ! Qu'est-ce que je dis?

— « Mon fils, vous perdrez votre procès, murmurait Armand. Retirons-nous. Dorante va venir... »

Et la comédie continuait, les acteurs évoluaient entre les meubles, échangeaient piques et propos fleuris, faisaient des mines. Pauline les dominait tous par la grâce de son jeu. Elle ne composait pas le personnage de Silvia, elle était Silvia, de visage et d'âme, depuis sa naissance. Les paroles de Marivaux, c'était elle qui les inventait au fur et à mesure des besoins de l'action. Elle les prononçait d'ailleurs du bout des lèvres, avec une feinte négligence et s'entourait de son discours comme d'un nuage léger. En face d'elle, le prestigieux Adnet, en Dorante, disait faux et se déplaçait avec raideur. Vu son âge, il aurait pu être le père de celle qu'il était censé courtiser. Les autres, clopinant et grimaçant, ne valaient guère mieux. Seule Mme Louise Fusil manifestait quelque verdeur en Lisette. Ses rides ajoutaient à son rayonnement. Elle avait l'air d'une boulette de papier fin qui se déplie et bouge au moindre souffle de la brise.

Les jours suivants, les défauts et les qualités de chacun s'accusèrent. A force de suivre le déroulement de la pièce, Armand en arrivait presque à savoir le texte par cœur. Le travail avançait vite. Quand *Le Jeu de l'Amour et du Hasard* fut dégrossi, on s'attaqua à *L'Amant, auteur et valet,* puis au *Distrait...*

Sur ces entrefaites, M. de Bausset fit savoir qu'il avait enfin découvert un théâtre à peu près intact. C'était une charmante salle privée, dépendant de l'hôtel d'un richissime seigneur russe, Pozniakoff, sur la Grande-Nikitskaïa, c'est-à-dire dans la rue même où s'élevait naguère la maison des Béreznikoff. Dépouillé de tous ses décors et de tous ses accessoires, le théâtre Pozniakoff, un peu moins grand que le Théâtre de Madame, à Paris, fut immédiatement remis en état par une équipe d'ouvriers russes, travaillant sous la surveillance de quelques sentinelles en armes.

On le nettoya, on le blanchit à la chaux, on drapa les loges, on confectionna un rideau avec une pièce de brocart. De beaux meubles, provenant du pillage des maisons voisines, servirent à orner la scène. Entre les répétitions, qui, pour ne pas gêner l'aménagement de la salle, avaient encore lieu dans l'appartement de M. Froux, les dames s'employaient à préparer les costumes. Au dénuement des jours précédents, succédait une extraordinaire abondance d'étoffes, de fourrures, de colifichets, qui troublait Armand. Tout cela avait été volé. On était dans un repaire de brigands, devant l'entassement des prises. De même pour les cosmétiques, on avait trouvé dans les réserves du « Temple des Aromates » de quoi composer « une assiette » pour les coquettes les plus difficiles : fards blancs, fards rouges, fards bleus, en poudres ou en pommades, en pots ou en flacons, parfumés à la violette ou à la bergamote. Il y en avait pour tous les âges et pour toutes les peaux. L'air se chargeait d'effluves embaumés. Les dames prenaient des couleurs.

A mesure que les jours passaient, la fièvre augmentait dans la petite troupe. Gagné par cette fantasmagorie quotidienne, Armand avait l'impression que l'avenir du monde dépendait du succès de la pièce. Tout à coup il était plus important pour lui de savoir si Mme Louise Fusil devait rester debout ou s'asseoir à la fin de telle tirade que de savoir si Napoléon comptait hiverner à Moscou ou reprendre demain son offensive. Ce fut dans cet état d'obnubilation heureuse que la compagnie se transporta au théâtre Pozniakoff pour continuer les répétitions sur scène.

M. de Bausset vint se rendre compte par lui-même de l'avancement des préparatifs et se déclara satisfait. Il était en grand uniforme et suivi d'un secrétaire. Après son départ, Mme Aurore Bursay dit avec sentiment :

— Quand je pense que c'est lui qui, arrivant tout

droit de Paris, a apporté à l'empereur le portrait du roi de Rome!

Bien qu'elle eût la possibilité, à présent, de se vêtir à sa convenance, elle était restée fidèle à la coiffe emperlée de Marie Stuart.

Encouragés par la sollicitude des autorités, les acteurs mirent les bouchées doubles. On répétait plusieurs pièces à la fois. Les valets et les comtesses, les soubrettes et les marquis se confondaient dans la tête d'Armand. Et soudain, ce fut le coup de tonnerre : à quelques jours de la première représentation, Adnet, le tenant du rôle de Dorante, ressentit une violente crise de goutte. Perclus de douleur, il ne pouvait se déplacer. Mme Adnet, qui faisait également partie de la troupe, se lamentait avec les accents d'une veuve. Elle soignait son mari de toutes les manières (enveloppements chauds, baumes, tisanes), mais, d'après son expérience, il n'avait aucune chance de se rétablir à temps. Cette défection inattendue allait-elle compromettre un spectacle dont toute l'armée attendait merveille? L'ennui était que personne d'autre, dans la compagnie, n'avait l'âge de jouer les soupirants. Avec Adnet, on avait atteint la limite. Cependant Mme Aurore Bursay, qui avait du nerf, refusait de se laisser abattre. Elle eut de longs conciliabules, en aparté, avec chacun de ses camarades. Le soir même, dans la chambre, Pauline dit à Armand :

— Il faut que tu nous tires de ce mauvais pas.

Il crut avoir mal compris :

— Moi? Mais comment?

— En remplaçant Adnet.

— Tu n'y penses pas!

— Si, Armand! Tu es jeune, tu as le physique, tu connais le rôle...

— Je ne suis jamais monté sur une scène!

— La belle affaire! En cinq jours, je me fais fort de te débrouiller!

Une panique géante s'empara de lui. Il était au bord d'un gouffre, face au public. Cerveau vide et genoux en charpie. Une pieuvre le guettait.

— Je t'en prie, dit-elle en inclinant la tête avec une moue de velours.

Il pensa à Nathalie Ivanovna, à ses amis moscovites, à la noblesse de ses origines. La voix nasillarde de son père s'éleva dans son souvenir : « Monsieur mon fils, n'oubliez jamais qu'il y a deux espèces de gens, ceux qui ont des armoiries et ceux qui n'ont que des armoires ! » Aussitôt, tous ces ancêtres lui bondirent sur les épaules. Il chancelait sous cette pyramide humaine. Un reste de fierté aristocratique lui fit dire :

— Je n'ai pas le droit. Avec mon nom...

— Qu'est-ce qu'un nom ? dit Pauline. Tu n'as qu'à en changer pour les besoins de la cause. Nous le faisons presque tous : sur l'affiche, tu ne seras pas Armand de Croué, mais, par exemple, Armand Beaurivage. Qu'en dis-tu ? Beaurivage, cela sonne bien !

Elle lui passa les bras autour du cou et se tendit vers ses lèvres.

— Cela ne te ferait pas plaisir d'être mon partenaire, sur la scène ? reprit-elle. Nous formerions un beau couple, tu sais !

Leurs bouches, l'une sur l'autre, s'ouvrirent, se pénétrèrent, une douceur orientale coula dans les os d'Armand. Son père vivant, il eût peut-être résisté davantage. Mais maintenant il était seul, toutes les valeurs d'autrefois étaient renversées, le caprice tenait lieu de règle morale. Il se sentit heureux de céder et écœuré de le faire si vite.

— Mais... les autres, chuchota-t-il. Que diront les autres ?

— C'est Aurore Bursay elle-même qui m'a demandé... Ils espèrent tous que tu diras oui... Alors, tu vois...

Il mollissait d'âme et durcissait de corps. Un bélier avec une cervelle de moineau. Tout lui était égal hormis l'urgence de la dévêtir, de la toucher, de se perdre en elle. Mais elle se déroba, ouvrit la porte et annonça à la cantonade :

— C'est d'accord !

Et, immédiatement après, au lieu de faire l'amour, elle lui fit répéter son rôle. Quand il eut passé avec elle les deux premiers actes, elle s'écria :

— Tu vois que tu t'en tires très bien ! Ô mon petit Moscovite, tu étais né pour jouer Marivaux, et tu ne le savais pas ! Nous ferons un triomphe !

Le lendemain, il participa aux répétitions, en tant qu'acteur, avec toute la troupe. Encore peu sûr de son texte, il jouait, la brochure à la main. Mme Domergue le remplaçait dans les fonctions de souffleur. Soutenu par la mimique des autres, il se sentait moins emprunté qu'il ne l'aurait cru. Dans sa grande scène avec Silvia, il mit beaucoup de sincérité à dire : « Je t'adore, je te respecte. Il n'est ni rang, ni naissance, ni fortune qui ne disparaisse devant une âme comme la tienne ! » Cette réplique paraissait avoir été écrite spécialement pour lui. Tout le monde le congratula. Même Mme Adnet, qui souffrait visiblement de voir un nouveau venu tenir le rôle de son mari, décréta qu'étant donné les circonstances on ne pouvait espérer mieux. Ployant sous les compliments, Armand ne regrettait plus de s'être lancé dans l'aventure théâtrale. Du reste, par son acceptation, il lui semblait s'être encore rapproché de Pauline. Ce métier, qui aurait pu les séparer, créait entre eux un lien supplémentaire. Les dames mirent à ses mesures le costume précédemment arrangé pour M. Adnet. Comme dans la pièce il jouait un personnage de qualité déguisé en valet, ce costume était une livrée. La couleur en était bleue. A peu près la même que celle des laquais des Béreznikoff. Armand se regarda dans la glace et se

vit au service de Nathalie Ivanovna. Un pincement
au cœur l'avertit qu'il était sur le point d'être malheureux. Cela tenait du repentir et de la blessure d'amour-
propre. Il secoua la tête pour se dégager d'un passé
qui collait à lui comme le chardon à la laine. Ses
nouveaux camarades se récriaient sur sa belle
prestance.

— On voit du premier coup d'œil que c'est un personnage de beau sang sous un habit d'emprunt! dit
Mme Périgny.

Pauline le baisa sur les deux joues avec emportement, devant toute la compagnie. Il ressuscita. On fit
encore quelques retouches à la livrée, on y ajouta du
galon. Au début de l'après-midi, un planton en uniforme apporta au théâtre les premières affiches,
encore humides, qui avaient été imprimées à la typo-
graphie de la Grande Armée. Un cercle se forma
autour du placard que Mme Aurore Bursay tenait à
deux mains. Armand lut :

« *Théâtre français à Moscou.* »

« Les comédiens français auront l'honneur de donner
mercredi prochain, 7 octobre 1812 (1), une première
représentation du *Jeu de l'Amour et du Hasard,* comédie
en trois actes et en prose de Marivaux, suivie de
L'Amant, auteur et valet, comédie en un acte et en
prose de Céron.

« Prix des places :

« Premières galeries : 5 roubles ou 5 francs.

« Parquet : 3 roubles ou 3 francs.

« Seconde galerie : 1 rouble ou 1 franc.

« On commencera à six heures précises.

« La salle du spectacle est dans la Grande-Nikits-
« kaïa, maison de Pozniakoff. »

---

(1) Cette date est donnée d'après le calendrier grégorien, en
usage en France. Elle correspond donc, d'après le calendrier julien,
en usage en Russie, au 25 septembre 1812.

L'affiche donnait également le nom des acteurs. Armand découvrit le sien — Beaurivage — et, pendant une fraction de seconde, douta de son identité. A cause de ces quelques lignes imprimées noir sur blanc, ce qui n'avait été jusqu'ici qu'une sorte de mirage devenait une réalité inéluctable. La représentation aurait lieu à la date fixée. Rien ne pouvait empêcher la galopade des événements. On quitta le théâtre avant la tombée du crépuscule. La ville n'était plus sûre, dès que le jour baissait. L'hôtel Pozniakoff se dressait à l'angle des rues Grande-Nikitskaïa et Léontievsky. Tandis que les comédiens, pressés de rentrer chez eux, remontaient la Grande-Nikitskaïa vers le centre, Armand fit quelques pas dans la direction opposée pour jeter un regard sur les vestiges de la maison des Béreznikoff. Là, naguère, arrivaient de brillants équipages, des valets en livrée se précipitaient pour déplier les marchepieds, des invités parés et souriants gravissaient le grand escalier de pierre, passaient entre les hautes colonnes blanches de l'entrée, un orchestre jouait dans une loge décorée de fleurs et, au centre de l'immense salon, sous les lustres aux mille et une bougies, Nathalie Ivanovna et Paul Arkadiévitch ouvraient le bal. Les ruines ne fumaient plus. Tout était noir. Devant tant de laideur, il était difficile même de se souvenir. Armand rejoignit les acteurs.

On marchait en groupe pour décourager les maraudeurs, dont les silhouettes apparaissaient de plus en plus nombreuses parmi les décombres. A tout moment, l'une des femmes se tordait la cheville parmi les débris qui jonchaient le chemin. Une fois à la maison, les comédiens firent une dernière lecture de la pièce pour se rafraîchir la mémoire. Puis on dîna d'un jambon apporté par le colonel Barderoux, toujours aussi empressé. Il espérait une soirée de bavardage et de chansons, mais Pauline se déclara recrue par la répétition, ses compagnes poussèrent, elles aussi, des soupirs, et l'officier battit en retraite, à peine avalé son verre de ratafia de cerises.

Cette nuit-là, Armand dormit mal, contre le flanc de Pauline. A de brefs intervalles, il s'éveillait, bridé comme une volaille par toutes les cordelettes de l'angoisse. Les yeux écarquillés sur les ténèbres, il se récitait des passages de son rôle. Il avait peur du trou de mémoire, le soir de la première. Et si on le sifflait, si, à cause de lui, le spectacle était « un four ». Pauline ne le lui pardonnerait pas. Il avait tellement besoin de sentir sur lui l'approbation de cette femme, qu'à l'idée de la décevoir son goût de vivre le quittait. Il s'endormit enfin pour de bon, avec la conviction désespérée d'avoir oublié les trois quarts de son texte.

Le lendemain, au réveil, il retrouva sa mémoire intacte et se réjouit. Répétition sur scène, en costume. Toute la troupe se réunit dans les coulisses. On « fila » les trois actes sans interruption. M. de Bausset arriva sur les dernières répliques. Mme Aurore Bursay osa lui demander qui « représenterait » l'empereur, le soir de la « première », et s'il fallait prévoir une « loge d'honneur », décorée de drapeaux.

— N'en faites rien, madame, dit M. de Bausset. Je ne sais qui, parmi les proches de l'empereur, pourra assister à ce spectacle. A la vérité, nous sommes tous grevés de soucis, en ce moment, dans l'entourage de Sa Majesté. Comme vous le savez sans doute, notre principale préoccupation est de réorganiser la ville et d'y installer une municipalité en qui la population puisse se reconnaître. De nombreux habitants sont prêts à nous aider. Mais, ce qui nous manque le plus, ce sont les interprètes...

Des coups de marteau interrompirent son discours. Il sortit dans le vestibule du théâtre pour continuer sa conversation avec la directrice.

Les acteurs déjeunèrent sur place. On avait dressé

une table sur des tréteaux, dans les coulisses. Au début de l'après-midi, un jeune officier tout fringant dans son uniforme bleu barbeau se présenta avec un pli destiné à M. Armand Beaurivage : M. l'intendant Barthélemy de Lesseps désirait le voir pour « affaire urgente (1) ».

Une folle inquiétude glaça les pensées d'Armand. Subitement il se sentit coupable. De quoi? Il ne le savait lui-même. Allait-on lui reprocher ses opinions, ses origines? Peut-être aussi avait-on découvert, de quelque façon, qu'il avait tué un soldat français? Absurde! Dans ce cas, on n'aurait pas envoyé un jeune officier pour le quérir, mais des soldats armés, et ce ne serait pas devant l'intendant qu'il devrait comparaître, mais devant un tribunal militaire.

— Que me veut-on? demanda-t-il d'une voix blanche.

— Je l'ignore, monsieur, dit l'officier.

Armand haussa les épaules :

— Je ne puis me rendre maintenant auprès de M. de Lesseps : je suis en pleine répétition !

— Les ordres sont formels, monsieur. Je vous prie de me suivre.

Il y eut un silence. Pauline, elle aussi, paraissait alarmée. Elle regardait tour à tour l'officier et Armand comme si le rapport entre ces deux visages lui eût échappé.

— Ce... ce n'est pas grave, j'espère! murmura-t-elle.

— Allez-y, Armand, dit Mme Aurore Bursay, maternelle. Vous ne pouvez mécontenter ces messieurs dans la situation où nous sommes.

— Oui, oui, va, dit Pauline avec élan. Tu n'en auras sûrement pas pour longtemps. N'est-ce pas, monsieur

(1) Jean-Baptiste-Barthélemy de Lesseps (1766-1834), diplomate. Particulièrement versé dans les affaires russes, il joua un rôle important dans les relations officielles entre la France et la Russie. Il fut l'oncle de Ferdinand de Lesseps, l'homme du canal de Suez.

163

l'officier? En attendant, nous repasserons les scènes où tu ne figures pas.

L'officier était venu en calèche. Armand monta à côté de lui dans la voiture découverte. Et soudain il eut conscience d'être habillé en dépit du bon sens pour rencontrer un personnage aussi important que M. de Lesseps. Dans toute la friperie qui avait été réunie par les comédiens, il n'avait pu dénicher un vêtement à sa convenance. Aussi, après quelques essais infructueux, était-il revenu à la veste de drap vert amande, aux bottes Louis XIII et au manteau espagnol. Pauline le trouvait superbe dans cet accoutrement. Et il se moquait de l'opinion des autres. Mais aujourd'hui, pour la première fois, il rêvait d'un spencer bien coupé, d'un chapeau haut de forme gris, en poil de castor, de bottes à revers... Eh quoi! allait-il s'inquiéter de ses frusques, alors que sa vie, peut-être, était en jeu? La voiture cahotait durement entre les ruines. On croisa un tombereau chargé de cadavres. Deux soldats marchaient derrière. Ils avaient revêtu des pelisses de femme par-dessus leurs uniformes. Après tout, eux aussi étaient déguisés! Au Kremlin, à chaque porte veillait un grenadier de la Garde. En pénétrant dans le palais, Armand songea qu'il n'avait jamais été admis dans ces lieux, du temps où Moscou était russe. Il fallait l'occupation française pour qu'il y accédât. A mesure qu'il avançait, il croyait sentir davantage, autour de lui, la présence maléfique de Napoléon. Il était dans le Labyrinthe du Minotaure. Ou plutôt dans la toile de cette énorme araignée aux yeux de veau dont parlait Vassilissa. Peut-être, au tournant d'un couloir, se heurterait-il à celui devant qui tremblaient toutes les nations de la terre. Ayant franchi plusieurs salles aux plafonds bas et aux piliers décorés de peintures étranges, dont les ramages rappelaient le dessin des tapis asiatiques, il passa entre les mains d'un autre officier, plus âgé que le premier, puis d'un secrétaire

164

qui l'informa que M. l'intendant Barthélemy de Lesseps l'attendait. Tout à coup il se trouva dans un bureau petit et sombre, devant un homme d'une cinquantaine d'années, maigre, vêtu d'une redingote, les cheveux dressés en toupet de paille sur un front haut, l'œil aigu, le menton rasé, un pli ironique au coin des lèvres. Un civil. Après tant d'uniformes! Cette sobriété de mise était reposante pour le regard.

— Monsieur Beaurivage, dit M. de Lesseps, sans doute avez-vous lu l'affiche que j'ai fait placarder hier...

— Non, monsieur.

— La voici.

Armand jeta un regard sur la feuille que lui tendait M. de Lesseps par-dessus la table qui les séparait. C'était une proclamation en français et en russe, sur deux colonnes, datée du 19 septembre – 1er octobre 1812, surmontée des armes impériales et signée de « l'intendant de la ville et de la province de Moscou ».

« Habitants de Moscou, vos malheurs sont grands, mais Sa Majesté l'Empereur et roi veut en arrêter le cours. Des exemples terribles vous ont appris comment on punit la désobéissance et le crime... Une administration paternelle, choisie parmi vous, formera votre Municipalité. Elle veillera sur vous, sur vos besoins, sur vos intérêts. Ses membres sont distingués par un ruban rouge qu'ils porteront en forme de baudrier. Le maire, seulement, y ajoutera une ceinture blanche... Ils n'auront qu'un ruban rouge au bras gauche lorsqu'ils ne seront point en fonction... La police de la ville est rétablie d'après son ancienne organisation et déjà l'on doit à son activité un meilleur ordre des choses. Deux commissaires généraux et vingt commissaires, placés dans chacun des anciens quartiers de la ville, sont choisis et installés par le gouvernement. Vous les reconnaîtrez au ruban blanc qu'ils porteront au bras gauche... Habitants, de quelque nation que vous soyez! Rétablissez la confiance publique, source du bonheur des Empires, vivez en frères avec nos soldats, prêtez-vous mutuellement secours et protection; réunissez-vous pour déjouer les projets des malveillants, obéissez aux Autorités civiles et militaires, et bientôt vos larmes cesseront de couler. »

Armand reposa le feuillet sur la table, sans dire un mot.

— Comme vous pouvez le constater, reprit M. de Lesseps, nos intentions sont généreuses. Mais, pour permettre à cette nouvelle municipalité de travailler utilement, nous avons un besoin urgent de traducteurs. J'ai appris, par M. de Bausset, que vous aviez une excellente connaissance de la langue russe.

Armand respira. Ce n'était donc que cela. Sans doute était-ce Mme Aurore Bursay qui, par excès de zèle, avait donné cette information au préfet du palais. Elle ne savait que faire pour être aimable envers les officiers de l'armée d'occupation.

— C'est exact, répondit Armand.

— Je ne veux rien savoir de vos origines ni des raisons de votre présence en Russie, dit encore M. de Lesseps. Votre nom même m'importe peu...

Et Armand pensa : « Sa police l'a renseigné. Il sait pertinemment que je ne m'appelle pas Armand Beaurivage, mais Armand de Croué. Après tout, cela vaut mieux ainsi. »

— Puis-je compter sur votre aide? reprit M. de Lesseps.

L'instant critique était arrivé. La poitrine d'Armand se vida.

— C'est impossible, monsieur, bredouilla-t-il.

— Pourquoi?

Le trouble d'Armand augmentait. Il jeta la première excuse qui lui venait à l'esprit :

— Je fais partie de la troupe des comédiens français... Je répète avec eux en vue du spectacle que nous devons donner prochainement...

166

— Je sais, je sais, dit M. de Lesseps avec un sourire en biais.

Son regard enveloppa Armand, qui crut y lire de l'ironie pour l'étrangeté de sa tenue. Mais non, M. de Lesseps avait des préoccupations autres que vestimentaires. Le sourire avait déjà disparu de ses lèvres. Il reprit avec beaucoup de sérieux :

— Loin de moi l'idée de priver le théâtre de vos services. Mais il y a un moyen de concilier ces deux activités. Votre travail ici ne vous prendrait que quelques heures dans la matinée. Le reste du temps, vous pourriez fort bien...

Acculé à la sincérité, Armand s'emplit de courage et dit :

— Je préfère que vous trouviez quelqu'un d'autre pour cette besogne.

— Ceux que j'ai trouvés jusqu'à ce jour ne m'inspirent confiance qu'à moitié. Je puis en juger, parlant le russe moi-même.

Armand se rappela que Barthélemy de Lesseps avait été quelque chose comme consul général de France à Saint-Pétersbourg, avant la guerre.

— Si vous parlez le russe vous-même, vous n'avez besoin de personne, dit-il.

— Je ne saurais suffire à tout, monsieur, répliqua M. de Lesseps. Et du reste, bien que j'aie longtemps vécu en Russie, ma pratique du russe est sommaire. Je cherche quelqu'un de sûr pour vérifier le texte des proclamations destinées aux habitants de cette ville.

— Je suis désolé, dit Armand en ouvrant les bras.

— Sont-ce vos convictions qui vous interdisent d'accepter? demanda M. de Lesseps en lui faisant signe de s'asseoir.

Armand resta debout. Il lui sembla que toutes ses idées durcissaient en noyau dans sa tête, que ses muscles même devenaient des tresses de fer.

— J'ai été élevé ici, monsieur, dit-il fièrement. Les Russes m'ont toujours considéré comme un des leurs. Je ne voudrais rien faire qui pût être interprété par eux comme une soumission à la volonté de l'ennemi déclaré de leur patrie.

— Qui vous demande de trahir vos opinions ou vos amitiés? Il ne s'agit point ici, pour vous, de prendre parti dans la querelle entre Napoléon et Alexandre, mais d'aider un groupe de braves gens, russes pour la plupart, qui s'efforcent, sous mon autorité, de rétablir l'ordre, de garantir les propriétés particulières et d'assurer le ravitaillement d'une ville incendiée par de misérables chauffeurs. Vous ne ferez pas de politique en nous apportant vos lumières, vous obéirez à un élémentaire devoir d'humanité envers une population démunie et affamée. Je crois, monsieur, que, si vous aimez réellement les Russes, vous devez vous rallier à ceux qui essaient d'atténuer leurs souffrances.

Frappé par ce raisonnement, Armand ne savait que répondre. Sans acquiescer à la requête qui lui était présentée, il se demandait pourquoi il ne pouvait aller dans le sens de cet homme fin et courtois.

— Je suppose que, depuis quelques jours, vous entendez de nouveau les cloches des églises, reprit M. de Lesseps.

— En effet, dit Armand.

— J'ai insisté personnellement pour que le plus grand nombre de ces églises soient nettoyées et rendues au culte. J'ai fait rechercher les popes qui se cachaient. Certains ont hésité à reprendre leur sacerdoce, disant qu'ils ne voulaient pas reconnaître le pape ni prier pour Napoléon. Je leur ai assuré qu'il n'était pas question pour eux de changer un mot à leur liturgie ordinaire et qu'ils devaient continuer à prier pour Alexandre Ier, leur légitime souverain. Ils m'ont obéi. Ils ont sonné les cloches. Des fidèles, encore inquiets, sont accourus. Et, comme c'était le jour anniversaire du sacre d'Alexandre Ier, on a chanté un *Te Deum* à cette occasion...

— Avec des sentinelles françaises sur le parvis pour prévenir tout soulèvement, dit Armand.

— C'était une précaution élémentaire. En tout cas, maintenant les églises sont ouvertes. Le brigandage diminue. Si nous parvenions à nourrir ces malheureux...

— Pourquoi tant de sollicitude?

— J'aime la Russie, monsieur, dit M. de Lesseps. Cela vous étonne? J'avais huit ans lorsque j'ai rejoint mon père à Saint-Pétersbourg, où il était consul général. J'ai appris le russe très jeune et, très jeune, je me suis fondu à la vie de ce peuple si chaleureux, si sympathique et si déroutant. En 1783, à dix-sept ans, j'étais déjà vice-consul à Cronstadt...

— En 1783? s'écria Armand. Vous étiez donc, à l'époque, le représentant du roi Louis XVI?

— Parfaitement, je suis un produit de l'ancien régime. Et je ne m'en suis jamais caché. J'ai participé à l'expédition du comte de La Pérouse, patronnée par le roi. A mon retour, j'ai été reçu et félicité par Sa Majesté, à Versailles. Sa fin tragique m'a consterné. Cela ne m'a pas empêché de servir mon pays sous le Consulat, puis sous l'Empire. Les chefs politiques changent, la France continue. Si vous n'aviez pas quitté la France, vous le comprendriez. Il y a une permanence de l'esprit français qui défie la logique et condamne l'exil. Mon but, aujourd'hui comme toujours, est de réconcilier la France et la Russie...

Il parlait avec fougue. En l'écoutant, Armand éprouvait un contentement semblable à celui que lui eût procuré l'audition d'une musique connue. Des thèmes familiers se levaient dans sa mémoire. Celui de la double patrie, celui de la superposition de deux cultures, celui de l'absurdité des frontières... D'ailleurs M. de Lesseps était un noble, comme lui. Une connivence de caste les unissait à leur insu. Ils étaient de plain-pied dans la tradition, l'honneur et l'intelligence. Tout à coup M. de Lesseps s'adressa à lui en russe :

— Mieux que quiconque, monsieur, vous pouvez me comprendre.

L'accent était défectueux, mais la syntaxe, bonne. Armand sourit et répondit en russe également :

— Je vous comprends. Il y a quelques mois encore, j'aurais été heureux de confronter mes idées avec les vôtres, sur ce sujet. Mais aujourd'hui tout est différent...

— Non, monsieur, reprit M. de Lesseps en français. Le problème est le même. Un peu plus aigu, voilà tout... Avez-vous observé les arbres qui croissent en bordure des jardins? Si leurs racines les fixent d'un côté de la clôture, leurs rameaux, bien souvent, s'étendent de l'autre côté. Il y a des êtres qui sont ainsi : nés sur une terre, ils apportent leur ombrage à la terre du voisin.

— La France n'est pas voisine de la Russie !

— Pour un géographe, non. Pour un historien, plus que vous ne le croyez !

Cette voix grave, pressante, apaisait Armand sans qu'il prît garde au relâchement de sa méfiance. De plus en plus, il glissait du côté de l'adversaire. Il épousait sa cause sans colère, avec un sentiment bizarre de fatalité. Une part inconnue de lui-même le regardait se compromettre et se réjouissait de cet abandon. Apostat et pourtant fidèle. Il se ressaisit :

— Où voulez-vous en venir, monsieur?

— Acceptez, dit M. de Lesseps. Je ne vous le demande pas au nom de la France victorieuse, mais au nom de la Russie abattue. En nous aidant, vous ne serez pas du côté des uniformes, mais du côté des haillons.

Armand réfléchissait. Après tout, on ne lui demandait pas grand-chose : quelques heures de son temps pour traduire des textes administratifs. Il n'y aurait là aucune collusion avec l'armée de l'envahisseur.

— Qui avez-vous nommé comme maire ? demanda-t-il.

— Un marchand de Moscou, de la première guilde, Pierre Nakhodkine.

— Il a accepté ?

— Bien sûr !

— Et... et les autres membres du conseil ?

— Les adjoints du maire sont Alexis Bestoujeff-Rioumine, conseiller de cour et employé au département des apanages, Pierre Koroboff, marchand de Moscou, Nicolas Krok, fils de marchand de Moscou... Je vous citerai encore Christophore Donorovitch, conseiller titulaire, André Souchkoff, conseiller titulaire...

A chaque nom russe qui tombait, Armand se sentait un peu plus réconforté.

— N'y a-t-il que des Russes, dans ce conseil ? demanda-t-il.

— Non. Quelques membres de la colonie française de Moscou se sont joints à eux : M. de Villiers, lecteur de langue française à l'Université, M. Rémy, professeur à l'Institut Alexandre, M. Marc, professeur à l'Institut Catherine...

— Que ne recrutez-vous parmi ces gens-là les translateurs dont vous avez besoin ?

— Je serais bien mal inspiré en le faisant. La plupart de ces messieurs sauraient tout juste demander leur chemin en russe ! Si vous voulez me suivre, je vais vous présenter...

Sans avoir dit oui, Armand se trouva avoir accepté ce que, vingt minutes plus tôt, il jugeait inadmissible. Ouvrant une porte sous tenture, M. de Lesseps le conduisit, par un long couloir, jusqu'à la salle des séances. Une trentaine de personnes étaient réunies là, autour d'une table en fer à cheval, couverte d'un tapis vert (1). Tous ces gens portaient un ruban rouge autour du bras gauche, ou en baudrier, sur la poitrine. Ils avaient des visages embarrassés. Après les présentations, le maire, Nakhodkine, qui était un gros homme au teint de cierge et à l'œil larmoyant, pria Armand de s'asseoir près de lui, à une petite table, et de rédiger la traduction en russe de plusieurs proclamations françaises. L'une de ces proclamations invitait les habitants de Moscou, qui avaient fui leurs demeures, à regagner la ville pacifiée : « Que l'ouvrier, que l'artisan laborieux retourne à ses métiers; des logements, des boutiques, des sauvegardes sont prêts à les recevoir... Que le paysan enfin sorte des bois où la terreur le retient, qu'il regagne sans effroi sa chaumière... » Une autre avait trait à l'obligation, pour les citadins, de faire connaître leurs réserves de farine, de blé et d'eau-de-vie, et de rapporter au commandant d'armes de la place, le général-comte Durosnel, les « piques et armes à feu » qu'ils pourraient détenir encore. Pendant qu'Armand s'acquittait de sa tâche, M. de Lesseps se retira et la discussion reprit.

Les séances se tenaient en russe. A tout moment, l'un des membres français de la municipalité demandait qu'on lui expliquât ce qui venait d'être dit. Le maire finit par prier M. Beaurivage d'abandonner son travail d'écriture, pour traduire en français les interventions des Russes et en russe les interventions des Français. Armand se mit debout afin de mieux suivre les débats. L'assemblée était houleuse. On parlait pêle-mêle de la police et du ravitaillement. Chacun émettait une idée aussitôt contredite par le voisin.

— Translateur, je n'ai pas très bien saisi ce qu'a dit

(1) La municipalité installée par Napoléon à Moscou se composait de trente-deux membres, auxquels s'ajoutaient différents commissaires, secrétaires, etc.

mon collègue! s'écriait un Français. Veuillez m'éclairer.

Et Armand « éclairait » de son mieux. Ce passage sautillant d'une langue à l'autre l'amusait. Acrobate, il était à l'aise dans les deux camps. On vota plusieurs résolutions. Puis ceux qui avaient voté revinrent sur leur vote. Finalement il fut décidé de s'en remettre à l'arbitrage de l'intendant. Armand comprit que toutes les dispositions importantes étaient prises par M. de Lesseps et que le conseil municipal n'était là que pour les entériner.

— Passons à l'ordre du jour, dit le maire. Monsieur Prévost, vous êtes chargé de veiller à l'éclairage des rues et à l'enlèvement des cadavres. J'attends votre rapport sur ces activités.

— Il sera vite fait, s'écria M. Prévost. Pour éclairer les rues, je n'ai pas d'huile, et, pour enlever les cadavres, je n'ai pas d'hommes. Si M. l'Intendant ne peut me fournir les soldats nécessaires pour cette corvée, qu'il mobilise les habitants valides, par quartier. Autrement, je vous le dis tout de suite, je renonce...

Il fut interrompu par les sons allègres d'une marche militaire. Une parade se déroulait dans l'enceinte du Kremlin. Flûtes et tambours chantaient la victoire. Les membres du conseil municipal se regardaient en silence, d'un air gêné. Tout à coup il n'y avait plus, autour du tapis vert, que des visages de traîtres.

— C'est ainsi presque chaque jour! murmura le voisin d'Armand.

Le maire s'approcha de la croisée. Armand le suivit. On ne distinguait rien qu'un coin de cour pavée. La musique continuait, scandant le pas d'une infanterie invisible. Peut-être, se dit Armand, Napoléon assistait-il au défilé? Il imagina la silhouette abhorrée. Ce petit homme bedonnant, en redingote grise, le regard scrutateur sous le large bicorne noir à cocarde. Le maire se rassit, plus pesant et plus blême qu'auparavant. Sa main tremblante tripotait une tabatière. La discussion reprit. Mais les passions s'étaient calmées. Chacun était rentré dans sa coquille. Les voix sonnaient faux dans un air cotonneux. On vota encore des motions, sans entrain, tandis que, là-bas, retentissaient maintenant les trompettes de la cavalerie. Puis les conseillers municipaux s'affrontèrent au sujet de la date de la prochaine séance. Tous, subitement, se déclaraient très occupés par leurs affaires personnelles, dans la semaine à venir. Il fallut que le maire menaçât d'en référer à M. de Lesseps pour que les bonnes volontés se manifestassent. Sans doute tous ces conseillers municipaux, soi-disant libres et bénévoles, craignaient-ils les représailles du gouvernement français au cas où ils ne rempliraient pas ponctuellement leurs fonctions. La majorité opta pour le 23 septembre, à dix heures du matin. Autrement dit, le 5 octobre d'après le calendrier grégorien. Ce décalage de dates créait une confusion dans les esprits. On ne savait jamais, à douze jours près, de quel quantième on voulait parler. Armand calcula que la réunion de la municipalité tomberait l'avant-veille de la première représentation théâtrale. Il fit observer que, dans ces conditions, il craignait d'être retenu par des répétitions de dernière heure.

— Vous vous arrangerez pour venir tout de même, dit le maire. Ce que nous faisons ici est plus important que ce que vous faites là-bas !

— J'en doute, dit M. Prévost, le préposé à l'enlèvement des cadavres.

Il était bilieux, sec, le cheveu plat. Armand eut l'impression qu'il dégageait une odeur de terre humide. Enfin la séance fut levée, les conseillers municipaux se dispersèrent. Seuls restèrent dans la salle le maire, Nakhodkine, et les six adjoints. Ils devaient continuer à travailler en petit comité. Le maire remit encore à Armand quelques documents à traduire pour le lendemain. Un planton irait les chercher au théâtre, ou à son domicile, selon sa préférence.

— Au théâtre, dit Armand.

Il sortit, flanqué d'un certain Kovroff, gros bonhomme barbu, en caftan bleu, qui s'était offert à lui montrer le chemin.

— Avant cette guerre, j'étais marchand de la troisième guilde, dit Kovroff. Et vous?

— Moi, dit Armand, je n'étais rien.

— Croyez-vous que nous soyons très utiles, dans cette assemblée?

— L'avenir nous le dira.

— L'avenir, l'avenir! marmonna Kovroff. Si jamais les nôtres reprennent Moscou, nous aurons un drôle d'avenir, nous, les conseillers municipaux!

— Pourquoi?

Kovroff rentra la tête dans les épaules et ressembla à une tortue:

— Vous verrez, il se trouvera sûrement de méchantes langues pour nous dénoncer comme ayant servi l'ennemi.

— Nous ne servons pas l'ennemi, dit Armand, nous servons la population civile.

— C'est ce que je me répète, pour me consoler. Ah! malheur! Je n'ai jamais su distinguer ma droite de ma gauche. Quand je marche vite, je mets toujours mes pieds dans les flaques. Mais quoi? On ne se refait pas. Si quelqu'un me demande de l'aide, je ne sais pas lui tourner le dos. Même s'il le demande en français. C'est tout droit, maintenant. Vous descendez par le grand escalier. A bientôt... Moi, je retourne auprès du maire.

En se retrouvant dehors, dans le crépuscule, Armand regretta sa faiblesse. Il avait l'impression, soudain, d'être dupe de quelqu'un de plus fort que lui. En quatre mots, M. de Lesseps l'avait embarqué. « Un novice, je me suis laissé avoir comme un novice », songeait Armand avec tristesse. Il avait un poids de fatigue et de dégoût en travers de la poitrine. Sous son bras, il serrait un portefeuille de maroquin vert, contenant les documents que le maire lui avait demandé de traduire. L'air était frisquet, le ciel, chargé de nuages. Il faisait presque sombre, lorsque Armand arriva au théâtre. Sur la scène, les acteurs répétaient encore à la lueur des quinquets. Ils l'entourèrent. Pauline lui sauta au cou. Il raconta son aventure. On le félicita.

— Tu as bien fait d'accepter, dit Pauline. Je suis fière de toi !

Ses yeux étincelaient d'une voluptueuse promesse. Malgré cet encouragement, Armand ne parvenait pas à surmonter son malaise. Il demanda à Mme Aurore Bursay :

— Est-ce vous qui avez parlé de moi à M. de Bausset ?

— Oui, dit-elle. Pourquoi ? Je n'aurais pas dû ?

Elle était là, massive, blonde et douce comme une motte de beurre, sous son bonnet de reine d'Écosse.

— Mais si, dit Pauline. Tu as eu raison, Aurore. Il faut savoir se ménager des appuis par les temps difficiles...

— Je n'avais pas pensé à cela, dit Armand avec amertume.

Mais déjà Pauline le tirait par la main vers le milieu de la scène. A sa suite, il rentrait dans un univers de toiles peintes et de fausses perspectives. Ses soucis étaient ceux de Dorante, sa parole, celle de Marivaux. On attaqua le troisième acte. Armand gronda Arlequin de son outrecuidance, puis, resté seul, face à la salle vide, il récita d'un air préoccupé :

« — Tout ce qui se passe ici, tout ce qui m'y est arrivé à moi-même, est incroyable. Je voudrais pourtant bien voir Lisette... »

12

A la dernière minute, Mme Aurore Bursay avait décidé d'inverser l'ordre de l'affiche et de commencer par *L'Amant, auteur et valet,* afin de permettre aux spectateurs retardataires d'arriver à temps pour le *Jeu de l'Amour et du Hasard,* qui formait le plat de résistance. N'étant pas de la première pièce, Armand se glissa hors des coulisses pour assister à l'afflux du public. Tapi derrière une colonne de la galerie extérieure, il voyait des bandes de soldats qui se hâtaient, dans le crépuscule, à travers les ruines. Shakos et bonnets d'ourson convergeaient vers l'édifice blanc du théâtre, comme des rats vers un fromage. Devant l'entrée, M. de Bausset avait fait disposer des tonneaux pleins d'eau et des seaux pour le cas d'incendie. De nombreux factionnaires s'échelonnaient tout au long de la Grande-Nikitskaïa. A deux pas de là, des rôdeurs russes cherchaient encore leur nourriture dans les décombres.

Assises derrière une table, dans le péristyle, Mme Domergue et Mme Bursay encaissaient l'argent, roubles et francs mêlés, et répondaient aux plaisanteries de leur rude clientèle. Certains, par munificence, payaient plus que leur dû. La monnaie n'avait plus aucune valeur dans ce paradis du troc. On délivrait des billets roses pour les premières galeries, bleus pour le parterre et jaunes pour la galerie du haut. Les comptoirs du foyer étaient tenus par des grenadiers de la Garde impériale, qui, les manches de chemise roulées sur les bras et en tabliers blancs, servaient des rafraîchissements aux amateurs avant leur entrée dans la salle. Les prix des boissons étaient affichés. Ils parurent à Armand hors de proportion : deux roubles pour un gobelet de rhum !

Il retourna dans les coulisses, se faufila sur la scène et écarta les pans du rideau. La salle, bien éclairée, était déjà presque pleine. Du plafond pendait un gigantesque lustre d'argent massif, pris dans quelque sanctuaire. Les colonnes s'ornaient, en alternance, d'aigles impériales en carton et de drapeaux français. Le parterre était occupé par des soldats et les deux rangs de loges par des officiers de toute arme. Dans cette zone-là, s'étalait une extraordinaire surenchère de tresses d'or, de brandebourgs martiaux, de pelisses courtes, d'écharpes multicolores, d'épaulettes massives, de bufleterie et de décorations. Les teintes vives des dolmans formaient un joyeux bariolage entre les murs blancs rehaussés de moulures dorées. Çà et là, entre deux faces de soudard, brillait un visage de femme, quelque modiste ou quelque catin amenée par un vainqueur peu difficile sur le choix de ses conquêtes. Un brouhaha de voix viriles s'élevait du troupeau chamarré. On s'interpellait d'une travée à l'autre. Dans la fosse d'orchestre, les musiciens de la Garde préludaient. Mme Périgny, qui n'était pas du spectacle, se pencha sur l'épaule d'Armand, regarda par l'ouverture du rideau et s'exclama :

— M. de Bausset est là ! Et sur la droite, c'est le duc de Trévise ! Et dans la loge du centre, mon Dieu ! n'est-ce pas le roi de Naples en personne ?... Vraiment nous sommes gâtés ! Quelle assistance !

A contempler cette foule d'inconnus dont il lui faudrait bientôt affronter le jugement, Armand éprouvait, dans tout le corps, une impression de rupture et de chute. De nouveau il lui semblait ne plus savoir la première réplique de son rôle. Les mots fuyaient sa tête par les mille trous d'une passoire. Épouvanté, il se réfugia dans les coulisses où régnait une fièvre de carnaval. Tous les comédiens, déjà habillés et fardés, allaient et venaient d'une loge à l'autre avec des visages raides et colorés comme des masques. Une sorte d'ébriété scintillait dans leurs prunelles. Pauline avait tant de rouge aux joues et de bleu aux paupières, qu'Armand en fut, sur le moment, choqué. Une poupée de porcelaine en robe rose à paniers l'interrogeait de ses lèvres incarnadines :

— Comment, tu n'es pas encore prêt?

— Nous avons bien le temps, dit-il, nous ne passons qu'en second.

— Et s'il y avait quelque anicroche de dernière minute! Viens vite!

Elle l'entraîna dans la loge qu'il partageait avec Jérôme Saint-Clair et l'aida à revêtir sa livrée. Puis elle lui mit une grande serviette autour du cou et le grima. Il subit avec répugnance cette sensation de gras sur le visage. Ses lèvres mâchaient un goût de fard. Dans le miroir de la coiffeuse, il voyait une face peinturlurée dont les traits même lui paraissaient modifiés. Il ne reconnaissait pas son regard, sous les sourcils renforcés d'une ombre brune. Un laquais mécontent le considérait dans l'encadrement de la glace. S'il souriait, s'il parlait, la croûte de couleur craquerait autour de sa bouche. L'univers entier, devant lui, puait le cosmétique, la poussière, la peinture. « Je suis devenu un histrion, se dit-il avec accablement. Moi! Un Croué! Père, pardonnez-moi! » Pauline s'écria :

— Tu es magnifique!

— Fais-moi répéter mon rôle, une dernière fois, dit-il.

— Surtout pas! Tu t'embrouillerais. On a toujours peur d'avoir tout oublié avant le lever du rideau. Et, devant le public, les choses s'arrangent. Debout, marche. Te sens-tu à l'aise?

— Non.

— Cela viendra vite! dit Jérôme Saint-Clair, qui, lui, était vêtu en gentilhomme.

179

Quelqu'un passa dans le couloir en criant :

— Le rideau dans dix minutes !

Au loin retentirent les accents de l'orchestre qui exécutait une fanfare : *La Victoire est à nous*. Les murs tremblaient sous ce souffle puissant. La fin du morceau, très long, fut accueillie par des vivats. Puis les musiciens entamèrent un autre morceau, que Jérôme Saint-Clair reconnut pour être un hymne célébrant la naissance du roi de Rome et intitulé *Le Triomphe du mois de mars, ou le berceau d'Achille*. Nouveaux vivats. Encore une ritournelle, et ce furent les trois coups.

Blottis derrière un portant, Armand et Pauline écoutaient leurs camarades jouer *L'Amant, auteur et valet*. D'énormes rires saluaient chaque phrase drôle. De temps à autre, quelqu'un, dans la salle, hurlait, hors de propos : « Vive Napoléon ! » Assis sur une chaise, dans l'ombre, sur le côté, près du rideau, Adnet, son pied goutteux enveloppé d'un paquet de linge, grommelait :

— Ça marche, ça marche !

La dernière réplique fut marquée par des trépignements et des battements de mains. Les acteurs saluèrent plusieurs fois et sortirent de scène, surexcités et transpirants. Leurs camarades se précipitèrent pour les embrasser, tandis que dans la salle, commençait le remue-ménage de l'entracte. Le tumulte des voix devenait assourdissant. Les soldats, ayant bu au comptoir du foyer, se disputaient, riaient, chantaient à tue-tête. Armand en entendit plusieurs qui vociféraient en chœur, sur l'air du *Déri-déra-la-la,* une adresse au tsar Alexandre :

« Alexandre qu'allez-vous faire?...

« A Saint-Pétersbourg nous irons,

« Tout en vous chauffant les talons,

« Avec Napoléon, avec Napoléon... »

Il s'adossa au mur. Le sang lui remontait à la tête. Arracher cette livrée honteuse, laver son visage fardé, fuir dans la nuit, rejoindre les vrais Russes qui se cachaient dans les ruines de leurs maisons ! Pauline lui prit la main.

— Cela va être à nous, dit-elle.

Et elle lui posa la main sur son corsage :

— Sens-tu comme mon cœur bat ?

Il sentait surtout cette chaleur de peau nue dans le creux de sa paume. Machinalement il se récitait la première phrase de son rôle : « Je cherche Monsieur Orgon ; n'est-ce pas à lui que j'ai l'honneur de faire la révérence ? » Trop tard pour reculer. Le bruit de la salle baissait. Armand ne paraissait qu'à la scène VI. Mais Pauline, elle, attaquait dès le lever du rideau, face à Mme Louise Fusil en soubrette. Elles allèrent se placer. Pauline fit bouffer, d'une pichenette, les rubans de ses manches et se passa la langue sur les lèvres. Mme Louise Fusil esquissa le signe de la croix sur son giron. Adnet empoigna le brigadier et frappa les trois coups. Le rideau s'envola dans un riche glissement d'étoffe. Et, dès que Pauline ouvrit la bouche, les applaudissements éclatèrent. La soldatesque rendait hommage à sa beauté. Quelqu'un cria :

— Une rose dans les ruines ! Bravo la Filardy !

— Vivent les Françaises ! hurla un grenadier, au premier rang.

Pauline salua et poursuivit. Quand elle sortit de scène pour aller se déguiser en soubrette, on l'applaudit encore. Elle reparut, plus séduisante que jamais sous son tablier de dentelle.

— « Me voilà, monsieur ! dit-elle à Orgon. Ai-je mauvaise grâce en femme de chambre ? »

— Non ! Non ! glapit un spectateur. Mais tu serais plus jolie chez nous, en cantinière !

Armand respirait avec difficulté. Des toiles peintes tendues sur des châssis, de fausses portes, des frondaisons fanées dans les cintres, tout ce trompe-l'œil lui semblait soudain plus réel que le monde hideux de la guerre. Quelques minutes encore, et ce serait son tour. Le saut dans le vide. Il n'avait plus de jambes, plus de tête. Jérôme Saint-Clair le poussa doucement par l'épaule :

— Va!

Il entra dans le grand gouffre lumineux de la scène. Les lampes à réflecteurs de tôle qui composaient la rampe l'éblouirent. Derrière cette barrière de flammes captives, il devinait des ténèbres peuplées, une cuve, blanc et or, pleine d'yeux, d'épaulettes, de mains, d'haleines, de craquements. Dans le trou du souffleur, veillait le visage rassurant de Mme Adnet éclairé par une bougie. Mais Armand ne la regardait pas, il n'avait d'attention que pour Pauline, si proche et pourtant si étrangère sous son maquillage. Que devait-il dire? Mon Dieu! il ne s'en souvenait plus! Il se plia en deux dans une révérence de valet et lança, sans réfléchir :

— « Je cherche Monsieur Orgon; n'est-ce pas à lui que j'ai l'honneur de faire la révérence? »

Sa voix sonnait haut et clair. C'était fini. Tout à coup il n'avait plus peur de rien. La menace qui le paralysait naguère était conjurée. Jamais il ne s'était senti aussi léger, aussi gai, aussi sûr de lui. Quand il eut détaillé la tirade qui se terminait par : « Quelle espèce de suivante es-tu donc, avec ton air de princesse? » des spectateurs applaudirent :

— Bravo, Beaurivage!

Il en eut le souffle coupé de bonheur. Pauline le regardait intensément. Elle était à la fois la coquette Silvia, intriguée par les manières de Dorante, et une femme amoureuse remerciant son amant de tout ce qu'il faisait pour elle et se réjouissant de son succès. Ce mélange de sincérité et de comédie le transportait. Il joua mieux encore, avec aisance, avec insolence, avec invention. On riait de ses mots. Il n'avait que des amis dans la salle. Après tout, ces traîneurs de sabre étaient plus sympathiques qu'il n'y paraissait.

A l'entracte, les acteurs se félicitèrent mutuellement de la marche du spectacle. Pauline dit à Armand :

— Tu es encore meilleur qu'aux répétitions ! C'est le propre d'un véritable comédien ! Je t'aime, mon petit lunatique, mon Moscocite à moi !

— Et moi, dit-il, je t'idolâtre ! Toute la pièce tient sur toi !

Il lui baisait les mains, il la pressait. Elle le repoussa parce qu'il froissait sa robe.

Au deuxième acte, la température du public monta encore. A tout moment, on applaudissait Pauline. Elle était la reine de la fête. Chacun l'eût voulue sur ses genoux. Parfois des soldats criaient :

— Venez nous voir au 27e chasseurs !

Ou bien :

— De la part des artilleurs, bravo, Madame !

Ou encore simplement :

— Vive la France !

Quand Arlequin amoureux s'exclama devant Lisette : « Que voulez-vous ? Je brûle et je crie au feu ! » un plaisantin brailla :

— L'incendie est éteint ! Allez voir dehors !

Dans la grande scène entre Silvia et Dorante, lorsque Pauline posa à Armand la question fatidique : « Vous partez, m'as-tu dit ? Cela est-il sérieux ? » un autre luron intervint du parterre :

— Non, nous ne partons pas ! Nous restons à Moscou ! Vive le petit Tondu et la vieille Garde !

Mais ce fut à l'acte III qu'il y eut le plus de remous. A peine Arlequin eut-il demandé à Lisette : « Haïssez-vous la qualité de soldat ? » qu'une énorme vague de rires déferla de la salle à la scène.

— Non ! Non ! glapissaient des voix éraillées. Elle ne nous hait pas ! Elle nous aime ! Honneur à la Grande Armée !

Le spectacle s'acheva dans la joie et le charivari. En venant saluer devant le rideau, avec ses camarades, Armand éprouva de nouveau le sentiment d'une communion triomphale avec le public. Il s'inclinait devant les uniformes français, il remerciait, la main sur le cœur, pour les applaudissements, il entendait avec fierté son nom mêlé à celui des autres.

— Bravo la Filardy! Bravo Beaurivage! Bravo la Fusil! Bravo Bellecour! Bravo Saint-Clair!...

Les ovations se prolongeaient. Debout dans la salle, toute l'armée d'invasion, des généraux aux soldats, battait des mains. En se retrouvant dans les coulisses, les mollets faibles, Armand eut l'impression que la comédie continuait. On ne jouait plus Marivaux, mais quelque chose d'aussi amusant, où chacun avait son rôle. Une exaltation de commande jetait les acteurs et les actrices dans les embrassades et les exclamations. Mme Aurore Bursay exultait :

— C'est un triomphe, mes enfants! Les échos en parviendront aux oreilles de l'empereur!

Pauline trouva dans sa loge une gerbe de sept roses, un peu fripées, avec une lettre du colonel Barderoux. Elle en fut, comme il se doit, très émue. Quelle délicatesse! Quelle ingéniosité! Comment avait-il fait pour se procurer ces fleurs dans une ville entièrement dévastée? Toutes les dames de la troupe défilèrent devant le bouquet et s'extasièrent. Armand, dans son coin, enrageait. Il s'était démaquillé à la diable et avait hâte maintenant de rentrer à la maison. Ce Barderoux lui avait gâché son plaisir. Déjà quelques militaires de haut grade s'infiltraient dans les coulisses pour complimenter les acteurs. Des encombrements de galons se formaient aux portes des loges. Les voix des femmes se haussaient de deux tons. Elles ne parlaient plus, elles pépiaient. Barderoux parut en personne. Superbe, la poitrine bombée sous le grillage des brandebourgs. Pauline lui tendit les deux mains. Il les effleura de la moustache.

— C'est de la folie! dit-elle. Ces roses... Il y a un siècle que je n'en ai vu!...

Elle se pencha sur les fleurs, les respira jusqu'à la pâmoison et reprit :

— D'où viennent-elles?

— C'est mon secret, dit-il. Ou plutôt celui de mes fourrageurs. Pourtant, croyez-moi, le miracle, ce n'est pas de trouver des roses à Moscou, mais d'y voir, en pleine guerre, une comédienne de votre mérite!

Il fit également l'éloge des autres personnes de la compagnie, sans oublier Armand.

— Devant de si brillants débuts, lui lança-t-il, je ne sais plus si je dois vous appeler M. de Croué ou M. Beaurivage!

Piqué au cœur, Armand cherchait une réponse spirituelle, mais déjà Pauline intervenait gaiement :

— Beaurivage! Beaurivage! Oubliez Armand de Croué! Il n'y a plus ici qu'Armand Beaurivage!

Barderoux s'inclina et dit encore :

— Jamais Marivaux n'a été mieux servi! Même à Paris! J'en prends à témoin les mânes de la divine Gianetta Benozzi!

Et il décréta qu'afin de parachever la fête il invitait la petite troupe au restaurant.

— Un restaurant? A Moscou? s'écria Pauline. Mais il n'y en a pas!

— Il n'y a pas non plus de roses, à ce qu'il paraît! dit Barderoux avec un sourire avantageux.

Armand lui eût sauté à la gorge. Et pourtant l'idée ne lui vint pas de refuser l'invitation. Il préférait souffrir plutôt que de quitter Pauline d'une semelle. Tout était redevenu noir dans sa tête. Le chancre de la jalousie le rongeait.

— C'est à deux pas d'ici! reprit Barderoux. Dès que les dames se seront changées, nous nous mettrons en route. Si vous n'y voyez pas d'inconvénient, quelques amis de mon régiment se joindront à nous...

Les dames, aiguillonnées par la faim, furent vite prêtes. On sortit en groupe. La nuit n'était pas encore tombée. Mais à cette heure, entre chien et loup, tout passant était porteur d'une menace. Le colonel Barderoux marchait, le pistolet au poing. Deux de ses lieutenants, sabre dégainé, formaient l'arrière-garde. Bien que sans armes, les acteurs redressaient la taille. Serrées coude à coude, les dames étaient le centre précieux et vulnérable de l'expédition.

On arriva ainsi devant une grande baraque en planches, accotée aux ruines d'un hôtel. De l'extérieur, on eût dit un hangar. Mais, la porte poussée, la lumière de cent bougies vous aveuglait. Les tables étaient occupées par des militaires de haut grade, avec, çà et là, parmi les uniformes, une femme, très décolletée et riant fort. Le patron, un Tartare souple et souriant, vêtu d'une lévite, conduisit les nouveaux arrivants jusqu'aux places qui leur étaient réservées. On s'assit sans protocole, et Pauline se trouva, comme par hasard, entre Barderoux et Armand. Les assiettes étaient de porcelaine fine, les couverts, d'argent ciselé. De toute évidence, le Tartare s'était monté en vaisselle dans les décombres. Armand le considéra avec une curiosité attristée. Combien y en avait-il, à Moscou, de ces profiteurs? L'homme baragouinait le français. Sans doute avait-il été cuisinier ou maître d'hôtel dans une grande maison. Il expliqua que, ce soir, il pouvait servir un filet de bœuf piqué garni de riz à la russe et une gelée de kirsch avec des biscuits. Les comédiens s'étouffèrent d'enthousiasme. Tout leur convenait. Le colonel Barderoux commanda les vins: Comment se faisait-il qu'au milieu d'une ville affamée on trouvât soudain une telle abondance? Armand avait honte de sa fringale. L'honneur ne pouvait-il dominer l'estomac? Les émotions théâtrales l'avaient creusé. Il mangea comme quatre. Pauline, coiffée à l'antique et le corps moulé dans sa robe blanche à palmettes, distribuait son charme à la ronde, telle une aiguière inclinée versant le vin aux verres qui se tendent. Barderoux lui parlait à l'oreille, en chuchotant. Ils avaient des secrets. Elle riait avec des mouvements d'épaules qui faisaient penser aux grâces d'une femme dans un lit. Moins elle s'occupait d'Armand, plus il avait envie d'elle. Il la désirait à travers le désir d'un autre. C'était douloureux et grisant. La soirée se prolongea fort tard. Les convives, rassasiés, touchèrent à peine au dessert, mais goûtèrent de tous les vins. La vie était facile, à condition de ne pas regarder dehors. En songeant au nombre d'hommes qui, dans la salle de théâtre, avaient en secret souhaité les faveurs de Pauline, Armand mesurait mieux l'étendue de sa chance. Même Barderoux était à plaindre, puisque, tout à l'heure, ce serait lui, Armand, qu'elle retrouverait entre les draps. Il laissait au colonel les miettes de la séduction féminine — œillades, sourires, gestes ronds —, pour conserver l'essentiel d'une âme et d'une chair sans défauts.

Et, en effet, lorsqu'ils furent seuls à nouveau dans la chambre, Pauline oublia tous ses rôles pour celui d'amoureuse. Parce qu'il l'avait vue un moment incarnant Silvia, il la trouva plus vraie, plus nue que d'habitude quand elle redevint elle-même. Fallait-il qu'elle fût belle et experte, pour lui réserver encore des surprises ! Son visage se dénouait, tremblait, se fractionnait en demi-sourires, en regards tantôt attentifs et tantôt chavirés, en soupirs houleux, en gémissements intérieurs. Soudain ses incisives, très blanches, mordirent sa lèvre. Elle fut enflammée d'un plaisir carnassier. Il lui sut gré du contentement qu'elle laissait paraître. Quand donc s'arrêteraient-ils, tous deux, dans l'escalade de l'amour ? Sans doute était-ce cela le comble du bonheur : cette sensation d'avoir atteint le sommet, jointe à la certitude que demain l'on pourrait monter plus haut encore. Gorgée de volupté, Pauline reposait maintenant dans ses cheveux épars. Ces cheveux,

Armand en avait le goût dans la bouche. Il respirait calmement après l'étreinte et regardait la chambre où brûlait une seule bougie. D'une pièce banale, Pauline avait fait, en quelques jours, la caverne d'Ali Baba. Au lustre de cristal, elle avait accroché des pans de tulle brodé de papillons d'or, qui descendaient en courbes molles et formaient autour du lit une tente légère et transparente. Sur les fauteuils, étaient jetées négligemment des étoffes de brocart à ramages; un coffre débordait de dentelles; le couvercle d'un autre était soulevé par l'abondance des fourrures; dix tapis persans superposés s'étalaient devant la coiffeuse à la glace entourée de peluche; le long du mur, s'amoncelaient des plats de vermeil, un samovar en argent, une cage contenant un oiseau en pierres précieuses multicolores, des candélabres à motifs égyptiens, une statuette de marbre représentant l'Amour et Psyché, un traîneau d'enfant incrusté d'ivoire... Tous ces objets avaient été trouvés dans les ruines par Barderoux, qui les avait offerts à Pauline avec une intempestive munificence. Collectionneuse insatiable, elle entassait pêle-mêle les débris de la richesse des autres. L'absurdité même de ce capharnaüm luxueux l'excitait. Sa couche était le centre d'un opéra baroque. Elle s'étirait, lascive, poivrée, vénéneuse, dans un décor faux. Touchant la main d'Armand, elle chuchota qu'elle avait soif. Il y avait toujours, sur la table de nuit, un flacon de vin de Porto, don du colonel Barderoux. Armand remplit un verre et le tendit à Pauline. Elle l'avala et en demanda un autre. Elle buvait beaucoup, ces derniers temps. « Rien que du sucré ! » disait-elle. Il la contemplait, dressée sur un coude, les seins à demi voilés par le drap, et sirotant son porto avec une mine gourmande. De l'autre côté du lit, sur une table de nuit identique, les roses de Barderoux s'épanouissaient dans un vase.

— Bois, toi aussi, dit-elle.

188

Il n'en avait pas envie. Cependant, pour complaire à Pauline, il s'exécuta. Elle se rapprocha de lui. Demain, pas de spectacle. Mais il devait se rendre à une séance de la municipalité. Des idées graves le traversèrent, tandis que Pauline lui tendait les lèvres. Ses traductions avaient été fort appréciées à la dernière réunion. M. de Lesseps l'en avait félicité. Le parfum de Pauline l'envahit. Tout le théâtre entrait dans sa bouche. Il oublia M. de Lesseps. Pauline l'attirait au fond d'un gouffre. Lasse et exigeante à la fois, elle voulait être caressée. Il s'appliqua. Elle gémissait. Il voyait les roses de Barderoux, les seins de Pauline et il était heureux à en crier.

Le lendemain matin, avant la séance de la municipalité, M. de Lesseps convoqua Armand dans son bureau et le complimenta pour son succès de la veille, dont il avait entendu parler par le duc de Trévise.

— J'ai sincèrement regretté de ne pouvoir assister à la représentation, dit-il. Mais j'irai certainement vous applaudir, vous et vos camarades, un de ces soirs. Quel sera votre prochain spectacle?

— *Le Distrait*.

— Ah! une comédie charmante, en vérité! Je l'ai vue autrefois, à Paris. Quel rôle tenez-vous dans la pièce?

— Celui de Léandre.

— Dans ce cas, j'ai scrupule à vous charger d'un surcroît de travail. Et pourtant il le faut, monsieur Beaurivage!

Armand se mit sur ses gardes et murmura :

— Je ne vois pas en quoi je pourrais vous être utile encore.

M. de Lesseps sourit :

— Les services que vous nous rendez en tant que translateur sont certes considérables, mais, du train dont vont les choses, nous devons tous donner davan-

tage de nous-mêmes afin de redresser une situation qui
menace de devenir catastrophique. Je compte sur vous,
monsieur Beaurivage, pour aider les commissaires de la
municipalité à améliorer le ravitaillement de la population civile. Il importe de convaincre les paysans des
campagnes environnantes que d'eux seuls dépend la
survie des habitants de Moscou.

— Vous le leur avez expliqué, ce me semble, dans vos
affiches, dit Armand. On en a placardé partout !

— Ce ne sont pas mes affiches qui inciteront les culti-
vateurs à venir en foule apporter à Moscou leurs
denrées. Non, ils ont besoin d'être rassurés et encouragés de vive voix. Rien ne remplace le contact humain.
Nos commissaires — russes pour la plupart — s'acquit-
tent tant bien que mal de cette rude tâche. Ils ne
sont pas assez nombreux ni assez persuasifs. Vous
vous joindrez à eux. Ayant une égale pratique des
deux langues, vous servirez de lien entre les moujiks
et nos soldats...

De nouveau, le charme de la noblesse et de l'honnê-
teté agissait sur Armand. Incontestablement, son interlocuteur lui en imposait, le subjuguait.

— Vous avez pu vous rendre compte par vous-même,
je suppose, des conditions atroces où vivent les Russes
trop pauvres ou trop confiants pour avoir fui la ville,
poursuivait M. de Lesseps. Nous avons une dette d'humanité envers eux...

Armand acquiesça de la tête. Les souvenirs du souper de la veille lui revinrent en mémoire. Il pensait au
Tartare obséquieux, aux viandes, aux bouteilles de vin,
aux rires des convives repus. Et aussi à ces revenants
qui cherchaient quelques légumes pourris dans les
décombres et se jetaient dessus avec une voracité de
chiens. Un remords lui restait de cette fête, aggravé
du besoin confus de se racheter. Il regarda M. de Lesseps droit dans les yeux et dit :

— En quoi, au juste, consistera mon travail ?

— Vous vous présenterez dans les villages que nous vous indiquerons, répondit M. de Lesseps. Vous rassemblerez les paysans. Vous leur certifierez qu'ils peuvent en toute tranquillité apporter les produits de leur sol dans la capitale, bref vous leur rappellerez les termes de mes dernières proclamations en y ajoutant toute la chaleur dont vous êtes capable. Ce qu'il faut, c'est que quelques-uns se décident. Une fois la première impulsion donnée, tous les hésitants suivront.

— Mais comment me rendrai-je dans ces villages?

— Je vous ferai donner un cheval et une escorte de six hommes.

— Je n'ai pas besoin d'escorte.

— Si, monsieur. Il ne se passe pas de jour que nos fourrageurs ne soient attaqués par des Cosaques ou par des paysans. C'est une véritable guerre d'escarmouches qui se livre aux portes de la capitale. Je ne vous cache pas que votre entreprise sera périlleuse.

— Je crains surtout qu'elle ne soit absorbante, dit Armand. Comment concilierai-je mes occupations d'acteur avec celles de commissaire?

— Le plus facilement du monde, dit M. de Lesseps. Ne croyez surtout pas que je vous demande de parcourir la campagne tous les jours que Dieu fait pour haranguer les moujiks! Vous jouez demain, me dites-vous? Eh bien! vous irez faire un tour après-demain matin, aux abords de la ville, sans vous presser. Vous recommencerez quand vous aurez un moment de loisir. Je vous laisse libre de votre emploi du temps. Il me serait trop pénible de penser que Marivaux ou Regnard pâtissent par ma faute!

Il ouvrit un tiroir de son bureau, en sortit une écharpe blanche et la noua prestement au bras gauche d'Armand.

— Qu'est-ce que c'est? demanda Armand en reculant d'un pas.

— Le signe distinctif de vos nouvelles fonctions, dit M. de Lesseps.

Armand se crispa. « Encore un déguisement ! » pensa-t-il.

13

Ils sortirent par la barrière Kaloujskaïa Armand chevauchait en tête de l'escouade. La campagne était encore luisante de rosée, nimbée de brume, mais déjà le bleu du ciel rayonnait par une déchirure, à l'est. L'air était frais, la route, sèche. Une belle journée d'automne. N'avait été ce bruit de sabots et de harnais, derrière lui, Armand aurait pu se croire seul, en promenade à travers un univers de paix. Il avait, dans sa poche, la liste de quelques villages à visiter. Le cheval que le colonel Barderoux lui avait proposé naguère, un autre venait de le lui fournir, sans qu'il le demandât. Et si, au lieu de se conformer aux instructions de M. de Lesseps, il piquait des deux et prenait le large ? Cette idée lui parut absurde. Où fuir ? Et pour rejoindre qui ? Nathalie Ivanovna était si pâle, si irréelle à l'horizon de sa pensée ! Un rêve de jeunesse. Un souvenir de lecture. Tant de choses le retenaient à Moscou : Pauline, le théâtre et, à présent, son travail à la municipalité !... Ce travail, qu'il avait accepté à contre-cœur, se révélait, dès les premiers pas, plus prenant qu'il ne l'aurait cru. Le bien-être de milliers d'inconnus dépendait de la réussite de sa mission. Il en concevait, pour lui-même, une bizarre estime. Des vers du *Distrait* lui revinrent à l'esprit :

.« Vous avez du service, un nom, de la valeur :

« Il faut vous distinguer dans un poste d'honneur. »

La représentation d'hier s'était déroulée dans la même atmosphère de bonhomie. On jouerait de nouveau demain. Cette perspective réjouissait Armand comme une promesse de fête. D'un côté, l'entreprise sérieuse, utile, ingrate du ravitaillement, de l'autre, toute la verroterie du spectacle. Jamais sa vie ne lui avait paru aussi pleine, aussi diverse, aussi pailletée. Il respirait profondément, de toute la poitrine. Une envie lui venait soudain de courir le lièvre, de sauter des fossés, de crever sa monture. Comme lorsqu'il chassait, naguère, avec la famille Béreznikoff, dans les forêts proches de Nikolskoïé. On s'engagea dans un sous-bois. Le maréchal des logis qui commandait le petit détachement de chasseurs à cheval vint à la hauteur d'Armand et lui conseilla d'accélérer l'allure : c'était dans les taillis que se cachaient d'habitude les partisans. Un bruit de cavalcade mit tout le monde en éveil. Fallait-il tourner bride ? Non ! Des casques à chenilles noires. Une patrouille de chevau-légers. Les cavaliers, en se croisant, échangèrent les plaisanteries d'usage :

— Toujours les mêmes qui baguenaudent !

— D'où venez-vous ?

— De la Porte Saint-Denis. Et vous ?

— Des Champs-Élysées !

On riait, les chevaux encensaient, les hommes bougeaient mollement sur leur selle, une impression de sécurité et de fraternité envahissait Armand. Il ne se sentait pas déplacé, avec son brassard blanc, parmi ces uniformes. La France l'entourait dans un paysage russe. Casques et shakos se séparèrent. Les chevau-légers continuèrent leur route sur Moscou, tandis que les chasseurs s'enfonçaient plus loin dans la campagne.

Le village de Gorbatovka, où ils pénétrèrent d'abord, paraissait désert. Quelques isbas enfumées étaient rangées en demi-cercle autour d'un pré pelé, face à une petite église de bois. Armand mit pied à terre, choisit une maison au hasard et poussa la porte. Toute une famille était assemblée là, dans la pénombre. On voyait luire des yeux et le flanc d'une cruche. Sans doute, mystérieusement avertis de l'arrivée des Français, les habitants s'étaient-ils cachés dans leurs tanières. Armand consulta son papier et demanda en russe :

— Je suis bien sur les terres du comte Apoukhtine?

Rassuré par l'accent irréprochable du visiteur, un homme se leva, grand, noueux, barbu, et dit posément :

— Oui.

— Où se trouve la maison seigneuriale?

— A deux verstes de là, par le grand chemin. Mais la maison est vide. Elle a été pillée. Le comte est parti avec toute sa famille.

— Et l'intendant du domaine?

— Parti, lui aussi. Nous sommes comme un troupeau sans berger.

— Qui est le staroste du village?

— Moi.

— Rassemble tout le monde dans le pré.

L'inquiétude assombrit le regard du staroste, sous la broussaille de ses sourcils :

— C'est pour quoi?

— J'ai une déclaration à vous faire.

— Tu viens de la part des Français?

— Non, des Russes, vos frères.

— Alors pourquoi es-tu avec des Français?

— Tu comprendras plus tard. Dépêche-toi. Je suis pressé. J'ai d'autres villages à voir.

Le staroste alla de porte en porte et bientôt une foule haillonneuse se réunit devant l'église. Armand promenait les regards sur cette assemblée de taupes sorties de leurs taupinières — hommes, femmes, enfants — et souffrait bizarrement du contraste entre leur air apeuré, abêti, et la rude suffisance des militaires qui formaient son escorte. Descendus de leurs chevaux, les Français se tenaient à l'écart, pleins de mépris et de réserve. Parlant avec lenteur et choisissant des mots simples, Armand expliqua aux paysans le but de sa visite :

— Vous aimez tous Moscou. C'est la mère des cités russes. Eh bien! ce qui s'y passe maintenant est affreux! Dans les ruines de leur ville, les habitants meurent de faim. Les enfants sont réduits à l'état de squelettes. On tue les chiens, les chats, les corbeaux pour se nourrir...

Un gémissement monta du cercle des auditeurs :

— On le sait, barine. C'est la honte de la chrétienté !...

— Vous ne pouvez demeurer les bras croisés devant tant de misère! reprit Armand. Vous devez partager ce qui vous reste avec ceux qui n'ont plus rien. Comprenez-moi bien : je ne vous demande pas du ravitaillement pour les troupes françaises, mais pour la population russe de Moscou. Ce sont vos frères orthodoxes que vous aiderez en acheminant des vivres vers la capitale. Pas un soldat n'y touchera, j'en fais le serment devant Dieu !...

Des femmes reniflaient à gros flot en se signant.

— Oui, oui, dit le staroste. Mais ces vivres dont tu parles, comment les vendrons-nous?

— Sur les marchés, comme autrefois, dit Armand. On a déjà rouvert celui de l'Okhotny Riad.

— Qui fixera les prix?

— Vous-mêmes.

— Comme nous voulons?

— Comme vous voulez. Vous avez bien lu les proclamations qu'on a distribuées dans les campagnes?

— Oh! les proclamations !...

Le staroste se gratta la tête et consulta ses voisins. Ils chuchotaient entre eux, la mine méfiante. Armand éprouva, presque physiquement, l'impression d'une résistance obtuse, d'un enfoncement dans le sable. Il n'avait pas l'habitude du peuple. Il s'impatienta :

— Qu'est-ce qui vous retient? Vous ne me croyez pas?

— Si ! si ! barine, dit le staroste. On te croit. Mais ces autres, là, les Français, qu'est-ce qu'ils font derrière toi?

— Ils m'escortent. Les routes ne sont pas sûres.

— Et pour nous, quand nous irons à Moscou, avec nos convois, les routes seront sûres?

— Les jours de marché, tous les itinéraires menant à Moscou seront gardés par la troupe.

Le staroste hocha sa vieille tête moussue, terreuse :

— C'est bien ça ! Tu as tout prévu ! Et tu dis tout clairement ! Ah ! quel malheur que nos greniers soient vides ! Nous avons le cœur large et nous aimerions te faire plaisir. Mais à l'impossible nul n'est tenu. Nous n'avons même pas de quoi nous nourrir nous-mêmes. Les soldats français sont venus. Ils ont tout emporté. Et ils nous ont payés avec de faux assignats qu'ils impriment dans leurs imprimeries. Nous avons des sacs pleins de leur sale paperasse et pas un sac plein de bonne farine. Coupe-nous la gorge, fouille toutes les maisons, barine, Excellence, tu ne trouveras rien à te mettre sous la dent.

Le maréchal des logis s'approcha d'Armand et demanda :

— Qu'est-ce qu'il baragouine?

— Il dit qu'il n'a rien.

— Il ment ! Laissez-moi faire !

— Non, dit Armand.

Un sourire sardonique retroussa la moustache du sous-officier sur un carré de dents ébréchées :

— A votre guise !

— Allez toujours voir au hameau de Bologoïé, reprit le staroste. Il appartient aussi au comte Apoukhtine.

196

Les terres, par là-bas, sont plus riches que par ici. Les moujiks y ont peut-être des réserves...

Armand se remit en selle.

Dans le village de Bologoïé, il se heurta à la même désolation et au même refus. Un cercle de visages fautifs, un staroste balbutiant, des signes de croix, des soupirs... Pourtant il y avait trois vaches maigres dans un enclos, des cochons, des oies, des canards. Armand éleva la voix. Malgré lui, il se rappelait le comte Paul Arkadiévitch haranguant ses serfs. Il n'implorait plus, il menaçait. Le staroste prit peur et promit, en gémissant, de livrer tout ce qu'il pourrait au marché, dimanche prochain, si les bêtes n'avaient pas été réquisitionnées, entre-temps, par l'armée française ou par l'armée russe.

— Comment, par l'armée russe? dit Armand. L'armée russe est loin !

— Des patrouilles russes viennent parfois jusqu'à Bologoïé et emmènent du bétail, barine.

Au village de Diakovo, où Armand se rendit ensuite, et qui dépendait du même domaine que les deux premiers, la petite troupe fut reçue par un invalide en uniforme vert délavé, à col rouge. La manche gauche du vieillard était vide. Un rang de médailles barrait sa poitrine. Il parlait à la place du staroste, qui se dissimulait derrière son dos. On devinait tout de suite que les moujiks le considéraient comme leur vrai chef. Lui aussi invoquait la pénurie, mais, dans ses yeux, Armand lisait un reproche. De toute évidence, il ne comprenait pas qu'un Russe servît d'intermédiaire entre l'envahisseur et les paysans, fût-ce pour soulager le sort de ses compatriotes.

— Vous vous donnez bien du mal, barine, grommelat-il, à courir les routes pour répandre la bonne parole.

— Moscou est dans un dénuement complet, dit Armand. Il faut à tout prix secourir la population civile !

— Périsse Moscou, mais que la Russie vive, dit l'invalide entre ses dents. Quand les temps sont durs, il est bons que les cœurs le soient. Un vrai Russe ne peut penser autrement...

Armand se sentait mal à l'aise, un pied dans chaque camp.

— Voyez-vous, reprit l'invalide, moi, j'ai combattu sous les ordres du comte Souvoroff. Ah! ça, c'était une guerre. Les Turcs sont des adversaires autrement coriaces que les Français, eh bien! si vous nous aviez vus les embrocher à la prise d'Izmaïl... Je le dis souvent à nos gaillards pour les encourager...

— Les encourager à quoi? demanda Armand.

Conscient soudain d'avoir trop parlé, l'invalide ne répondit pas. Sans doute poussait-il les jeunes moujiks à attaquer les soldats français isolés. Qui sait s'il n'y avait pas des armes cachées dans les granges du village! Cette idée traversa l'esprit d'Armand et le laissa tout ébranlé.

— Alors, questionna le maréchal des logis, il se décide?

— Il fera son possible, dit Armand, mais il n'a guère de quoi nous satisfaire pour le moment.

— Vous êtes trop coulant avec cette racaille. Rien de tel qu'un coup de plat de sabre pour faire surgir les sacs de froment et le lard!

L'invalide regardait le Français en dessous, avec une haine contenue. Deux époques s'affrontaient, en même temps que deux races.

— Allons voir ailleurs, dit Armand.

Les paysans saluèrent très bas. Seul l'invalide restait droit dans sa défroque militaire, fier de ses médailles et de son bras en moins.

Tard dans l'après-midi, Armand et les chasseurs à cheval reprirent le chemin de Moscou. Armand était déçu. Partout il avait rencontré la même hostilité sourde, la même incompéhension sournoise, la même obstination à ignorer le malheur du voisin. Si une dizaine de paysans de la région, poussés par l'appât du gain, se rendaient dimanche prochain à Moscou, il pourrait s'estimer heureux. Mais de quel secours seraient ces rares têtes de bétail et ces misérables tombereaux de choux, alors que des milliers de personnes se mouraient de faim dans la ville? Une goutte d'eau dans la mer. Bien sûr, comme disait M. de Lesseps, il fallait un début à tout... Le maréchal des logis qui chevauchait à côté d'Armand grogna :

— Dire que tous ces paysans que nous avons vus sont des serfs!

— Oui, dit Armand à contrecœur.

Et une courte honte le pénétra. Évidemment, ce Français devait juger la Russie arriérée, barbare, parce que le servage y était la règle.

— Est-il vrai que leur propriétaire a le droit de les vendre comme un cheptel? reprit le maréchal des logis.

— Pas exactement. Il peut les vendre, mais seulement avec la terre. Ils sont attachés à la glèbe.

— La fortune d'un seigneur se calcule donc au nombre de paysans qu'il possède?

— Oui, en quelque sorte, dit Armand.

Et il rougit, comme pris en faute. Les Béreznikoff comptaient deux mille sept cents « âmes » réparties dans leurs différents domaines. Pourtant personne n'était plus aimable, plus équitable, plus charitable qu'eux! Leurs serfs les adoraient. Voilà ce qu'un étranger ne pouvait comprendre.

— Quelle monstruosité! dit le maréchal des logis. Il était temps que nous venions pour mettre bon ordre à cela!

Armand ne répondit pas et serra les mâchoires. La supériorité morale qu'affichaient les Français l'irritait comme une insulte à la vérité. Ils étaient sottement fiers d'être les citoyens d'un pays où l'on mettait le mot liberté à toutes les sauces. Ils avaient guillotiné des milliers de personnes au nom de cette liberté. Ils envahissaient les pays pacifiques en prétendant apporter la liberté dans leurs bagages.

— Ah! reprit le maréchal des logis, vivement que la guerre finisse et qu'on s'occupe un peu du bonheur des peuples! Ce n'est pas tout de conquérir, il faut encore réorganiser. Et ça, Napoléon s'y entend comme personne! Vous verrez, les Russes eux-mêmes finiront par lui dire merci. Moi, c'est bien simple, je lui dois tout. Je suis né à Clamecy, je me suis engagé en 1800; j'ai fait la campagne d'Italie au 9e chasseurs...

Il parlait lentement, gravement, en citant des dates, comme si chaque événement de sa vie dût passionner son interlocuteur. Après un mouvement d'humeur, Armand se prêtait sans récriminer à cette confidence. La voix monotone du sous-officier le laissait tout entier à ses pensées. Était-il vrai que le servage fût anachronique et cruel? N'allait-il pas falloir, après la guerre, réviser l'état des paysans? Mais ceux-ci le souhaitaient-ils réellement? Ils ne se plaignaient pas trop. Ils avaient l'habitude. Alors... Les chevaux marchaient au pas. Les étriers tintaient. Une odeur d'absinthe et de champignon montait de la terre.

En repassant par le village de Gorbatovka, où l'escouade s'était arrêtée en début de journée, Armand s'étonna de trouver la population en émoi. Vingt personnes entouraient un gamin loqueteux, au museau charbonné et aux cheveux de chaume. Tout le monde parlait à la fois. En apercevant les Français, les moujiks se turent.

— Que se passe-t-il? interrogea Armand du haut de son cheval.

— Les Cosaques! s'écria le gamin. Les Cosaques arrivent!

Il y avait une gaieté démente dans ses yeux.

— Les as-tu vus? demanda Armand.

— Non, mais on me l'a dit, là-bas, près de l'étang, répondit le gamin.

— Sont-ils nombreux?

— Oh! oui! Cent, deux cents au moins, paraît-il!

Les visages des moujiks se déridaient. Le soleil russe les éclairait de nouveau. Certains osaient même considérer d'un œil goguenard les intrus en uniforme français. Armand expliqua au maréchal des logis de quoi il retournait.

— Filons! dit celui-ci. Nous ne sommes pas en force.

Ils s'élancèrent au galop. Un tonnerre de sabots retentit dans le chemin creux. Les branches basses sifflaient, les cailloux sautaient. Armand souffrait de ce départ sans gloire. Derrière lui, sans doute, les moujiks se gaussaient, le staroste se tenait les côtes. Au bout d'un moment, les cavaliers ralentirent leur train pour laisser souffler les chevaux.

— Soyez tranquille, dit le maréchal des logis d'une voix entrecoupée, les Cosaques, eux, trouveront fourrage et vivres chez ces mêmes paysans qui nous ont tout refusé!

— Je le crois comme vous, dit Armand. Cela vous étonne?

— Un peu. Dans les autres pays où nous sommes passés, l'habitant était mieux disposé à notre égard. Sauf en Espagne, évidemment! Voilà, nous sommes chez les Espagnols du septentrion!

Le visage du Français se fendit dans un grand rire, sous le shako à la visière luisante. Ses joues bronzées ruisselaient de sueur après la course.

— Quelle température clémente! dit-il. On se croirait à Fontainebleau! Les spécialistes de l'armée nous prédisent un hiver très doux.

— Il faut l'espérer, dit Armand. Sinon que deviendront tous ceux qui, à Moscou, n'ont plus de toit pour s'abriter?

Au loin apparurent les deux hauts piliers de pierre,

surmontés de l'aigle bicéphale, qui flanquaient la porte Kaloujskaïa

En rentrant à la maison, Armand tomba sur une réunion de la compagnie théâtrale au complet. Adnet venait d'annoncer qu'il ne souffrait presque plus de la goutte, et que, pouvant de nouveau se chausser, il entendait reprendre tous ses rôles. Sa femme le soutenait dans cette idée. Mme Aurore Bursay craignait qu'il ne présumât de ses forces. Les autres acteurs ne savaient de quel côté pencher. Armand se devait de donner raison à celui qu'il avait provisoirement remplacé. Il le fit avec beaucoup de chaleur. Tous ses camarades le remercièrent. Il fut décidé que, dès le lendemain, Adnet remonterait sur les planches. Immédiatement on fila quelques passages du *Distrait* et du *Jeu de l'Amour et du Hasard,* pour les raccords. L'animation était telle, que personne ne faisait plus attention à Armand. Ce fut tout juste si, entre deux scènes, Pauline trouva le temps de le questionner sur sa randonnée dans la campagne.

— Maigre résultat, dit-il. Mais je pense que, petit à petit, les paysans se laisseront convaincre.

— Ah ! je suis sûre que tu réussiras, dit-elle. Quoi que tu entreprennes, la chance te sourit !

Et elle retourna à la répétition. Assis sur une chaise, Armand suivit avec amusement l'échange cliquetant des répliques. Peu à peu, le souvenir pénible de sa première tournée à travers les villages s'effaçait. Il quittait la vie pour le jeu, la réalité pour l'illusion. De nouveau, les balances étaient faussées. Un duvet de cygne pesait plus lourd qu'un canon de bronze. Tout devenait riant, facile, pétillant, éphémère dans ce carnaval de mots où l'entraînait Pauline.

Le lendemain soir, il se retrouva dans le trou du souffleur, avec, derrière lui, la rumeur d'un public invisible et, devant lui, les pieds des comédiens. On donnait derechef *Le Jeu de l'Amour et du Hasard.*

Adnet, mal remis de sa goutte, se déplaçait avec économie et, dès qu'il le pouvait, s'appuyait sur un meuble pour soulager son gros orteil perclus. Trop âgé pour le personnage, il s'efforçait de pallier ce défaut par des moues et des papillotements de paupières qu'il croyait junéviles et qui n'étaient que grimaces de vétéran. En face de ce Dorante claudicant, Pauline rayonnait. On eût dit qu'elle et Adnet ne jouaient pas la même pièce. Tout le sens de la comédie en était altéré. Enchaîné dans son souterrain, Armand souffrait de ne pouvoir donner sa mesure dans un rôle qu'il sentait si bien. C'était, pensait-il, une étrange torture que d'être empêché de s'exprimer parce qu'un autre vous volait les mots de la bouche. Il aspirait à jaillir de son réduit comme un diable d'une boîte. Les allées et venues des comédiens faisaient craquer les planches devant lui. Il humait, à pleines narines, une odeur de poussière et de peinture sèche. Regardant alternativement la brochure et les visages, il se tenait à l'affût de la moindre défaillance. Adnet n'était pas très sûr de son texte. A plusieurs reprises, Armand dut lui envoyer la réplique. Heureusement le vieil acteur avait encore l'oreille bonne. Il attrapait au vol les mots que lui chuchotait le souffleur et les répétait d'une voix claironnante. Malgré ses efforts, les spectateurs ne montraient aucune sympathie envers ce jeune premier déclinant. Pas un de ses effets ne fut applaudi. Ses mimiques énamourées soulevaient les rires. Seule Pauline recueillit, comme de juste, les ovations des soldats.

Après le spectacle, il y eut l'habituelle cérémonie des congratulations et des embrassades. Barderoux reparut dans les coulisses. Il finirait par connaître la pièce par cœur. Cette fois encore, il offrit des roses. Mais pas de souper : le restaurant venait d'être fermé par l'autorité militaire, sur la demande de la municipalité.

— Ils en font de belles, tes amis du Conseil municipal ! dit Pauline à Armand. Ce restaurant ne causait de tort à personne ! La population pauvre ne mangera pas mieux parce qu'on aura supprimé la seule bonne table de Moscou !

— C'est une question de morale, dit Armand. Certaines inégalités sont choquantes en temps de guerre.

— L'inégalité est dans la nature ! dit Barderoux rondement.

— Je croyais que la Révolution française avait changé tout cela, rétorqua Armand d'un ton vif.

Pauline le bouda pour cette répartie. Il passa deux heures pénibles à la regarder coqueter avec le colonel, qui les avait invités à sabler le champagne dans son appartement. Sûre d'être admirée, elle faisait aller sa langue comme un claquet de moulin. Ses yeux brillaient d'un éclat de jais à facettes. Elle souriait à tous, mais ne voyait pas plus Armand que s'il eût été encore enfermé dans le trou du souffleur. Un moment, il crut l'avoir perdue.

Pourtant, un peu plus tard, dans la chambre, elle lui rendit les armes. Il semblait même que les avances du colonel n'eussent servi qu'à la mieux disposer aux jeux de l'amour avec un autre. Après que la grande lame du plaisir les eut enveloppés, soulevés et déposés sur la plage, elle chuchota :

— Si tu savais comme je regrette qu'Adnet ait repris son rôle ! Avec toi, jouer Silvia, c'était vivre ; avec lui, c'est réciter une leçon !

Ce compliment le transporta. Il revint à la charge. Le corps de Pauline sentait bon le foin, son visage, le fard de théâtre. Les voiles de tulle, brodés de papillons d'or, qui entouraient le lit se gonflaient au souffle de l'aventure.

— Et dire qu'après-demain je serai de nouveau en face de lui, dans *Le Distrait !* soupira-t-elle, tandis qu'Armand la couvrait de baisers.

204

Le surlendemain, en effet, Adnet fut le Distrait et Pauline, Clarice. Tapi dans sa boîte, une bougie éclairant devant lui la brochure, Armand étouffait de chaleur et d'inaction. Les cinq actes lui parurent interminables. Le public, mal luné, s'esclaffait et invectivait les acteurs. Après la pièce, Mme Aurore Bursay avait eu l'idée d'offrir, en supplément de programme, une « danse du pays ». L'orchestre des musiciens de la Garde attaqua bravement un air petit-russien. Les sœurs Lamiral surgirent, déguisées en paysannes russes, avec un diadème de fausses perles et un corsage brodé. A leurs premiers pas, des rires et des huées montèrent de la salle :

— Qu'est-ce que c'est que cette bourrée ?
— Allons, mesdames, vous n'allez pas imiter les sauvages !
— Assez !
— Au rideau !
— Vive la France !
— Vive l'empereur !
— A nous, Molière !

Décontenancées, les yeux pleins de larmes et les mollets tremblants, les sœurs Lamiral écourtèrent leur danse. Le rideau tomba, tandis que l'orchestre, pour couvrir le brouhaha des mécontents, jouait *Le Chant du départ*. Des voies enrouées chantaient entre les fauteuils :

« La République nous appelle,
« Sachons vivre ou sachons périr... »

Dans les coulisses, Mme Aurore Bursay se tordait les mains :

— C'est ma faute... Je n'aurais pas dû... J'ai manqué de jugement ! Notre prochain spectacle sera *Le Cid*... Là, mes enfants, je vous le jure, nous nous rattraperons ! Adnet, tu seras Rodrigue !

Le jour suivant, les incidents du théâtre furent évoqués au cours de la réunion du conseil municipal. Le maire, Nakhodkine, demanda que les comédiens fussent invités à s'abstenir dorénavant de toute allusion à la Russie dans leurs spectacles. Armand promit de veiller personnellement à l'observation de cette règle. Au cours des débats qui suivirent, il fut appelé à faire un rapport sur le résultat de ses prospections dans la campagne, au sud de Moscou. Il était déjà retourné à trois reprises dans le même secteur, par la vieille route de Kalouga; il commençait à avoir le tour de main; il ne cacha pas que, malgré ses efforts, les paysans restaient sur la réserve. Les commissaires aux vivres qui travaillaient au nord, à l'est et à l'ouest de la capitale confirmèrent ses dires. Eux aussi doutaient qu'un nombre suffisant de moujiks acceptassent de livrer leurs denrées aux marchés de Moscou. Les membres du conseil municipal baissaient la tête. On se serait cru à une veillée funèbre.

A la fin de la séance, le maire prit Armand par le bras et l'entraîna dans la petite pièce qui lui servait de bureau. Là, il s'assit dans un fauteuil, offrit un autre fauteuil à Armand, renifla une prise de tabac, éternua et proféra à voix basse :

— Ce que vous avez dit, tout à l'heure, est très significatif. Nous avons beau faire, le peuple russe ne nous aime pas et les Français se méfient de nous. Nous sommes en porte à faux. Ou plutôt non, nous sommes pris entre les deux mâchoires d'une pince. Crac, et la noix se casse ! Pourtant notre attitude est la seule raisonnable. Il faut sauver ce qui peut l'être encore, dans ce pays dévasté. C'est par dévouement, par... par idéal patriotique, oui, parfaitement, que j'ai accepté ces fonctions. Quel intérêt aurais-je eu à me mettre en avant? Je n'ai pas besoin d'argent. Mon commerce est prospère, du moins il l'était ! Et ce ne sont pas les petits avantages matériels que m'ont accordés les Français qui auraient pu me décider. Du reste, ma famille me suppliait de me tenir à l'écart de la vie publique. Ma femme surtout! Elle avait peur! Non, si j'ai agi ainsi, je le répète, c'est uniquement parce que...

Il avait l'air de plaider sa cause devant un tribunal. Conscient de s'être trop découvert, il se tut soudain, réfléchit et lança :

— Savez-vous que Napoléon essaie, par tous les moyens, de traiter avec la Russie? A mon poste, on entend pas mal de choses! Oui, il a envoyé Lauriston en parlementaire, avec une lettre destinée au tsar. Koutouzoff a éconduit froidement le diplomate. Chaque jour, des généraux français s'efforcent d'entrer en contact avec des généraux russes dans l'espoir de préparer le terrain à un armistice. Mais les Russes se dérobent. Ils croient tenir le bon bout. Alexandre prêche la guerre sainte. Et l'hiver approche. Et les partisans grouillent comme punaises dans les campagnes!... Les Français auront bien du mal à réorganiser et à renforcer leur armée dans ces conditions!

— Que dit-on dans l'entourage de Napoléon? demanda Armand.

— Les avis sont partagés. Les uns pensent qu'il faut attaquer dès maintenant, avant les grands froids, les autres qu'il faut temporiser, reprendre les troupes en main, faire venir des renforts et, au printemps, frapper le coup décisif!

— Mais l'empereur lui-même...?

En posant cette question, Armand s'aperçut que, pour la première fois, il avait dit « l'empereur » en parlant de Napoléon.

— On ignore ses intentions, répondit Nakhodkine. J'ai l'impression qu'il hésite. Il passe ses troupes en revue, il fait fortifier le Kremlin, il parle de marcher sur Saint-Pétersbourg... Je crois que j'en saurai un peu plus après-demain. J'ai invité quelques officiers français à dîner, chez moi. A ce propos, je voulais vous demander un service... Vous allez bien faire une sortie en campagne prochainement?

— C'était mon intention, demain, oui...

— Tâchez de me rapporter un petit jambon... ou... ou un agneau...

Armand considéra avec stupéfaction cet homme adipeux et fatigué, qui, malgré ses fonctions de mainteneur de l'ordre, le chargeait d'une commission aussi extravagante.

— Mais, monsieur, dit-il, tout le ravitaillement qu'il m'arrive de trouver est destiné aux marchés de Moscou. Je ne puis user du privilège que me confère ma mission pour prélever, sur les rares approvisionnements que je découvre, une part, même infime, à l'intention de certains d'entre nous. Ce serait, me semble-t-il, un abus de pouvoir.

— Voilà de bien grands mots pour une bien petite chose ! dit Nakhodkine en ouvrant les bras.

Sa bedaine bombait sous la ceinture blanche, symbole de sa dignité. Il riait, son œil d'éléphant perdu dans les plis de sa face grise.

— En ces temps troublés, reprit-il, nul ne peut survivre s'il n'enfreint tant soit peu la loi. Du plus misérable au plus aisé, chacun se débrouille. Le paysan vend au-dessus du cours. Le citadin achète avec de la fausse monnaie. Tout le monde vole...

— Dans notre position, nous devons donner l'exemple ! dit Armand avec force.

Nakhodkine tressaillit. Son visage bonasse se congela du front au menton.

— L'exemple de quoi ? s'écria-t-il. De la sottise ? Nous finirions par être les seuls à ne pas manger. Or, plus que quiconque, étant donné nos charges, nous devons nous sustenter largement. Croyez-vous que Napoléon et ses généraux trempent leur cuiller dans la même soupe que le simple soldat ?

— Pourquoi, dans ces conditions, avez-vous demandé la fermeture des restaurants de Moscou ?

— C'est une mesure provisoire. Il y avait eu des

208

beuveries, des rixes. Parfois des officiers de nationalité différente s'affrontaient au sabre, pour une peccadille. Mais, d'ici à quelques jours, nous rouvrirons. M. de Lesseps m'en a encore parlé, ce matin. Il faut un peu de luxe dans la grisaille de la vie militaire. Le théâtre en est un, après tout, au même titre que le restaurant ! Et vous ne vous en plaignez pas, monsieur Beaurivage. Mais vous êtes buté, pour tout ce qui est nourriture. Vous ne voyez qu'un côté du problème. Je vous assure que vos collègues rapportent tous quelque chose de leurs randonnées. Sans doute êtes-vous le seul à ne pas vous servir chez le paysan. Ce jambon ou cet agneau que je vous demandais de me procurer, j'aurais pu en toucher un mot à l'un de mes invités français d'après-demain. Il se serait fait un plaisir de me les fournir illico. J'ai jugé plus élégant de charger l'un des nôtres de cet achat... ou de cette réquisition, comme il vous plaira. Je vois que j'ai eu tort de m'adresser précisément à vous. N'en parlons plus.

Il se leva pour signifier que l'entretien était clos. Puis soudain son visage se ramollit. Une espèce de tendresse rusée huila son regard. Il tapota l'épaule d'Armand :

— Vous êtes jeune, monsieur Beaurivage, vous avez de la fougue, vous croyez tout ce qui est écrit. La vie vous apprendra à marcher en contournant les obstacles. Ah ! mon cher, vous et moi nous sommes embarqués sur le même vaisseau. Nous devons nous entraider. La tempête qui me frappera vous frappera aussi. En attendant, il faut manger. Du jambon, de l'agneau et — pourquoi pas ? — du caviar ! Mais les Français n'aiment pas le caviar ! Cela prouve qu'ils ne sont pas encore aussi civilisés que nous... Au fait, j'oubliais que vous êtes français...

— Français-russe, monsieur, dit Armand avec un sourire pincé.

Nakhodkine le raccompagna jusqu'à la porte. En

lui serrant la main, sur le seuil, Armand se sentit à la fois fier et compromis, pur et barbouillé, sali jusqu'au fond de l'âme. Tout à coup il était responsable de la conduite des autres.

En sortant du Kremlin, il vit tomber la première neige. Des flocons légers fondaient en touchant le sol. Une brume grise noyait les ruines de la ville. Les grenadiers de la Garde, postés en sentinelles, portaient, par-dessus leur uniforme, des pelisses de femme serrées à la taille par des châles de cachemire. Çà et là, rougeoyait la flamme d'un brasero. Vite, retrouver l'appartement douillet de M. Froux, les visages familiers des acteurs, leurs propos légers, leurs tracas de pacotille, le sourire de Pauline !

Quand Armand poussa la porte du salon, toute la compagnie était dans les comptes. Mme Bursay et Mme Domergue additionnaient d'un côté les roubles, de l'autre les francs représentant la recette du théâtre, à ce jour. Ensuite le total fut divisé en autant de parts égales qu'il y avait de comédiens. Armand, comme souffleur, régisseur et acteur occasionnel reçut la même somme que les autres. Les chiffres étaient si gros, que d'abord tout le monde s'exclama. Puis on convint tristement que ce papier-monnaie n'avait aucune valeur. Pour acheter quoi que ce fût, il valait mieux avoir en poche une pièce de dix kopecks en argent que cent roubles en assignats. La distribution terminée, personne ne fut ni plus riche ni plus pauvre qu'avant. Tout se passa comme au théâtre, lorsque des personnages de farce font ruisseler entre leurs doigts des sequins de carton doré.

Cependant, à l'heure du dîner, la poule que Jérôme Saint-Clair apporta sur la table était, elle, bien réelle, avec son jus, son fumet et sa garniture d'herbes cuites. Armand demanda d'où provenait cette somptueuse volaille. Bellecour lui répondit qu'il l'avait obtenue des soldats de garde à la barrière Tverskaïa, contre une vieille couverture de renard qu'il conservait comme monnaie d'échange.

L'appétit avivait les prunelles de Pauline. Armand lui-même avait très faim. Il repensa au gros Nakhodkine, avec son œil madré et sa ceinture blanche, et se demanda si, malgré ses scrupules, il était tellement différent de cet homme aimable, cynique et prévaricateur. Il fallait n'avoir pas de sexe et pas d'estomac pour vivre toujours selon ses idées. Jérôme Saint-Clair découpait la poule. Armand eut une cuisse. Il la grignota jusqu'à l'os. La saveur de cette chair pâle et fade lui tirait les muqueuses. Il eût dévoré toute la bête. Mais il n'y eut pas de supplément. La bouche embaumée, Armand resta sur sa faim. Pour se calmer, il mâcha un biscuit de troupe.

On répéta, en sortant de table. Il fallut les alexandrins de *Zaïre* pour faire oublier aux comédiens leur fringale :

« Vous étiez, Corasmin, trompé par vos alarmes;

« Non, Louis contre moi ne tourne point ses armes;

« Les Français sont lassés de chercher désormais

« Des climats que pour eux le destin n'a point faits... »

Adnet buta sur ces derniers vers. Le public n'allait-il pas y voir une allusion désobligeante à l'armée française, qui s'était aventurée, de victoire en victoire, jusqu'au lointain septentrion? On risquait de se faire donner sur les doigts par M. de Bausset, voire par l'empereur lui-même. Mme Louise Fusil répliqua que le nom de Voltaire était une suffisante garantie d'impunité. Mme Aurore Bursay fut d'un avis contraire. Prudente, elle préférait couper le passage litigieux. Pendant qu'elle s'employait, avec Adnet, à expurger le texte, Pauline entraîna Armand dans un coin et dit :

— Ne pourrais-tu vraiment t'arranger pour améliorer nos menus?

— Barderoux n'en est donc plus capable? riposta Armand d'un ton aigre.

— Non. Il.dit que lui-même ne trouve plus rien.

— Je verrai ce que je peux faire, dit Armand.

Toute la nuit, sa conscience le tourmenta. Il se voulait droit comme une épée et se découvrait recourbé comme une louche. Son balancement moral s'aggravait de tiraillements d'estomac. Au petit matin, laissant Pauline endormie, il se glissa hors de la chambre. Personne n'était encore levé. Il mâcha un biscuit jusqu'à s'en craquer les mâchoires et descendit dans la rue. Son cheval l'attendait, au coin de la Loubianka, dans un hangar qui servait d'écurie à tout le quartier. Un soldat mal éveillé l'aida à seller et à sangler la monture.

Dehors, de la bruine mêlée de neige descendait d'un ciel invisible. Une pellicule blanche recouvrait les aspérités des ruines. Dans les décombres ainsi saupoudrés, les anfractuosités paraissaient, par contraste, plus hideuses encore. On eût dit des orbites noires dans un amas de crânes. La terre, toujours sombre et humide, refusait l'oubli. Enveloppé dans son ample manteau espagnol, Armand ne sentait pas la morsure du froid. Il se rendit d'abord dans les halles de l'Okhotny Riad. Des files d'hommes et de femmes grelottants piétinaient devant les étalages vides. Aucun paysan n'était venu, ou alors ils étaient tous repartis après avoir vendu leur marchandise au plus offrant. Sans se décourager, les malheureux attendaient, dans les courants d'air, un nouvel arrivage. Armand les laissa à l'affût et repartit à travers la ville. Il se dirigeait vers le sud. A la barrière Kaloujskaïa, les soldats du poste de garde ne lui demandèrent même pas son laissez-passer.

Dans le faubourg, il rencontra un paysan conduisant une télègue. C'était l'un des serfs du hameau de Gorbatovka. Le dos rond, il somnolait sur son siège. Une rosse spectrale tirait le chariot. Armand arrêta l'attelage et argua de sa qualité de commissaire aux vivres pour examiner le chargement : des raves, des choux et six lièvres écorchés, qui étaient probablement des chats. Tout cela pour le marché. Armand pensa aux pauvres claquedents qui patientaient là-bas, depuis des heures, puis à Pauline assoupie. Son cœur flanchait. Il marmonna :

— Je te prends les six lièvres.

— Comment ça? dit le paysan en battant des paupières.

Des gouttes d'eau brillaient dans sa barbe blonde. Son nez luisait, violacé, aplati, avec une veine noirâtre en travers.

— Eh bien! oui, dit Armand. Je te les achète. Combien en veux-tu?

— L'argent ne vaut rien, barine, vous le savez... Les Français nous ont tondu la laine sur le dos...

Armand tira de sa poche une montre qu'il avait prélevée, à tout hasard, sur le trésor hétéroclite de Pauline :

— Et ça, qu'en dis-tu?

Le paysan prit la montre, la plaqua contre son oreille en chou-fleur, écouta le mécanisme, sourit de toutes ses dents et enfourna l'objet dans sa houppelande déchirée.

— Les lièvres sont à toi, dit-il.

Armand se les fit envelopper dans une bâche, fixa le tout par des courroies au troussequin de sa selle et repartit en sens inverse. Dans son dos, il entendit gémir les roues de la télègue qui s'était remise en marche vers la ville. Il avait hâte de la distancer, de l'oublier. « Eh bien, voilà, pensait-il, je suis comme les autres, je ne vaux pas mieux que les autres... »

En approchant du centre de Moscou, il remarqua, parmi les ruines, des attroupements étranges. De place en place, des bandes de civils, vêtus au décrochez-moi-ça, entouraient quelques soldats et discutaient avec eux par gestes. Nez à nez et les yeux dans les yeux, on se comprenait, tant bien que mal, dans un mélange de grimaces et d'exclamations. Intrigué, Armand s'avança vers l'un de ces groupes et demanda de quoi il retournait. Un chasseur à pied, à demi ivre, les épaules couvertes d'un drap de billard en guise de cape, lui expliqua qu'il faisait du troc. L'empereur, disait-il, avait ordonné de distribuer à la troupe toute la monnaie de cuivre qui avait été découverte dans les souterrains du palais et des tribunaux. C'étaient de larges pièces, de la valeur de cinq kopecks, si lourdes qu'il était impossible d'en transporter de grandes quantités dans ses poches. Aussi les soldats avaient-ils décidé de les vendre à bas prix contre des monnaies d'argent plus légères.

— Si vous voulez de mes kopecks, j'en ai encore deux sacs de la valeur de vingt-cinq roubles chacun, dit le chasseur à pied. Je les lâche pour dix roubles argent, les deux. Mais je vous préviens, ça pèse !...

Armand refusa et poussa son cheval plus loin. Dans la rue Nikolskaïa, il tomba sur une véritable bourse des valeurs, en plein vent. C'était là que se tenaient les principaux bureaux de trafic. Juchés sur des caisses, les soldats haranguaient une foule d'acheteurs russes en guenilles. Ceux qui possédaient quelques pièces d'argent se bousculaient sauvagement pour les offrir aux détenteurs de pièces de cuivre, lesquels brandissaient au-dessus de leurs shakos et de leurs bonnets d'ourson des sacs pleins de menuaille sonnante. Le change se faisait à quatre-vingts ou quatre-vingt-dix pour cent de bénéfice pour les vendeurs de pièces d'argent. On se poussait au premier rang, on vociférait des chiffres en français, en russe. L'appât du gain défigurait les hommes parmi les ruines des maisons. Irrésistiblement, Armand pensa à ce qu'il avait lu dans Voltaire sur le fol enthousiasme qui régnait à Paris, rue Quincampoix, sous l'impulsion de John Law. Des spéculateurs-mendiants le pressaient de toutes parts. Il craignit qu'on ne lui volât ses lièvres et fit tourner son cheval dans la cohue.

Quand il revint à la maison, les comédiens se préparaient à partir pour le théâtre. Il jeta les lièvres sur la table. Ce fut une explosion de joie. On le congratula aussi fort qu'après son succès dans *Le Jeu de l'Amour et du Hasard*.

— Mais comment as-tu fait? s'écria Pauline. Tu es tout simplement génial!

Les lièvres sentaient fort. Néanmoins Jérôme Saint-Clair les déclara juste assez faisandés et, dans un esprit de sagesse et de rationnement, décida qu'on se nourrirait dessus pendant trois jours, en les accommodant de différentes façons.

— Ce soir, je vous ferai du lièvre à la royale! décida-t-il.

— Avec quels ingrédients? demanda Bellecour, la face léonine et les narines enflées.

— Je trouverai bien!

— Ne crains-tu pas que ces lièvres-ci ne soient des lièvres de gouttière?

— Calomnie! Du reste, l'ascendance de ces petites bêtes ne m'intéresse pas. Allez au théâtre et laissez-moi devant mes fourneaux, puisque je ne suis pas de la pièce.

Pendant toute la répétition de *Zaïre*, Armand rêva de lièvre à la royale. Le soir, en rentrant à la maison, après le spectacle, la petite compagnie, cheminant en groupe serré dans les ténèbres, n'avait que civet en tête. L'étique et anguleux Péroud brandissait un fanal à la flamme tremblante. Dans cet éclairage sautillant, les vestiges de Moscou étaient un décor de théâtre. Bellecour récita :

« Qui va là? Hé? Ma peur à chaque pas s'accroît.

« Messieurs, ami de tout le monde,

« Ah, quelle audace sans seconde,

« De marcher à l'heure qu'il est! »

Pour plus de commodité, toute la troupe logeait maintenant dans l'appartement de M. Froux. Mme Domergue, Mme Bursay, Mme Fusil, Adnet y avaient, depuis peu, transporté leurs hardes. Dès le seuil, un rude fumet enveloppa les arrivants. Jérôme Saint-Clair, en tablier blanc, s'avança vers eux, porté par cette odeur appétissante comme un demi-dieu par un nuage. Il avait déjà dressé la table. Mme Bursay suggéra d'inviter le colonel Barderoux, qui avait toujours partagé ses provisions avec les comédiens. Jérôme Saint-Clair monta le chercher. Le colonel parut, le visage éclairé de gratitude et une bouteille sous chaque bras. Il avait, disait-il, flairé la bonne cuisine jusque sur son palier. A sa vue, Armand, comme d'habitude, se renfrogna. Mais la saveur du plat lui fit oublier ce convive indésirable. Les lambeaux de lièvre nageaient dans une sauce noirâtre, très épicée. On y trempait des biscuits. La bouche en feu appelait le vin. Pauline chanta :

« J'aime Bacchus, j'aime Manon,

« Tous deux partagent ma tendresse... »

Cependant elle ne fit aucune avance à Barderoux. Il sembla même à Armand qu'elle battait froid au colonel. De toute évidence, cet homme à l'uniforme avantageux avait fini de la charmer. Fort de cette pensée, Armand passa une soirée agréable. La nuit, il eut des brûlures d'estomac.

14

Fatigué par une longue insomnie, Armand se leva, le pied incertain et l'humeur quinteuse : une réunion de la municipalité était prévue pour dix heures, ce matin. Tout l'appartement empestait encore le lièvre à la royale. Armand se hâta de partir.

Le temps s'était radouci, la neige avait fondu. Les

sabots des chevaux s'enfonçaient dans la boue. Çà et là, aux coins des rues, se voyaient encore des soldats qui échangeaient leur monnaie de cuivre contre de la monnaie d'argent ou des chaussures. Mais le mouvement spéculatif semblait s'être ralenti. Personne ne criait plus. Le troc s'opérait calmement, à des prix fermes. Sur la Place Rouge, des badauds, le nez en l'air, regardaient tous du même côté. Au sommet de la haute tour d'Ivan-Véliky, des hommes-fourmis s'agitaient sur un échafaudage, autour de l'immense croix dorée qui dominait l'édifice.

— Que font-ils? demanda Armand.

— Napoléon a ordonné d'enlever la croix! dit un vieillard, dont la barbe, d'un blanc pisseux, se confondait avec la laine bouclée d'une veste en peau de mouton.

— Ils vont, paraît-il, l'envoyer à Paris comme trophée de guerre, renchérit une ménagère en fichu rouge à pois blancs.

— Quel sacrilège!

— S'ils pouvaient se rompre le cou, les païens!

— Ne poussez pas!

— Attention, frères orthodoxes, il y a une femme, là, qui se trouve mal!

— Tout le monde, mon compère, se trouve mal! C'est notre sort, à nous autres, Russes!

— A la place de la croix, Napoléon va mettre sa propre statue, avec une couronne de lauriers sur la tête!

— Le maudit! Le bâtard de l'enfer!

— Et les prêtres, les prêtres, que font-ils? Ils devraient sortir en procession, avec toutes les bannières, pour jeter l'anathème!

— Ils attendent des ordres.

— De qui?

— Du métropolite Platon.

— Il est mort!

— Mais non, il est auprès du tsar, à Saint-Pétersbourg !

— Le tsar n'est plus à Saint-Pétersbourg !

— Et où ?

— En Angleterre.

— Pourquoi en Angleterre ?

— L'Angleterre se bat avec la Russie contre la France.

— Où as-tu pris ça, bourrique ? La Russie est seule, comme toujours ! Seule contre l'univers entier ! mais elle a Dieu pour elle ! Reine des Cieux, Sainte Mère, priez pour nous ! Et que la peste étouffe la canaille française ! Tfou ! Tfou !

Armand croyait entendre Vassilissa. Autour de lui, des femmes pleuraient, des hommes baissaient la tête, haineux, la face fermée tel un poing. Pendant que, dans le ciel, les silhouettes acrobatiques se démenaient, tapant des coups de marteau, sciant, tirant sur des câbles, une nuée de corneilles volaient en cercle autour du dôme en croassant comme pour protester contre la destruction de leur juchoir. Le nombre des oiseaux augmentait de minute en minute. Il en venait de tous les côtés à la fois. C'étaient de véritables nappes d'ailes battantes et de becs claquants qui tournoyaient au-dessus des têtes, une traînée de suie mouvante, un ramassis de torchons calcinés, arrachés par le vent aux vestiges de Moscou. Une malédiction semblait tomber sur la ville de tous ces volatiles noirs aux criailleries assourdissantes. L'indignation bouillonnait dans les veines d'Armand. A quoi bon ce nouveau crime contre le passé de la Russie ? Pour humilier davantage un pays agenouillé ? Pour mieux démontrer aux Français de France le triomphe des armes napoléoniennes ? Dans le premier cas, il s'agissait d'une maladresse, dans le second, d'un enfantillage, tous deux indignes d'un grand chef d'État.

Armand laissa la foule à sa contemplation désolée et poussa son cheval vers l'enceinte de la forteresse. En passant sous la porte du Sauveur, il ôta son chapeau, selon l'usage russe. Comme d'habitude, il abandonna son cheval à l'écurie des estafettes. Il était de dix minutes en retard. Pourtant, quand il pénétra dans la salle des séances, il n'y trouva que le maire, deux de ses adjoints et cinq conseillers. Avec embarras, Nakhodkine expliqua qu'un grand nombre de conseillers municipaux et de commissaires s'étaient excusés à la dernière minute, parce qu'ils étaient souffrants. La table, couverte d'un tapis vert, parut à Armand ridiculement vaste, avec ses feuilles de papier blanc et ses écritoires disposés devant chaque siège.

— Je crois que nous pourrions ouvrir la séance, poursuivit le maire.

— Attendons un peu, suggéra quelqu'un. Peut-être certains de nos collègues viendront-ils encore...

— J'en doute. Mais, si vous préférez... J'ai communiqué la liste des manquants à M. de Lesseps, sur sa demande...

Un fracas de tonnerre coupa la parole à Nakhodkine. Le sol trembla sous les pieds d'Armand. Puis il y eut un grand silence, comme si l'univers entier se figeait. Tous se précipitèrent à la fenêtre. Des soldats passaient en courant.

— C'est peut-être un attentat ! dit le maire d'une voix tremblante.

— Contre qui? demanda le conseiller Kovroff.

— Contre l'empereur.

Dans les regards qui s'échangeaient devant lui, Armand lut un mélange d'espoir et de peur. On eût dit que ces gens détestaient Napoléon, tout en craignant de le perdre. Nakhodkine, malgré le froid, épongeait avec un mouchoir à carreaux son grand visage couleur de terre glaise.

— Je vais voir ce qui se passe ! dit Armand.

— Non ! s'écria Nakhodkine en le retenant par le bras. Aucun d'entre nous ne doit s'occuper de ces choses. Si l'on nous voyait sur les lieux, cela risquerait de se retourner contre nous. Je vous en prie... Je vais demander au planton de se renseigner...

Il ouvrit la porte, parlementa avec un soldat en faction dans le vestibule, et revint, soucieux, les semelles lourdes :

— Un peu de patience, messieurs. On est allé aux nouvelles...

Il se laissa descendre dans un fauteuil. Les autres restèrent debout, immobiles, muets, chacun ruminant son idée. De longues minutes coulèrent; la table verte, aux papiers inutiles, fascinait Armand. Enfin la porte se rouvrit et le planton apparut, rougeaud et soufflant.

— C'est la grande croix en or de la tour qui est tombée, dit-il. Les sapeurs de la Garde avaient mal calculé leur coup. Un câble a cédé, tout a dégringolé dans le vide. Heureusement, il n'y a pas eu de victimes.

— Dieu soit loué ! soupira Nakhodkine.

— La croix s'est-elle brisée? demanda Armand.

— Je ne crois pas, dit le planton. Elle est solide. Toute en or ! Paraît qu'on va la planter sur le dôme des Invalides (1).

Il se retira, modeste et rayonnant. Restés entre eux, les conseillers, à nouveau, se pétrifièrent. Nul n'avait plus envie de travailler. Ni même de parler. Le ciment de la honte les unissait en un seul bloc. Soudain ils se ressemblaient tous. Nakhodkine, le premier, secoua sa gêne. Se dressant péniblement hors de son fauteuil, il prit Armand par l'épaule et chuchota :

— Au fait, j'ai fini par l'avoir, mon agneau ! Mes invités français se régaleront, ce soir. J'espère

(1) Cette croix devait disparaître, abandonnée probablement, avec le trésor impérial, au lendemain de Vilna.

apprendre d'eux des choses très intéressantes. Et vous, toujours aussi ascétique, mon cher?...

Il se tut, car la porte venait de voler contre le mur. M. de Lesseps surgit, le toupet en bataille, l'œil rond, le jarret sec, avec un air de coq de combat.

— Messieurs, dit-il d'un tron tranchant, les absences de plus en plus nombreuses des conseillers municipaux et des commissaires constituent une manifestation de mauvaise volonté que je ne saurais tolérer. Il est inadmissible que quelques personnes, par convenance égoïste, s'ingénient à saper l'œuvre d'administration et d'assainissement que nous avons entreprise. J'ai envoyé chercher ces prétendus malades à leur domicile. Vous les verrez arriver d'une minute à l'autre, sous escorte. Ils siégeront, de gré ou de force!

Il parut regretter son emportement et ajouta d'une voix plus basse :

— Je souhaite n'avoir plus à intervenir de cette façon dans la marche de vos travaux.

Tous restaient cois, devant lui, en élèves réprimandés. Il pivota sur ses talons et se dirigea vers la porte. Au moment où il posait la main sur la poignée, Armand demanda :

— Ce grand bruit que nous avons entendu, monsieur, a bien été provoqué par la chute de la croix d'Ivan-Véliky?

— Oui, dit M. de Lesseps en se retournant.

— Pourquoi a-t-on enlevé cet objet vénéré de tous les orthodoxes?

— Ordre de l'empereur.

— Mais encore?

— Je n'ai pas d'explications à vous donner, monsieur.

Cette phrase cingla Armand. Il était comme un navire qui tire sur ses ancres. Tout son être craquait, bougeait sous une immobilité apparente. Une voix qu'il ne reconnut pas sortit de sa bouche :

— Monsieur, j'ai l'honneur de vous présenter ma démission.

M. de Lesseps fronça les sourcils.

— Votre démission? dit-il. Vous oubliez que nous sommes en temps de guerre. En acceptant de travailler pour nous, vous avez souscrit un engagement irrévocable.

— Mais, monsieur, c'est... c'est impossible! s'exclama Armand. Si j'ai consenti à vous aider quelque temps, c'est à la condition de pouvoir me retirer quand bon me semblerait!

— Les conditions, monsieur, c'est nous qui les posons.

— Vous n'avez pas le droit...

— Nous avons tous les droits. Admettez donc, une fois pour toutes, que vous avez partie liée avec nous, monsieur. Vous verrez qu'à partir de ce moment-là tout vous paraîtra plus facile. A présent, je vous prie de rentrer dans le rang et d'oublier ce que vous venez de me dire. Surtout si vous voulez continuer à être pour nous M. Beaurivage et non quelqu'un d'autre dont je tairai le nom.

— Je ne viendrai plus aux séances!

— Toute défaillance de votre part serait assimilée à une désertion devant l'ennemi et punie comme telle!

— Vous me menacez?

— Je vous préviens.

Le visage de M. de Lesseps, d'ordinaire si affable, était devenu de marbre. Armand accusa le coup. Son cœur pesait dans sa poitrine. Il respirait difficilement. La prison, la mort... Les Français étaient capables de tout dans leur rage de domination. Il pensa à Pauline. Elle lui avait donné un tel goût du bonheur, qu'il n'imaginait plus de sacrifier sa vie pour quelque cause que ce fut. L'héroïsme ne pouvait aller de pair avec la réussite en amour. Armand baissa le front. M. de Lesseps sortit.

— Mon Dieu! gémit Nakhodkine, vous l'avez mis en colère! De pareilles maladresses risquent de retomber sur tous vos collègues, qui pourtant n'en sont pas responsables! Je vous demande, à l'avenir, monsieur Beaurivage, de montrer plus d'esprit de solidarité. Pensez un peu à ceux qui vous entourent.

— Je regrette, comme vous, l'affaire de la croix d'Ivan-Véliky, dit Kovroff, mais enfin, ce n'est qu'une croix. On la remplacera...

— Le plus précieux des biens, c'est encore la vie! renchérit un autre conseiller en levant un doigt.

Armand s'assit, brusquement éreinté. En avait-il avalé des couleuvres, depuis l'entrée des Français à Moscou! L'acceptation était devenue pour lui une seconde nature.

Le reste des conseillers municipaux, des commissaires, des adjoints, des secrétaires de tout genre, arriva, par petits groupes penauds, encadrés de soldats. Les nouveaux venus avaient des visages de braconniers pris en flagrant délit. Pas un ne paraissait malade. Ils s'assirent sans explication. Toutes les places furent bientôt occupées autour de la table verte en fer à cheval.

— Messieurs, la séance est ouverte, dit Nakhodkine.

Il était trois heures de l'après-midi, lorsque les débats furent clos. Étant donné la durée exceptionnelles de la réunion, M. de Lesseps avait ordonné de servir une légère collation dans la salle des séances. Cette marque de sollicitude fit dire à Nakhodkine que M. l'Intendant s'était probablement radouci et qu'on avait eu beaucoup de chance « pour une fois ».

En sortant du Kremlin, Armand alla droit au théâtre, où la troupe répétait le spectacle du lendemain. Mais Pauline n'était pas là. Fatiguée, elle avait préférée, selon Mme Aurore Bursay, prendre un peu de repos à la maison. Armand remonta à cheval et se rendit rue du Pont-des-Maréchaux. Dans l'appartement, il ne trouva que Jérôme Saint-Clair, qui s'affairait autour des deux lièvres destinés au repas du soir.

— Où est Pauline ? demanda-t-il.

Jérôme Saint-Clair parut troublé. Ses petits yeux trop rapprochés papillotaient dans sa face de pitre.

— Je l'ignore, dit-il. Elle est sortie...

— Depuis longtemps ?

— Je... je n'ai pas fait attention.

— Ne vous a-t-elle pas dit où elle allait ?

— Non... Au... au théâtre sans doute.

— J'en viens !

Jérôme Saint-Clair ouvrit les bras de part et d'autre de son tablier maculé. Dans le silence qui suivit, Armand entendit les sons lointains d'un pianoforte. Une voix de femme chantait. La foudre le frappa.

— Elle est là-haut ! s'écria-t-il.

Jérôme Saint-Clair lui saisit le coude et son visage devint tragique.

— N'y va pas, fils ! dit-il.

A ce degré d'émotion, le tutoiement s'imposait.

— N'y va pas ! reprit-il. C'est un violent. Il est colonel. Il a toute une panoplie sous la main. J'ai supplié Pauline de ne pas accepter son invitation. Mais elle n'a guère plus de raison qu'un sansonnet. Elle ne se rend pas compte... Tiens, buvons plutôt ! J'ai la gorge sèche...

Armand le repoussa. Une fureur justicière lui défonçait la poitrine. Il vola vers la porte. L'escalier sombre l'aspira en haut. Il sonna. L'ordonnance lui ouvrit. Bousculant ce janissaire mollasse, il se trouva soudain au milieu du petit salon oriental, avec Pauline debout, appuyée au pianoforte, et Barderoux assis, les mains sur le clavier. Le colonel portait une robe de chambre en cachemire et Pauline était vêtue de soie bleu pâle, avec un corsage généreusement échancré. Bien qu'elle fût tout habillée, il y avait, sur sa personne, un air

224

chiffonné, moulu et coquet, qui faisait penser au saut du lit. En apercevant Armand, elle ne parut nullement surprise et dit :

— Tu as bien fait de monter. Le colonel connaît des airs merveilleux que l'on chante à Paris et qui ne sont pas encore venus jusqu'à nous. Écoute...

Le colonel plaqua quelques accords. Pauline prit un papier sur le pupitre à musique et chanta.

Le calme de cet homme et de cette femme stupéfiait Armand. Il eût voulu leur crier des injures et se demandait soudain s'il en avait le droit. Leur crime avait la physionomie même de l'innocence. Barderoux dodelinait de la tête en laissant courir ses mains velues sur les touches. Pauline, la bouche souple et charnue, prêtait sa voix assourdie à la complainte d'une bergère abandonnée par un prince volage. Elle n'était venue là que pour chanter. Qui osait prétendre le contraire? Et ces deux tasses, sur le guéridon? Eh bien! oui, ils avaient pris du café ensemble. Quel mal y avait-il à cela? Pour un peu, ils eussent proposé à Armand de se joindre à eux. En effet, à la fin du morceau, Barderoux dit :

— Vous boirez bien quelque chose avec nous!

— Non, dit Armand d'un ton sec.

Il se découvrait ridicule et malheureux. Ses sentiments étaient taillés trop large. Il flottait dedans. Pauline le narguait avec un sourire vernissé. Elle s'était rapprochée de Barderoux, toujours assis sur son tabouret en tapisserie. Le colonel la mangeait des yeux. Elle chanta encore. Quoi? Armand n'entendait même pas les paroles. Il la regardait se donner en musique à un autre. Sans attendre le dernier couplet, il dit :

— Veuillez m'excuser, colonel... Viens-tu, Pauline?

Elle le toisa comme un malavisé et dit doucement :

— Pourquoi? Je ne suis pas pressée!

Lui donnait-elle une leçon de politesse ou avait-elle réellement envie de rester avec Barderoux? Armand ne put en décider et, dans l'incertitude, jugea plus digne de se retirer avec un regard de duelliste.

En le voyant reparaître, Jérôme Saint-Clair ne lui posa aucune question. L'appartement sentait l'oignon, le vinaigre et la viande faisandée. Armand s'enferma dans sa chambre. Le pianoforte s'était tu. Pauline avait fini de chanter. Que faisaient-ils, là-haut? Une moustache sur la bouche de Pauline. Des mains d'homme sur ses hanches nues. Horreur! Il en avait des frissons dans les lombes.

Les acteurs rentrèrent de la répétition. Il n'y avait pas de spectacle, ce soir. Pauline était toujours chez Barderoux. On dîna sans elle. Armand sentait sur lui les regards mi-amusés, mi-apitoyés de toute la troupe. Il était devenu un personnage classique de comédie. Le lièvre en gibelotte ne le tentait pas. Sa disgrâce lui coupait l'appétit. Après le repas, on fit la vaisselle, tous ensemble. C'était la coutume. Armand essuyait les assiettes et pensait à son infortune. Pauline descendrait-elle pour la nuit? Si elle découchait, il ne la reverrait de sa vie. Il irait habiter ailleurs. Où? Eh! parbleu! dans les ruines de la maison des Béreznikoff. Ce serait plus digne que de végéter ici, parmi le confort et la honte.

La vaisselle rangée, toute la compagnie se rassembla dans le salon. Certains repassaient leur rôle, d'autres jouaient au trictrac ou aux cartes. Mme Périgny s'était mis en tête de continuer une tapisserie qu'elle avait trouvée dans la corbeille à ouvrage de Mme Froux: un couple de colombes au bord d'un toit. A tous ces visages familiers, les deux lampes à huile versaient un éclairage casanier, rassurant. Pot-au-feu et pantoufles, on se serait cru dans une pension bourgeoise. Au milieu de cette paisible assemblée, Armand se desséchait d'inquiétude. Chaque minute qui passait rendait plus inéluctable pour lui l'obligation de trancher dans le vif. Mme Aurore Bursay se levait déjà pour prendre congé de ses camarades, quand Pauline surgit, souriante, étincelante, avec mille excuses à la bouche : le colonel Barderoux l'avait retenue à dîner; elle était désolée d'avoir délaissé ses camarades pour la soirée; elle avait appris deux charmantes chansons; enfin elle apportait une nouvelle d'importance : l'empereur avait chargé M. de Bausset de dresser une liste des acteurs du Théâtre français de Paris susceptibles d'être dirigés sur Moscou pour des représentations de gala. Immédiatement, ce fut la panique. Mme Aurore Bursay proféra, l'œil en bille :

— Est-ce possible?... Mais ces nouveaux venus nous feront concurrence!

Elle était Marie Stuart détrônée.

— Si Napoléon veut appeler ici d'autres comédiens, c'est qu'il nous juge insuffisants! observa Bellecour.

— Et il ne nous a même pas vus! gémit Céleste Lamiral.

— C'est un désaveu! s'écria Péroud. Nous n'avons pas mérité cela!

— Du calme, mes amis! dit Pauline. Rien n'est encore décidé. En tout cas, cela nous prouve que Napoléon ne quittera pas Moscou de sitôt!

— Oui, oui, dirent quelques-uns. Voilà du moins une information rassurante.

— Barderoux a-t-il cité des noms d'acteurs du Théâtre français? demanda Adnet.

— Absolument pas, répondit Pauline. Ce sont des bruits qui courent. Peut-être Armand pourrait-il en savoir davantage par M. de Lesseps?...

Questionné à brûle-pourpoint sur un sujet si éloigné de ses préoccupations, Armand ne sut que balbutier :

— Je tâcherai de me renseigner.

— Il est évident que, si l'empereur invitait un Talma ou une Duchesnois, je m'inclinerais, dit Adnet magnanime.

La discussion repartit, pétilla comme un feu de brindilles. Armand se tenait à l'écart, volontairement. Pour la première fois, sa hâte de se retrouver seul avec Pauline n'était pas motivée par l'amour. Il lui fallut encore attendre plus d'une heure pour que les acteurs fatigués arrêtassent leur caquet.

Lorsqu'il put entraîner Pauline dans la chambre-bazar, il s'était déjà dit, en pensée, tout ce qu'il voulait lui dire de vive voix. Avec la conviction désagréable de se répéter, il prononça fermement :

— Ta conduite, Pauline, est inqualifiable !

— Pourquoi ? répliqua-t-elle. Me serait-il interdit, parce que je t'aime, de me montrer aimable avec Barderoux ?

Ce « parce que je t'aime » le désarçonna. Elle se tenait debout, devant lui, dans sa robe bleue, à deux pas de ce lit où ils avaient été si heureux, sous les voiles brodés de papillons d'or.

— Si tu m'aimais vraiment, dit-il, tu ne pourrais souffrir qu'un autre te fît la cour !

— C'est bien mal connaître les femmes que de les vouloir insensibles aux hommages !

— Certains hommages sont si pressants qu'ils ressemblent fort à un assaut !

— Il n'y a pas d'assaut qu'un cœur honnête ne sache repousser.

— Me feras-tu croire que vous n'avez fait que bavarder et chanter, là-haut ?

— Parfaitement !

— Ce Barderoux serait donc une bûche ?

— Comparaison hasardeuse, mon petit Moscovite. Une bûche s'enflamme aisément. Ce n'est pas le cas du colonel.

Elle parlait du bout des lèvres, espiègle, légère. Armand eut l'impression qu'ils s'exhibaient, tous deux, sur une scène. Ce qu'elle disait ne venait pas d'elle et ce qu'il répondait ne venait pas de lui. Tout était faux, leurs voix, leurs sentiments, l'éclairage, les meubles, les draperies qui les entouraient. Silvia et Dorante les avaient ensorcelés. Engagés dans la comédie, ils couraient à la poursuite d'une sincérité impossible. Avec un effort déchirant, il s'écria :

— Trêve de balivernes! Tu m'as trompé, Pauline! Avoue-le!

— Mais non, mon ange, dit-elle calmement.

— Il faut choisir : lui ou moi!

Cette fois, il était dans la tragédie. Après Marivaux, Racine! Comment trouver le ton juste?

— Je vais te quitter, reprit-il. J'irai vivre ailleurs.

— A cause de Barderoux?

— Oui.

— Que tu es bête!

— Je le ferai, tu verras.

— Je n'en doute pas, dit-elle. C'est Barderoux qui sera content!

— Ah! tu vois! s'écria-t-il, tu avoues!

— Je n'avoue rien du tout. Ta jalousie n'est pas de saison. D'ailleurs, même si j'avais un penchant pour Barderoux; tu aurais tort de m'en vouloir. Crois-tu que je t'en voudrais, moi, si tu regardais une autre femme? L'existence est trop courte. Il faut vivre pour le plaisir et non pour les principes. Saisir tout ce qui passe à portée de la main. Imagines-tu seulement ce qui nous arrivera, à toi et à moi, dans quelques heures? Profitons de l'instant. Obéissons à nos corps. Ils savent mieux que nous où est la vérité!

Elle s'était rapprochée de lui. Il la dominait de toute sa taille et de toute son indécision. Pauline lui avait été infidèle, il en était sûr. Elle lui arrivait, souillée des baisers d'un autre. Et cependant il n'avait plus la force de la repousser. Il préférait la partager plutôt que de la perdre. L'avait-elle à l'instant persuadé ou savait-il, depuis le début, sans se l'avouer, qu'il céderait au désir de la reprendre? Elle lui posa les deux mains sur les épaules. Il avait la gorge serrée, le ventre tendu. Que venait faire l'honneur dans cet événement corporel?

Comment un tourbillon d'idées pouvait-il arrêter la montée de la sève? Il referma ses bras sur la taille de Pauline. Elle recula en titubant. « D'un lit à l'autre », pensa-t-il. Elle respirait fort. Il la déshabilla, il la posséda avec une rage désespérée. Puis, la tenant sous lui, il demanda, tout contre son oreille tiède et menue :

— Tu as couché avec lui, n'est-ce pas?

— Mais oui, mon aimé, dit-elle en riant.

— Cela t'a plu?

— Assez. Mais moins qu'avec toi. Est-ce là ce que tu voulais entendre?

Elle plaisantait. Il ne saurait jamais la vérité. Ou plutôt si! Il feignait de ne pas la croire. Mais, au fond, sa conviction était faite, Écœuré et heureux, il vivait avec son amour comme avec une maladie. Il n'avait pas éteint la lampe pour mieux voir Pauline dans le plaisir. Elle dit :

— J'ai soif! Vite, verse-moi « du sucré » !

Il remplit deux verres de vin de Porto. C'était le fond de la bouteille.

— J'en redemanderai à Barderoux, dit-elle.

Elle buvait, chaude, palpitante, la lèvre enflée, l'œil brillant.

— M'aimes-tu, Pauline? demanda-t-il.

— A la folie, mon petit Moscovite!

— Je t'en supplie, ne me mens pas !

Elle se jeta sur lui. Ils luttèrent, bouche à bouche. Mais sans désir. Pour la seule joie de mêler leurs membres. Puis elle but encore et il l'imita. Quand elle se fut endormie, collée à lui, toute parfumée d'amour et d'alcool, il essaya de rassembler ses esprits. Peine perdue. Il n'avait plus de centre. Son âme s'éparpillait aux quatre coins du monde. Pauline avait gagné encore. Ses seins, ses hanches étaient plus forts que tous les raisonnements. Elle remua contre lui, entrouvrit les jambes et chuchota :

— Tu ne dors pas, mon petit Moscovite?

— Non.

— Tu réfléchis?

— Oui.

— Il ne faut pas. On est heureux, n'est-ce pas?

— Très heureux.

— Tels quels?

— Tels quels.

Il la berçait. Elle n'était plus à lui. On la lui avait prêtée. Il était éclaboussé et radieux. Il avait dépassé la honte. Un flot de larmes noya ses paupières. Il enfouit sa tête dans l'oreiller et subitement le souvenir d'un pâle visage aux yeux bleus implorants le visita. Ce fut comme une bouffée d'air pur en plein front. Quelle fraîcheur, quelle naïveté dans ses premiers émois d'adolescent! Un siècle le séparait de cet autre lui-même. Il souffrit obscurément d'avoir tant changé loin de Nathalie Ivanovna. Doublement renégat, il la trahissait et il trahissait la Russie. Mais cette déchéance avait sa contrepartie dans le plaisir exceptionnel que Pauline seule savait lui donner. Ce souffle régulier contre son épaule. Elle s'était rendormie. Elle ne mentait plus. Il pouvait l'aimer sans remords.

Il s'éveilla, tard dans la matinée. Pauline était déjà debout. Il l'entendait rire et bavarder dans le salon, avec les autres. Rien n'était modifié, en apparence. Il en fut lâchement soulagé.

Toute la journée, on répéta *Les Amants Protées*. Le soir, Armand tint l'emploi de souffleur, comme d'habitude, dans son trou. Après le spectacle, qui fut très brillant, M. de Lesseps vint féliciter les acteurs dans les coulisses. En apercevant Armand, il l'attira dans un coin et lui dit combien il regrettait de n'avoir pas eu l'occasion de le voir sur scène.

— Vous ne jouez donc plus? demanda-t-il.

— Plus depuis que M. Adnet est rétabli, dit Armand.

— Cela vous laissera tout le temps voulu pour vous occuper de nos affaires.

— En effet.

— Savez-vous que les premiers résultats de vos prospections dans la campagne se sont déjà fait sentir? J'ai
eu le rapport du poste de garde de la barrière Kaloujskaïa : le nombre des paysans venant vendre leur marchandise en ville a doublé. C'est un succès. Mes compliments !

Il n'y avait plus trace, chez M. de Lesseps, de
cette morgue menaçante qui le faisait ressembler
naguère à un procureur. Ayant plié l'adversaire, il lui
adoucissait les affres du renoncement. Armand se sur-
prit à être flatté de cette approbation souriante. Après
la mauvaise note, le bon point. On reconnaissait ses
efforts. Puis il se rappela l'inquiétude qui agitait ses
compagnons et demanda :

— Est-il vrai que l'empereur songe à faire venir des
comédiens de Paris?

— Il en a eu l'idée, un moment. Mais je ne pense pas
qu'il donne des ordres précis à ce sujet, dans les pro-
chains jours. D'autres objets, plus pressants, sont venus
à la traverse de celui-ci. Au fait, je lui ai parlé de vous,
monsieur Beaurivage !

— De moi? balbutia Armand.

— Oui, il s'agit d'une proclamation que l'empereur
désire adresser au peuple russe et sur le texte de
laquelle il nous a consultés, M. de Caulaincourt et
moi-même. J'ai dit à Sa Majesté qu'en tant que Français-Russe vous pourriez peut-être nous éclairer sur
l'accueil qu'un pareil document rencontrerait, le cas
échéant, parmi la population moscovite. Ne soyez donc
pas surpris si je viens vous quérir, un de ces jours, pour
vous conduire auprès de Napoléon.

Il considérait Armand d'un air de donateur inspiré.
Et Armand, pris de court, ouvrait la bouche, incapable
de dire un mot. Tout son être se hérissait à l'idée de
rencontrer Attila. Le couteau sur la gorge, il refuserait
d'aider de ses conseils cet homme qui avait ensanglanté

et déshonoré la Russie. Mais, d'autre part, pouvait-il, en tant qu'être civilisé, repousser l'occasion qui lui était offerte d'approcher un personnage de cette taille? Devait-il, par fidélité à ses principes, renoncer à la chance de voir s'animer une statue? En somme, ce que M. de Lesseps lui proposait, à lui qui avait toujours vécu en marge de l'Histoire, c'était d'entrer dans l'Histoire. Après avoir échangé quelques mots avec Napoléon, il pourrait enfin le détester en connaissance de cause. Il entendait battre son cœur, comme après une longue course. Sa capitulation ressemblait de plus en plus à une victoire.

— Je suis à votre disposition, dit-il au bout d'un moment.

M. de Lesseps prit congé de lui sur une chaude poignée de main. Ils étaient redevenus des amis. Armand décida d'annoncer immédiatement à Pauline qu'il allait rencontrer Napoléon. Une fanfare résonnait à ses oreilles. Ses pieds ne touchaient plus terre. Il se précipita dans la loge de la jeune femme. Dès ses premiers mots, elle s'extasia.

— Mon Dieu, que je suis heureuse pour toi! s'écria-t-elle en l'embrassant. C'est un tel honneur!...

L'enthousiasme de Pauline le refroidit instantanément. Plus il la sentait française, moins il avait envie d'être lui-même français. Alors que, loin d'elle, il se réjouissait de sa décision, devant elle ses scrupules le reprenaient. Parce qu'elle le poussait en avant, il faisait marche arrière. Il grommela :

— C'est surtout une grave responsabilité que je prendrais là...

— Pourquoi? dit-elle. Tu ne feras rien de mal en donnant ton avis à Napoléon sur cette proclamation !

— Une concession entraîne l'autre, Pauline... Il faut se méfier de la pente...

— Si on t'avait proposé de rencontrer le tsar Alexandre, tu aurais accepté?

233

Il haussa une épaule :

— Sans doute ! Quelle question !

— Pourtant il a autant de morts sur la conscience que Napoléon !

— Comment peux-tu comparer ? s'exclama-t-il. La Russie a été attaquée, envahie... Nous avons été obligés de nous défendre !

— Et nous, nous avons été obligés de vous attaquer !

— Comment ça, « obligés » ?

— Eh oui ! Pourquoi la France est-elle entrée en Russie ? Parce que la Russie l'avait poussée à bout par ses exigences !

— Tu es folle ! Tu répètes ce que dit Barderoux !

Elle le défiait, le nez levé, les sourcils arqués, les yeux agrandis par le fard :

— Il n'est pas si mal renseigné, Barderoux !

— Barderoux est le suppôt de la tyrannie napoléonienne !

— Et toi, tu n'es qu'un faux Russe, dit-elle. Tu défends un pays qui ne veut pas de toi !

Armand tressaillit, touché à un point sensible. Elle voyait mieux en lui que lui-même. Il était à la fois choqué par ce qu'elle lui disait et heureux qu'elle osât le lui dire. Encore empêtré dans les idées qui avaient cours jadis chez son père, chez les Béreznikoff, chez ses amis moscovites, il mesurait la distance qui déjà se creusait entre lui et ce monde ancien. A son insu, il espérait de cette femme futile, menue et maquillée, une lumière, une explication, une volonté qui lui rendît la vie tolérable. La tête en désordre, il soupira :

— Ah ! Pauline, Pauline, tout est plus compliqué que tu ne le supposes !

Elle le prit par la main, l'obligea à s'asseoir près d'elle, sur une banquette, et dit avec douceur :

— Mon petit Moscovite, il faut te rendre à l'évidence : tu as, sans le vouloir, changé de nationalité en quelques jours. Ou plutôt, tu as retrouvé ta nationalité d'origine. Quand le flot français t'a entouré, tu as fait comme ces petits crabes que j'ai vus si souvent, abandonnés, à marée basse, dans une flaque, sur la plage d'Honfleur; dès le retour de la pleine mer, ils rejoignaient le troupeau de leurs frères de race...

Elle l'enlaça. Il se défendit :

— Non, ce n'est pas vrai! je n'ai rien de commun avec la chienlit bonapartiste !

— Je te parle France et tu me réponds Napoléon. Il ne faut pas confondre.

La bouche de Pauline était si près de la sienne, qu'il ne trouva plus rien à dire. Il but son souffle, il se nourrit de sa chaleur, il souhaita la prendre ici, parmi ces chiffons, dans cette odeur de colle, de peau fardée et de bougie qui fume. On frappa à la porte. Pauline se détacha de lui et demanda :

— Qui est-ce?

— Barderoux !

Elle sourit :

— Un instant, je suis occupée...

Et, de nouveau, elle tendit ses lèvres à Armand. Puis elle se leva, défripa sa robe en trois pichenettes et dit :

— Entrez.

Barderoux parut, resplendissant, le shako dans le pli du coude. Pauline lui annonça, avec fierté, ce qu'Armand venait de lui apprendre. Le colonel les enveloppa tous deux d'un regard souriant.

— Je vous envie, monsieur, dit-il avec une légère inclination du buste.

Armand se demanda si ce que Barderoux lui enviait c'était sa chance d'être bientôt reçu par Napoléon ou d'être aimé par Pauline.

15

A trois heures et demie de l'après-midi, la séance prévue pour trois heures n'avait pas encore commencé. Le maire avait prévenu ses collaborateurs qu'il serait probablement en retard. En l'attendant, les conseillers municipaux et les commissaires bavardaient, par petits groupes, autour de la table verte. Il n'était question, parmi eux, que de l'engagement très vif qui venait d'avoir lieu à Vinkovo entre les premières lignes du roi de Naples et les forces russes cantonnées à Taroutino. Seule une contre-attaque désespérée avait permis aux Français de se dégager. Mais les pertes étaient lourdes. Napoléon avait appris la nouvelle ce matin même, 6 octobre (1), alors qu'il passait en revue les troupes du troisième corps, du maréchal Ney, dans la cour du Kremlin. Il avait été, disait-on, furieux de ce qu'il considérait comme un camouflet à la Grande Armée. Le conseiller Kovroff était sûr que la riposte serait terrible.

— Lorsque le lion se dresse sur ses pattes de derrière, toutes les bêtes de la jungle détalent devant lui ! déclara-t-il. Notre tsar a tort de taquiner les Français ! Quand je pense que Lauriston est retourné voir Koutouzoff et que le vieux borgne a refusé, pour la deuxième fois, de traiter !... Mais que se figurent-ils, nos chers compatriotes? La guerre est perdue pour eux ! Il paraît que des renforts ont déjà quitté la France et se dirigent sur Moscou !

— Moi, j'ai entendu parler d'une marche de Mac-

(1) 18 octobre 1812, d'après le calendrier grégorien.

donald sur Saint-Pétersbourg! dit un autre conseiller.

— Oui, oui! s'écria un troisième. On raconte même que Riga serait déjà aux mains des Français!

— Riga? Ce n'est pas possible!

— Mais si! Seulement l'information est encore tenue secrète. Vous verrez...

— La preuve que Napoléon est sûr de ses lendemains, c'est que, tout en se préparant à reprendre l'offensive contre la Russie, il ne néglige pas un instant d'administrer la France. Il y a trois jours à peine, il signait, au Kremlin, un décret réorganisant le Théâtre français de Paris. Croyez-vous que ce soit là le fait d'un homme inquiet?

En les écoutant lancer dans la conversation des nouvelles de plus en plus extraordinaires, Armand se surprenait à éprouver une trouble satisfaction des succès de l'envahisseur. Pauline avait raison. Depuis quelque temps une part de lui-même consentait à ce triomphe, tandis qu'une autre part en était blessée. Son bonheur personnel ne coïncidait plus avec le bonheur de la Russie. « Est-ce parce que les Français m'ont enchaîné à eux par les fonctions qu'ils m'ont confiées? pensait-il. Est-ce parce que mon sang, que je le veuille ou non, me rapproche de ceux que je considère pourtant comme des ennemis? Est-ce parce que je ne puis séparer la politique de mon amour pour Pauline? » Il souffrait de n'être pas tout d'un bloc, avec un seul drapeau à la main et une seule idée dans la tête. A son insu, l'épopée napoléonienne l'aspirait dans son sillage. Arc-bouté, il résistait encore. Il appelait à la rescousse son père, Nathalie Ivanovna, Vassilissa, Pierre le Grand, la cathédrale de Basile-le-Bienheureux, Minine et Pojarsky, le *domovoi,* Souvoroff, les princes de Moscou...

Nakhodkine arriva enfin et les conseillers prirent place devant leurs papiers et leurs écritoires. Cependant, au lieu d'entamer le débat, ils continuaient à discuter de Lauriston et de Koutouzoff. Visiblement les problèmes diplomatiques et militaires leur tenaient plus à cœur que les problèmes d'administration. Ce fut au milieu d'un brouhaha d'avant la classe que la porte s'ouvrit et que M. de Lesseps parut. Instantanément le silence se creusa à ses pieds. Il avait un visage grave. Armand eut l'impression que l'intendant le regardait personnellement avec insistance. « Ça y est ! pensa-t-il aussitôt. Il vient me chercher pour m'amener à Napoléon. » Et une douce terreur le pénétra, comme un poison paralysant. Pétrifié, béant, avec le sentiment d'une chance démesurée, il attendit l'appel de son nom. Les conseillers s'étaient levés. M. de Lesseps s'avança jusqu'au centre de la salle. Il se tenait droit comme un *i*. Élégant et strict. Pas un grain de poussière sur le revers de son habit. Son menton glabre, en forme d'œuf, s'appuyait sur son col que soutenait une cravate blanche.

— Messieurs, dit-il, je vous annonce que nos forces vont quitter Moscou.

On eût dit que la croix d'Ivan-Véliky venait de tomber à nouveau, avec fracas. Une seconde passa, vide et froide. Dans un silence de catastrophe, les conseillers se regardaient sans oser comprendre. Enfin Nakhodkine bredouilla :

— Voulez-vous dire que toute l'armée française...?

— Oui, monsieur le maire.

— Et... et vous retourneriez en France?

M. de Lesseps sourit avec contrainte :

— Il n'en est pas question ! Nous nous replierons sur Smolensk, où le ravitaillement est plus facile. Nous y établirons nos quartiers d'hiver. Et, à la belle saison, nous reprendrons l'offensive.

La face de Nakhodkine se disloqua dans une moue pleurarde :

— Mais nous, monsieur l'intendant, qu'allons-nous devenir, si vous partez?

Son cri exprimait l'angoisse de tous. Un jeune conseiller éclata en sanglots, convulsivement. En un clin d'œil, M. de Lesseps fut entouré par trente naufragés aux visages de panique. Les uns parlaient en français, les autres en russe, et M. de Lesseps leur répondait, tour à tour, dans l'une ou l'autre de ces deux langues.

— Vous devez pourtant bien vous douter, monsieur l'intendant, que, lorsque les troupes de Koutouzoff rentreront à Moscou, sur vos talons, les autorités russes nous demanderont des comptes ! dit Kovroff. Nous serons accusés d'avoir pactisé avec l'ennemi ! On nous jugera comme traîtres ! Il y aura des représailles !...

— Je vous garantis que non ! répliqua M. de Lesseps. Vos activités ayant été exclusivement administratives et philanthropiques, vous ne serez pas inquiétés.

Personne n'était convaincu. M. de Lesseps lui-même ne paraissait pas autrement sûr de son fait. Cependant il poursuivit d'une voix à l'accent métallique :

— Du reste, Sa Majesté entend que, même après le départ de l'armée, la municipalité poursuive ses travaux. J'ai fait préparer une proclamation que vous voudrez bien traduire et rendre publique, en temps voulu, pour prévenir les habitants de Moscou que les bruits d'évacuation sont faux et que l'armée fait simplement mouvement sur Kalouga, Toula, Briansk, afin d'investir ces points importants et de s'emparer des manufactures d'armes qui s'y trouvent. Si vous savez vous montrer fermes, la population vous écoutera...

— La population n'écoutera personne ! soupira Nakhodkine. Et, dès que Rostoptchine sera de nouveau dans la place, malheur à nous !

— Non, monsieur ! dit M. de Lesseps. Je connais Rostoptchine. Sous des dehors abrupts, c'est un homme de bon sens. En ce qui vous concerne, il saura faire la différence entre l'esprit de trahison militaire et l'esprit d'entraide civique. Je parle pour les conseillers et les commissaires d'origine russe, bien entendu. Pour les conseillers et les commissaires d'origine française, je serai moins optimiste. Je les engage même fermement à quitter Moscou avec nous.

Ce disant, il posa les yeux sur Armand, et celui-ci perçut le déclenchement mécanique de la peur. La décision qu'on attendait de lui dépassait ses forces. Il ne s'appartenait plus depuis qu'il avait tout sacrifié à l'amour. Au-dessus de lui, il y avait Pauline. Elle ne se doutait de rien. Quelle serait sa réaction en apprenant que Napoléon abandonnait la ville?

— Les sujets d'origine française qui désireraient nous suivre auront à me faire connaître leur décision avant ce soir, six heures, reprit M. de Lesseps, afin que je m'efforce d'organiser leur transport.

— Mais quand aura lieu ce départ? demanda Armand d'une voix atone.

— Demain, à l'aube.

De nouveau, il y eut une pause dans la stupeur. On tombait de marche en marche, toujours plus bas. Condamnés à rester, les Russes de la municipalité se taisaient, avec tout le poids de la fatalité sur leurs épaules. Après un moment de silence, les conseillers français, eux, se mirent à vociférer en se coupant la parole :

— Demain? Mais c'est impossible!

— Jamais nous n'aurons le temps de rassembler toutes nos affaires!

— Moins vous en rassemblerez, mieux cela vaudra, dit M. de Lesseps. Nous ne pouvons vous autoriser à vous alourdir de nombreux bagages. Le superflu sera impitoyablement refusé.

— C'est insensé! Pourquoi ne nous a-t-on pas prévenus plus tôt?

— Parce que Sa Majesté s'est décidée inopinément,

240

tout à l'heure, dit M. de Lesseps toujours imperturbable.

— Hier, vous nous disiez encore que tout allait bien, que le gouvernement se raffermissait, que nous pouvions dormir sur nos deux oreilles !

— Eh bien ! oui, messieurs, les choses tournent vite, en temps de guerre. Il faut vivre avec l'événement...

Tandis que M. de Lesseps parlait, ses traits soudain s'affaissèrent. Une grande lassitude voila son regard. Ces ordres et ces contrordres répétés devaient l'avoir mis lui-même à quia.

— Êtes-vous sûr au moins que vous pourrez nous évacuer ? demanda un commissaire.

M. de Lesseps ouvrit les bras :

— Nous essaierons.

— Inscrivez-moi tout de suite ! s'écria un vieillard larmoyant en tendant vers lui des mains décharnées et plissées comme des pattes de poulet.

D'autres voix s'élevèrent :

— Et moi ! Et moi !...

— Veuillez me suivre dans mon bureau, dit M. de Lesseps.

Une dizaine de personnes lui emboîtèrent le pas en se bousculant. Armand resta avec les Russes. Nakhodkine se signa et dit :

— Que Dieu ait pitié de nous !

On entendait courir dans les couloirs. En s'approchant de la fenêtre, Armand vit des soldats qui entassaient des ballots sur une charrette. Tout le Kremlin était déjà en branle. Des milliers de vies se trouvaient bouleversées, d'une minute sur l'autre, parce que Napoléon l'avait voulu ainsi. La puissance de cet homme sur ses semblables donnait le vertige. Qu'éprouvait-il au moment de prendre une résolution qui se traduisait toujours par du sang et des larmes ? Rien peut-être. Il avait la chance d'avoir une mécanique d'acier à la place du cœur. Était-ce le combat malheureux de Vinkovo qui l'avait poussé à la retraite? Ou la crainte de manquer de ravitaillement, pour ses troupes, l'hiver, dans une ville en ruine? Ou de hautes considérations stratégiques, dont aucun sentiment humain ne pouvait altérer la rigueur? Ce n'était pas l'heure d'épiloguer là-dessus, mais de sauver sa peau.

— Je vous salue, messieurs, dit Armand.

Et il quitta la salle d'un pas rapide. A l'écurie des estafettes, un sous-officier hargneux lui fit savoir qu'en raison des circonstances il ne pouvait lui restituer sa monture. Tous les chevaux étaient réservés aux besoins militaires. Armand tempêta, pour la forme, et partit à pied. L'idée du désarroi où il plongerait Pauline en lui apprenant la nouvelle l'inquiétait presque autant que la nouvelle elle-même. Il se rendit au théâtre, où les comédiens devaient être en pleine répétition. Les affiches annonçant le spectacle du lendemain soir étaient placardées dans le péristyle. Le papier se boursouflait, enduit de colle fraîche : « Théâtre français à Moscou. Les comédiens français auront l'honneur de donner une représentation de *Le Sourd ou l'Auberge pleine,* de Desforges... » Mais les portes étaient closes. Sans doute la répétition avait-elle lieu à la maison. Armand se dépêcha de regagner la rue du Pont-des-Maréchaux.

Il y avait beaucoup de militaires dans le quartier. Tous les cantonnements bourdonnaient d'une effervescence tragique de ruche enfumée. Tandis que les soldats couraient de droite et de gauche, s'invectivaient, roulaient des tonneaux, coltinaient des sacs, quelques rares civils, plantés comme des corbeaux parmi les décombres, considéraient cette agitation d'un œil froid. L'un d'eux interpella Armand avec une haineuse allégresse :

— Paraît qu'ils déguerpissent, les canailles! Bon vent! Et que nos Cosaques les plument sur la route!

Armand pressa le pas. De tous côtés, il voyait

maintenant des Russes mal vêtus qui surveillaient les préparatifs des Français. L'air était limpide, le vent, frais. Dans la rue du Pont-des-Maréchaux, un convoi de blessés s'était immobilisé parce qu'un cheval avait glissé à terre. Les conducteurs le relevaient en jurant. Des gémissements sortaient des fourgons bâchés. On eût dit une charretée de bétail, promis à l'abattage, et qui se plaint, flairant la mort.

A peine franchi le seuil de la maison, Armand comprit que la grande nouvelle l'avait devancé. Toutes portes ouvertes, d'un bout à l'autre de l'appartement, ce n'était qu'un tournoiement de visages, qu'un entre-croisement d'appels. Au centre des pièces pillées, malles et paniers recevaient leur plein d'habits, de bibelots et de victuailles. Chacun entassait ses richesses et se désespérait de ne pouvoir tout emporter. Mme Aurore Bursay leva vers Armand un masque crayeux où brillaient des yeux de folle :

— Vous êtes au courant?... M. de Bausset est venu spécialement au théâtre, tout à l'heure, pour nous prévenir. Il met des équipages à notre disposition. C'est affreux! Affreux!... Partir ainsi! De but en blanc!... Je prévois le pire!...

Sans un mot, Armand passa dans la chambre de Pauline. Elle était là, essayant de fermer un coffre bourré à ras bords.

— Aide-moi, dit-elle.

Il appuya des deux mains sur le couvercle. Les fermoirs claquèrent. Pauline se redressa, échevelée, la poitrine haletante.

— Tu ne peux pas te charger de tout cela! dit-il.

— C'est ce qui te trompe! s'écria-t-elle. Barderoux m'a promis une voiture supplémentaire pour mes effets personnels!

Un accès de fureur illumina Armand. Il revit tous ses griefs, dans une clarté d'orage. Puis cette fulguration intérieure s'éteignit. Il se domina. Aujourd'hui,

243

plus rien n'avait de sens. Comme porté par l'habitude, il grommela :

— Encore Barderoux !

— Parfaitement ! dit-elle. Il nous sera très utile !

Elle ouvrit le tiroir d'une commode, en sortit un grand châle de cachemire, le pressa contre sa joue et soupira :

— Je ne laisserai rien, rien...

Puis, avec une brusquerie amoureuse, elle demanda :

— Et toi, tu ne fais pas tes bagages ?

Il pensa aux ruines de Moscou, au sol bouleversé où reposait le corps de son père, à Nathalie Ivanovna, si lointaine, à tous ses souvenirs de jeunesse, et inclina la tête :

— Si, Pauline !

Les principaux personnages de ce roman se retrouvent dans Les désordres secrets *et* Les feux du matin, *parus dans* J'ai lu.

Littérature

Cette collection est d'abord marquée par sa diversité : classiques, grands romans contemporains ou même des livres d'auteurs réputés plus difficiles, comme Borges, Soupault. En fait, c'est tout le roman qui est proposé ici, Henri Troyat, Bernard Clavel, Guy des Cars, Frison-Roche, Djian mais aussi des écrivains étrangers tels que Colleen McCullough ou Konsalik.

Les classiques tels que Stendhal, Maupassant, Flaubert, Zola, Balzac, etc. sont publiés en texte intégral au prix le plus bas de toute l'édition. Chaque volume est complété par un cahier photos illustrant la biographie de l'auteur.

ADLER Philippe	*C'est peut-être ça l'amour* 2284/3★
	Bonjour la galère ! 1868/2★
	Les amies de ma femme 2439/3★
	Graine de tendresse 2911/2★
AMADOU Jean	*Heureux les convaincus* 2110/3★
AMADOU J. et KANTOF A.	*La belle anglaise* 2684/4★
AMADOU, COLLARO & ROUCAS	*Le Bébête show* 2824/5★ & 2825/5★ Illustré
AMIEL Joseph	*Les droits du sang* 2966/8★ (Mars 91)
ANDREWS Virginia C.	*Fleurs captives :*
(voir aussi p. 26)	-*Fleurs captives* 1165/4★
	-*Pétales au vent* 1237/4★
	-*Bouquet d'épines* 1350/4★
	-*Les racines du passé* 1818/4★
	-*Le jardin des ombres* 2526/4★
	-*Les enfants des collines* 2727/5★
	L'ange de la nuit 2870/5★
	Cœurs maudits 2971/5★ (Mars 91)
ANGER Henri	*La mille et unième rue* 2564/4★
APOLLINAIRE Guillaume	*Les onze mille verges* 704/1★
	Les exploits d'un jeune don Juan 875/1★
ARCHER Jeffrey	*Le pouvoir et la gloire* 2109/7★
ARSAN Emmanuelle	*Les débuts dans la vie* 2867/3★
ARTUR José	*Parlons de moi, y a que ça qui m'intéresse* 2542/4★
ATWOOD Margaret	*La servante écarlate* 2781/4★
AURIOL H. et NEVEU C.	*Une histoire d'hommes / Paris-Dakar* 2423/4★
AVRIL Nicole	*Monsieur de Lyon* 1049/3★
	La disgrâce 1344/3★
	Jeanne 1879/3★
	L'été de la Saint-Valentin 2038/2★
	La première alliance 2168/3★
	Sur la peau du Diable 2707/4★
	Dans les jardins de mon père 3000/3★ (Juin 91)
AZNAVOUR-GARVARENTZ	*Petit frère* 2358/3★
BACH Richard	*Jonathan Livingston le goéland* 1562/1★ Illustré
	Illusions / Le Messie récalcitrant 2111/2★
	Un pont sur l'infini 2270/4★
BAILLY Othilie	*L'enfant dans le placard* 3029/2★ (Juin 91)
BALLARD J.G. (voir aussi en S-F)	*Le jour de la création* 2792/4★
BALZAC Honoré de	*Le père Goriot* 1988/2★
BANCQUART Marie-Claire	*Photos de famille* 3015/3★ (Mai 91)
BARRET André	*La Cocagne* 2682/6★
BATS Joël	*Gardien de ma vie* 2238/3★ Illustré
BAUDELAIRE Charles	*Les Fleurs du mal* 1939/2★

BÉARN Myriam et Gaston de	Gaston Phébus	
	1 - Le lion des Pyrénées	2772/6*
	2 - Les créneaux de feu	2773/6*
	3 - Landry des Bandouliers	2774/5*
BÉART Guy	L'espérance folle	2695/5*
BEAULIEU PRESLEY Priscilla	Elvis et moi	2157/4* Illustré
BECKER Stephen	Le bandit chinois	2624/5*
BELLEMARE Pierre	Les dossiers extraordinaires	2820/4* & 2821/4*
	Les dossiers d'Interpol	2844/4* & 2845/4*
BELLETTO René	Le revenant	2841/5*
	Sur la terre comme au ciel	2943/5* (Fév. 91)
BELLONCI Maria	Renaissance privée	2637/6* Inédit
BENZONI Juliette	Un aussi long chemin	1872/4*
	Le Gerfaut des Brumes :	
	-Le Gerfaut	2206/6*
	-Un collier pour le diable	2207/6*
	-Le trésor	2208/5*
	-Haute-Savane	2209/5*
BERBEROVA Nina	Le laquais et la putain	2850/2*
	Astachev à Paris	2941/2* (Fév. 91)
BERG Jean de	L'image	1686/1*
BERTRAND Jacques A.	Tristesse de la Balance...	2711/1*
BEYALA Calixthe	C'est le soleil qui m'a brûlée	2512/2*
	Tu t'appelleras Tanga	2807/3*
BISIAUX M. et JAJOLET C.	Chat plume (60 écrivains...)	2545/5*
	Chat huppé (60 personnalités...)	2646/6*
BLAKE Michael	Dances with wolves	2958/4* (Fév. 91)
BLIER Bertrand	Les valseuses	543/5*
BORY Jean-Louis	Mon village à l'heure allemande	81/4*
BOULET Marc	Dans la peau d'un Chinois	2789/5* Illustré
BRADFORD Sarah	Grace	2002/4*
BRUNELIN André	Gabin 2680/5* & 2681/5* Illustré	
BURON Nicole de	Vas-y maman	1031/2*
	Les saintes chéries	248/3*
	Dix-jours-de-rêve	1481/3*
	Qui c'est, ce garçon ?	2043/3*
	C'est quoi, ce petit boulot ?	2880/4*
CARDELLA Lara	Je voulais des pantalons	2968/2* (Mars 91)
CARRERE Emmanuel	Bravoure	2729/4*
CARS Guy des	La brute	47/3*
	Le château de la juive	97/4*
	La tricheuse	125/3*
	L'impure	173/4*
	La corruptrice	229/3*
	La demoiselle d'Opéra	246/3*
	Les filles de joie	265/3*
	La dame du cirque	295/2*
	Cette étrange tendresse	303/3*
	La cathédrale de haine	322/4*
	L'officier sans nom	331/3*
	Les sept femmes	347/4*
	La maudite	361/3*
	L'habitude d'amour	376/3*

	La révoltée 492/4*
	Amour de ma vie 516/3*
	Le faussaire 548/4*
	La vipère 615/4*
	L'entremetteuse 639/4*
	Une certaine dame 696/5*
	L'insolence de sa beauté 736/3*
	L'amour s'en va-t-en guerre 765/3*
	Le donneur 809/3*
	J'ose 858/2*
	La justicière 1163/2*
	La vie secrète de Dorothée Gindt 1236/2*
	La femme qui en savait trop 1293/3*
	Le château du clown 1357/4*
	La femme sans frontières 1518/3*
	Le boulevard des illusions 1710/3*
	La coupable 1880/3*
	L'envoûteuse 2016/5*
	Le faiseur de morts 2063/3*
	La vengeresse 2253/3*
	Sang d'Afrique 2291/5*
	Le crime de Mathilde 2375/4*
	La voleuse 2660/4*
	Le grand monde 2840/8*
	La mère porteuse 2885/4*
CARS Jean des	Sleeping Story 832/4*
	Elisabeth d'Autriche ou la fatalité 1692/4*
	La princesse Mathilde 2827/6*
CASSAR Jacques	Dossier Camille Claudel 2615/5*
CATO Nancy	L'Australienne 1969/4* & 1970/4*
	Les étoiles du Pacifique 2183/4* & 2184/4*
	Lady F. 2603/4*
CESBRON Gilbert	Chiens perdus sans collier 6/2*
	C'est Mozart qu'on assassine 379/3*
CHABAN-DELMAS Jacques	La dame d'Aquitaine 2409/2*
CHAILLOT N. et VILLIERS F.	Manika une vie plus tard 3010/2* (Mai 91)
CHEDID Andrée	La maison sans racines 2065/2*
	Le sixième jour 2529/3*
	Le sommeil délivré 2636/3*
	L'autre 2730/3*
	Les marches de sable 2886/3*
	L'enfant multiple 2970/3* (Mars 91)
CHOW CHING LIE	Le palanquin des larmes 859/4*
	Concerto du fleuve Jaune 1202/3*
CHRIS Long	Johnny 2380/4* Illustré
CLANCIER Georges-Emmanuel	Le pain noir 651/3*
	La fabrique du roi 652/3*
CLAUDE Catherine	Le magot de Josepha 2865/2*
CLAUDE Hervé	L'enfant à l'oreille cassée 2753/2*
	Le désespoir des singes 2788/3*
CLAVEL Bernard	Le tonnerre de Dieu 290/1*
	Le voyage du père 300/1*
	L'Espagnol 309/4*
	Malataverne 324/1*
	L'hercule sur la place 333/3*
	Le tambour du bief 457/2*
	Le massacre des innocents 474/2*

CLAVEL (suite)	*L'espion aux yeux verts* 499/3★
	La grande patience :
	1-La maison des autres 522/4★
	2-Celui qui voulait voir la mer 523/4★
	3-Le cœur des vivants 524/4★
	4-Les fruits de l'hiver 525/4★
	Le Seigneur du Fleuve 590/3★
	Pirates du Rhône 658/2★
	Le silence des armes 742/3★
	Tiennot 1099/2★
	Les colonnes du ciel :
	1-La saison des loups 1235/3★
	2-La lumière du lac 1306/4★
	3-La femme de guerre 1356/3★
	4-Marie Bon Pain 1422/3★
	5-Compagnons du Nouveau-Monde 1503/3★
	Terres de mémoire 1729/2★
	Qui êtes-vous ? 1895/2★
	Le Royaume du Nord :
	-Harricana 2153/4★
	-L'Or de la terre 2328/4★
	-Miséréré 2540/4★
	-Amarok 2764/3★
	-L'angélus du soir 2982/3★ (Avril 91)
CLERC Christine	*L'Arpeggione* 2513/3★
CLOSTERMANN Pierre	*Le Grand Cirque* 2710/5★
COCTEAU Jean	*Orphée* 2172/2★
COLETTE	*Le blé en herbe* 2/1★
COLLARD Cyril	*Les nuits fauves* 2993/3★ (Avril 91)
COLLINS Jackie	*Les dessous de Hollywood* 2234/4★ & 2235/4★
COLOMBANI M.-F.	*Donne-moi la main, on traverse* 2881/3★
COMPANEEZ Nina	*La grande cabriole* 2696/4★
CONROY Pat	*Le Prince des marées* 2641/5★ & 2642/5★
COOPER Fenimore J.	*Le dernier des Mohicans* 2990/5★ (Avril 91)
CORMAN Avery	*Kramer contre Kramer* 1044/3★
	50 bougies et tout recommence 2754/3★
COUSTEAU Commandant	*Nos amies les baleines* 2853/7★ Illustré
	Les dauphins et la liberté 2854/7★ Illustré
	Trésors engloutis 2967/7★ Illustré (Mars 91)
	Les requins 3031/7★ Illustré (Juin 91)
CUNY Jean-Pierre	*L'aventure des plantes* 2659/4★
DAUDET Alphonse	*Tartarin de Tarascon* 34/1★
	Lettres de mon moulin 844/1★
DAVENAT Colette	*Daisy Rose* 2597/6★
	Le soleil d'Amérique 2726/6★
DERSHOWITZ Alan M.	*Le mystère von Bülow* 2962/5★
DHOTEL André	*Le pays où l'on n'arrive jamais* 61/2★
DICKENS Charles	*Espoir et passions (Un conte de deux villes)* 2643/5★
DIDEROT Denis	*Jacques le fataliste* 2023/3★
DJIAN Philippe	*37°2 le matin* 1951/4★
	Bleu comme l'enfer 1971/4★
	Zone érogène 2062/4★
	Maudit manège 2167/5★
	50 contre 1 2363/3★
	Echine 2658/5★
	Crocodiles 2785/2★
DORIN Françoise	*Les lits à une place* 1369/4★
	Les miroirs truqués 1519/4★

	Les jupes-culottes 1893/**4**★
	Les corbeaux et les renardes 2748/**5**★
DUBOIS Jean-Paul	*Tous les matins je me lève* 2749/**3**★
DUFOUR Hortense	*Le Diable blanc (Le roman de Calamity Jane)* 2507/**4**★
	La garde du cocon 2765/**4**★
	Le château d'absence 2902/**5**★
DUMAS Alexandre	*Le vicomte de Bragelonne* 2298/**4**★ & 2299/**4**★
DYE Dale A.	*Platoon* 2201/**3**★ *Inédit*
d'EAUBONNE Françoise	*Vie d'Isabelle Eberhardt* 2989/**6**★ *(Avril 91)*
Dr ETIENNE et **DUMONT**	*Le marcheur du Pôle* 2416/**3**★
EHLE John	*Winter people* 2742/**4**★
EXBRAYAT Charles	*Ceux de la forêt* 2476/**2**★
FIELDING Joy	*Le dernier été de Joanne Hunter* 2586/**4**★
FISHER Carrie	*Bons baisers d'Hollywood* 2955/**4**★ *(Mars 91)*
FLAUBERT Gustave	*Madame Bovary* 103/**3**★
FOUCHET Lorraine	*Jeanne, sans domicile fixe* 2932/**4**★ *(Exclusivité)*
FRANCESCHI Patrice	*Qui a bu l'eau du Nil...* 2984/**4**★ *(Avril 91)*
FRANCOS Ania	*Sauve-toi, Lola !* 1678/**4**★
FRISON-ROCHE Roger	*La peau de bison* 715/**2**★
	La vallée sans hommes 775/**3**★
	Carnets sahariens 866/**3**★
	Premier de cordée 936/**3**★
	La grande crevasse 951/**3**★
	Retour à la montagne 960/**3**★
	La piste oubliée 1054/**3**★
	Le rapt 1181/**4**★
	Djebel Amour 1225/**4**★
	Le versant du soleil 1451/**4**★ & 1452/**4**★
	Nahanni 1579/**3**★ *Illustré*
	L'esclave de Dieu 2236/**6**★
GAGARINE Marie	*Blonds étaient les blés d'Ukraine* 3009/**6**★ *(Mai 91)*
GEDGE Pauline	*La dame du Nil* 2590/**6**★
GOISLARD Paul-Henry	*Sarah :*
	1-La maison de Sarah 2583/**5**★
	2-La femme de Prague 2584/**4**★
	3-La croisée des Amours 2731/**6**★
GORBATCHEV Mikhaïl	*Perestroïka* 2408/**4**★
GRAFFITI Kriss	*Et l'amour dans tout ça* 2822/**2**★
GRAY Martin	*Le livre de la vie* 839/**2**★
	Les forces de la vie 840/**2**★
GROULT Flora	*Maxime ou la déchirure* 518/**2**★
	Un seul ennui, les jours raccourcissent 897/**2**★
	Ni tout à fait la même, ni tout à fait une autre 1174/**3**★
	Une vie n'est pas assez 1450/**3**★
	Mémoires de moi 1567/**2**★
	Le passé infini 1801/**2**★
	Le temps s'en va, madame.... 2311/**2**★
	Belle ombre 2898/**4**★
GURGAND Marguerite	*Les demoiselles de Beaumoreau* 1282/**3**★
HADENGUE Philippe S.	*Petite chronique des gens de la nuit...* 2851/**6**★

HALEY Alex	Racines 968/4★ & 969/4★
HAMBLY Barbara	La Belle et la Bête 2959/3★
HARDY Françoise	Entre les lignes entre les signes 2312/6★
HAYDEN Torey L.	L'enfant qui ne pleurait pas 1606/3★
	Kevin le révolté 1711/4★
	Les enfants des autres 2543/5★
	La forêt de tournesols 2988/5★ (Avril 91)
HEBRARD Frédérique	Un mari c'est un mari 823/2★
	La vie reprendra au printemps 1131/3★
	La chambre de Goethe 1398/3★
	Un visage 1505/2★
	La Citoyenne 2003/3★
	Le mois de septembre 2395/2★
	Le harem 2456/3★
	La petite fille modèle 2602/3★
	La demoiselle d'Avignon 2620/4★
HEITZ Jacques	Prélude à l'ivresse conjugale 2644/3★
HEYMAN David	Pauvre petite fille riche 2963/4★ (Juin 91)
HILL Susan	Je suis le seigneur du château 2619/3★
HOFFMAN Alice	La nuit du loup 2803/4★
HOFFMAN Stéphane	Le gouverneur distrait 2983/3★ (Avril 91)
HOLLANDER Xaviera	Prisonnière de l'Oiseau de Feu 2629/3★ Inédit
	Nouvelles aventures pimentées 2758/3★ Inédit
HOMERIC	Ourasi 2826/5★ Illustré
ISHERWOOD Christopher	Adieu à Berlin (Cabaret) 1213/3★
JAGGER Brenda	Les chemins de Maison Haute 2818/8★
	Antonia 2544/4★
	La chambre bleue 2838/7★
JEURY Michel	Le vrai goût de la vie 2946/4★ (Fév. 91)
JEAN Raymond	La lectrice 2510/2★
	Transports 2790/2★
JONG Erica	Serenissima 2600/4★
JULIET Charles	L'année de l'éveil 2866/3★
JYL Laurence	Le chemin des micocouliers 2381/3★
KAYE M.M.	Pavillons lointains 1307/4★ & 1308/4★
	L'ombre de la lune 2155/4★ & 2156/4★
	Mort au Cachemire 2508/4★
	Mort à Berlin 2809/3★
	Mort à Chypre 2965/4★ (Mars 91)
KENEALLY Thomas	La liste de Schindler 2316/6★
KIPLING Rudyard	Le livre de la jungle 2297/2★
	Simples contes des collines 2333/3★
	Le second livre de la jungle 2360/2★
KONSALIK Heinz G.	Amours sur le Don 497/5★
	La passion du Dr Bergh 578/4★
	Dr Erika Werner 610/3★
	Mourir sous les palmes 655/4★
	Aimer sous les palmes 686/3★
	Les damnés de la taïga 939/4★
	L'homme qui oublia son passé 978/2★
	Une nuit de magie noire 1130/2★
	Bataillons de femmes 1907/5★
	Un mariage en Silésie 2093/4★
	Coup de théâtre 2127/3★

	Clinique privée 2215/**3***	
	La nuit de la tentation 2281/**3*** Inédit	
	La guérisseuse 2314/**6***	
	Conjuration amoureuse 2399/**2***	
	La jeune fille et le sorcier 2474/**3***	
	Pour un péché de trop 2622/**4*** Inédit	
	Et cependant la vie était belle 2698/**4*** Inédit	
	Le sacrifice des innocents 2897/**3***	
KUBELKA Susanna	*Ophélie apprend à nager* 3027/**5*** (Juin 91)	
KOUSMINE Dr Catherine	*Sauvez votre corps !* 2712/**7***	
KREYDER Laura	*Thérèse Martin* 2699/**3***	
L'AMOUR Louis	*L'envol de l'Aigle* 2750/**5***	
L'HOTE Jean	*Confession d'un enfant de chœur* 260/**2***	
	La Communale 2329/**2***	
LACAMP Ysabelle	*La Fille du Ciel* 2863/**5***	
LACLOS Choderlos de	*Les liaisons dangereuses* 2616/**4***	
LAFERRIERE Dany	*Comment faire l'amour avec un Nègre...* 2852/**3***	
LAFON Monique	*Mon enfant, ma douleur, mon bonheur* 2901/**3*** (Mai 91)	
LAHAIE Brigitte	*Moi, la scandaleuse* 2362/**3*** Illustré	
LANE Robert	*Une danse solitaire* 2237/**3***	
LANGE Monique	*Histoire de Piaf* 1091/**3*** Illustré	
LAPEYRE Patrick	*La lenteur de l'avenir* 2565/**3***	
LAXER Gloria	*Les vendanges du silence* 2647/**4***	
LEFÈVRE Kim	*Métisse blanche* 2791/**5***	
LEVY-WILLARD Annette	*Moi, Jane, cherche Tarzan* 2582/**3***	
LIMONOV Edouard	*Autoportrait d'un bandit dans son adolescence* 2883/**4***	
LONDON Jack	*Croc Blanc* 2887/**3***	
LOTI Pierre	*Le roman d'un Spahi* 2793/**3***	
	Pêcheur d'Islande 2944/**3*** (Fév. 91)	
LOWERY Bruce	*La cicatrice* 165/**1***	
LUND Doris	*Eric (Printemps perdu)* 759/**4***	
MAALOUF Amin	*Les croisades vues par les Arabes* 1916/**4***	
McCULLOUGH Colleen	*Les oiseaux se cachent pour mourir*	
	1021/**4*** & 1022/**4***	
	Tim 1141/**3***	
	Un autre nom pour l'amour 1534/**4***	
	La passion du Dr Christian 2250/**6***	
	Les dames de Missalonghi 2558/**3***	
MACLAINE Shirley	*Amour et lumière* 2771/**4***	
	Vivre sa vie 2869/**3***	
MACNEE Patrick	*Chapeau melon* 2828/**5***	
McNEILL Elisabeth	*9 semaines 1/2* 2259/**2***	
MALLET-JORIS Françoise	*La tristesse du cerf-volant* 2596/**4***	
MARGUERITTE Victor	*La garçonne* 423/**3***	
MARIN Maud	*Le saut de l'ange* 2443/**4***	
	Tristes plaisirs 2884/**3***	
MARKANDAYA Kamala	*Le riz et la mousson* 117/**2***	
MARTIN Ralph G.	*Charles et Diana* 2461/**6*** Illustré	
MARTINO Bernard	*Le bébé est une personne* 2128/**3***	
MASON Bobbie Ann	*Retour au pays* 2678/**3***	

MATHEWS Harry	*Cigarettes* 2708/**4**★
MAUPASSANT Guy de	*Une vie* 1952/**2**★
	L'ami Maupassant 2047/**2**★
MAURE Huguette	*Vous avez dit l'amour ?* 2267/**3**★
MAZZIOTTA Françoise	*L'enfant venu d'ailleurs* 2924/**2**★
MERMAZ Louis	*Un amour de Baudelaire - Madame Sabatier* 1932/**2**★
MERRICK Monte	*Memphis Belle* 2934/**3**★ (Fév. 91)
MICHAEL Judith	*L'amour entre les lignes* 2441/**4**★ & 2442/**4**★
	Une héritière de haut vol 2913/**6**★ & 2914/**6**★
	Une autre femme 3012/**8**★ (Mai 91)
MILES Rosalind	*La vengeance aux deux visages* 2723/**5**★ & 2724/**5**★
MONNIER Thyde	Les Desmichels :
	-*Grand-Cap* 206/**2**★
	-*Le pain des pauvres* 210/**4**★
	-*Nans le berger* 218/**4**★
	-*La demoiselle* 222/**4**★
	-*Travaux* 231/**4**★
	-*Le figuier stérile* 237/**4**★ (Fév. 91)
MONSIGNY Jacqueline	*Michigan Mélodie (Un mariage à la carte)* 1289/**2**★
	Les nuits du Bengale 1375/**3**★
	L'amour dingue 1833/**3**★
	Le roi sans couronne 2332/**6**★
	Toutes les vies mènent à Rome 2625/**5**★
	Les lionnes de Saint-Tropez 2882/**4**★
MORASSO Françoise	*L'Oreille en coin* 2829/**4**★
MORAVIA Alberto	*La Ciociara* 1656/**4**★
	L'homme qui regarde 2254/**3**★
	La belle Romaine 8962/**5**★
MORRIS Edita	*Les fleurs d'Hiroshima* 141/**1**★
MOUSSEAU Renée	*Mon enfant mon amour* 1196/**1**★
MOWAT Farley	*Dian Fossey au pays des gorilles* 2728/**5**★
NATHAN Robert	*Le portrait de Jennie* 1640/**2**★
NELL DUBUS Elisabeth	*Beau-Chêne* 2346/**6**★
	L'enjeu de Beau-Chêne 2413/**6**★
	Le dernier rêve de Beau-Chêne 2805/**6**★
	Comme un feu éternel 3014/**7**★ (Mai 91)
NOLAN Christopher	*Sous l'œil de l'horloge* 2686/**3**★ (Fév. 91)
NYSSEN Hubert	*Les rois borgnes* 2770/**4**★
ORIEUX Jean	*Catherine de Médicis* 2459/**5**★ & 2460/**5**★
	Les Fontagre 2766/**5**★ & 2767/**5**★
OVERGARD William	*Les fous et les braves* 2868/**5**★ Inédit
PALAISEUL Jean	*Tous les espoirs de guérir* 2912/**5**★
PALLIÈRES C. & M.-F.	*Quatre enfants et un rêve* 2769/**5**★
PARTURIER Françoise	*Les Hauts de Ramatuelle* 1706/**3**★
PAULHAC Jean	*Les herbes de la Saint-Jean* 2415/**5**★ Inédit
PAUWELS Marie-Claire	*Mon chéri* 2599/**2**★
PEYREFITTE Roger	*Les amitiés particulières* 17/**4**★
PIAT Jean	*Le parcours du combattant* 3028/**4**★ (Juin 91)
PLAIN Belva	*Tous les fleuves vont à la mer* 1479/**4**★ & 1480/**4**★
	La splendeur des orages 1622/**5**★
	Les cèdres de Beau-Jardin 2138/**6**★

	La coupe d'or 2425/6*
	Les Werner 2662/5*
POE Edgar Allan	*Le chat noir et autres récits* 2004/3*
POUCHKINE Alexandre	*Eugène Onéguine* 2095/2*
PROSLIER Jean-Marie	*Excusez-moi si je vous demande pardon !* 2317/3*
PU-YI	*J'étais empereur de Chine* 2327/6*
RACHET Guy	*Néfertiti, reine du Nil* 2348/4*
	Duchesse de la nuit :
	- Le sceau de Satan 2530/6*
	- Le Lion du Nord 2645/4*
	- Les chemins de l'aurore 2709/5*
	Les vergers d'Osiris 2819/6*
RADIGUET Raymond	*Le diable au corps* 2969/1* (Mars 91)
RAGUENEAU Philippe	*Les nouvelles aventures du chat Moune* 2581/2* Illustré
RASPAIL Jean	*Les yeux d'Irène* 2037/4*
	Qui se souvient des Hommes... 2344/3*
	Moi, Antoine de Tounens, roi de Patagonie 2595/4*
	Le Camp des Saints 2621/4*
	L'Île Bleue 2843/3*
REGINA Norbert	*Ils croyaient à l'éternité* 2768/5*
REGNIER Didier	*L'aventure du Grand Raid* 2342/5*
REMY Pierre-Jean	*Orient-Express - 2e époque* 2186/5*
	Annette ou l'éducation des filles 2685/5*
RENARD Jules	*Poil de carotte* 11/1*
REY Frédéric	*La haute saison* 1967/4*
RHODES Evan H.	*Le prince de Central Park* 819/2*
RIPLEY Alexandra	*Charleston* 1760/4* & 1761/4*
ROBBE-GRILLET Alain	*L'année dernière à Marienbad* 546/2*
	Un régicide 1772/2*
ROULAND Norbert	*Les lauriers de cendre* 2315/5*
	Soleils barbares 2580/4*
SADOUL Jacques	*Le domaine de R.* 2522/6*
(voir aussi p. 21, 24 et 27)	*93 ans de B-D* 2561/7* Inédit Illustré
	L'île Isabelle 2623/3*
	La mort du héros 1950/3*
SAINT Harry F.	*Mémoires d'un homme invisible* 2945/8* (Fév. 91)
SAGAN Françoise	*Un peu de soleil dans l'eau froide* 461/2*
	Des bleus à l'âme 553/1*
	Un profil perdu 702/2*
	Le lit défait 915/3*
SAINT PIERRE Michel de	*Le milieu de l'été* 2713/3*
SALLENAVE Danièle	*Adieu* 2563/2*
SARRAUTE Claude	*Allô Lolotte, c'est Coco* 2422/2*
	Maman coq 2823/3*
SCOTT Paul	*Le joyau de la couronne (Le quatuor indien) :*
	-Le joyau de la couronne 2293/5*
	-Le jour du scorpion 2330/5*
	-Les tours du silence 2361/5*
	-Le partage du butin 2397/7*

Littérature

|---|---|
SEGAL Erich	Love story 412/1*
	Oliver's story 1059/2*
SEGAL Patrick	Quelqu'un pour quelqu'un 2210/4*
SEGUR Comtesse de	Les petites filles modèles 3013/2* (Mai 91)
SERILLON Claude	De quoi je me mêle 2424/2*
SEVERIN Tim	Le voyage du Brendan 2751/6* Illustré
	Le voyage de Sindbad 2900/6* Illustré
	Le voyage d'Ulysse 3011/6* (Mai 91) Illustré
SIM	Elle est chouette, ma gueule ! 1696/3*
	Pour l'humour de Dieu 2001/4*
	Elles sont chouettes, mes femmes 2264/3*
	Le Président Balta 2804/4*
SOLDATI Mario	L'épouse américaine 1989/3*
SOREL Jean-Claude	Formule 1 2503/3*
SOUPAULT Philippe	Le grand homme 1759/3*
	Le Nègre 1896/2*
	En joue ! 1953/3*
SPALDING Baird T.	La vie des Maîtres 2437/5*
STARR & PERRY	Blaze 2741/3* Inédit
STEEL Danielle	Leur promesse 1075/3*
	Une saison de passion 1266/4*
	Un monde de rêve 1733/3*
	Celle qui s'ignorait 1749/5*
	L'anneau de Cassandra 1808/4*
	Palomino 2070/3*
	Souvenirs d'amour 2175/5*
	Maintenant et pour toujours 2240/6*
STENDHAL	Le rouge et le noir 1927/4*
	La chartreuse de Parme 2755/5*
STRIEBER Whitley	Communion 2471/4* Inédit
	Transformation 2683/4* Inédit
SUMMERS Anthony	Les vies secrètes de Marilyn Monroe 2282/6*
SWINDELLS Madge	Tant d'étés perdus 2028/6*
	Ecoute ce que dit le vent 2280/6*
	Comme des ombres sur la neige 2899/7*
THOMAS Eva	Le viol du silence 2527/3*
THORNE Nicola	Champagne 2808/8*
TOURNAIRE Hélène	Jules empaillé 2697/2*
TROYAT Henri	La neige en deuil 10/1*
	La lumière des justes :
	1-Les compagnons du coquelicot 272/4*
	2-La barynia 274/4*
	3-La gloire des vaincus 276/4*
	4-Les dames de Sibérie 278/4*
	5-Sophie ou la fin des combats 280/4*
	Le geste d'Eve 323/2*
	Les Eygletière :
	1-Les Eygletière 344/4*
	2-La faim des lionceaux 345/4*
	3-La malandre 346/4*
	Anne Prédaille 619/3*

Le Moscovite :
1-Le Moscovite 762/**2**★
2-Les désordres secrets 763/**2**★
3-Les feux du matin 764/**2**★
Le front dans les nuages 950/**2**★
Viou 1318/**2**★
Marie Karpovna 1925/**2**★
Le bruit solitaire du cœur 2124/**2**★
A demain, Sylvie (Viou-2) 2295/**2**★
Un si long chemin 2457/**3**★
Le troisième bonheur (Viou-3) 2523/**2**★
Toute ma vie sera mensonge 2725/**2**★
La gouvernante française 2964/**3**★ (Mars 91)

TRUFFAUT François *L'homme qui aimait les femmes* 2864/**2**★
TUROW Scott *Présumé innocent* 2787/**7**★
TWAIN Mark *Les aventures de Tom Sawyer* 3030/**3**★ (Juin 91)
UNSWORTH Barry *L'île de Pascali* 2910/**3**★
VALLIERES Claire *Ce toit fragile où veillent les vautours* 1837/**5**★
L'arbre à pluie 2203/**6**★
VERGUIN Paul *Aubaine* 2915/**2**★
VILLAMONT Viviane *Le Guêpiot* 1013/**4**★
VILOTEAU Nicole *La femme aux serpents* 2022/**4**★ Illustré
WALKER Alice *La couleur pourpre* 2123/**3**★
WALTER Anne *Les relations d'incertitude* 2896/**3**★
WESLEY Marie *Sans avoir l'air d'y toucher* 3026/**6**★ (Juin 91)
WHARTON Edith *Fièvre romaine* 2700/**3**★
WOLINSKI Maryse *Au diable vauvert* 2560/**3**★
WOOD Barbara *Et l'aube vient après la nuit* 2076/**3**★ & 2077/**3**★
Les battements du cœur 2909/**6**★
WOODIWISS Kathleen E. *L'inconnue du Mississippi* 2509/**3**★
XENAKIS Françoise *Moi j'aime pas la mer* 491/**1**★
La natte coupée 1790/**2**★
Zut, on a encore oublié madame Freud... 2045/**3**★
Mouche-toi, Cléopâtre... 2359/**3**★
La vie exemplaire de Rita Capuchon 2585/**3**★
Elle lui dirait dans l'île 2994/**3**★ (Avril 91)
YOSHIKAWA Eiji *La pierre et le sabre* 1770/**5**★ & 1771/**5**★
La Chronique des Heiké 2475/**7**★
ZOLA Emile *Germinal* 901/**3**★
ZUMBIEHL Paul *Un atoll et un rêve* 2806/**4**★
X *Correspondance d'une bourgeoise avertie...*
2703/**2**★

762

Impression Brodard et Taupin
à La Flèche (Sarthe) le 31 janvier 1991
6302D-5 Dépôt légal janvier 1991
ISBN 2-277-11762-5
1er dépôt légal dans la collection : juillet 1977
Imprimé en France
Editions J'ai lu
27, rue Cassette, 75006 Paris
diffusion France et étranger : Flammarion